HAÏTI

MISÈRE DE LA DÉMOCRATIE

ISBN : 2-7384-8249-X

Sauveur Pierre ETIENNE

HAÏTI

MISÈRE DE LA DÉMOCRATIE

Préface de François Houtart

CRESFED
10, rue Jean-Baptiste, Canapé-Vert
Port-au-Prince, Haïti (W.I.)

L'Harmattan
5-7, rue de l'École Polytechnique
75005 Paris - FRANCE

L'Harmattan Inc.
55, rue Saint-Jacques
Montréal (Qc) - CANADA H2Y 1K9

Photo de Couverture: Thony BELIZAIRE
Mise en Page: Marie Blondine DAUPHIN

Sans l'appui institutionnel du Centre de Recherche et de Formation Economique et Sociale pour le Développement (CRESFED) et du Centre Tricontinental de Louvain-La-Neuve (CETRI), la publication de cet ouvrage n'aurait pas été possible.

A la mémoire de ma grand'mère maternelle, Madame Michélia Louissaint (Tailla) et de ma mère, Madame Altagrâce Jean-Pierre (Tagot), dont la force de caractère et la très grande personnalité m'ont à la fois façonné et fasciné

A Yanick, Shakwana, Garaudy et Steven, qui m'ont beaucoup manqué durant mon séjour d'études au Mexique.

A la mémoire du Dr. Jean-Yvon Toussaint, Sénateur du Plateau Central, démocrate aux convictions inébranlables, dont l'assassinat, le 1er mars 1999, n'a fait qu'allonger la liste des victimes de l'intolérance d'un régime autoritaire, d'un pouvoir délinquant nageant à contre-courant de l'histoire.

Aux Haïtiens et Haïtiennes qui croient encore, en dépit des désillusions révoltantes, qu'il vaut la peine de s'engager dans la difficile bataille pour l'instauration d'un régime démocratique véritable et durable, sans oublier les victimes de cette lutte séculaire, indépendamment de leurs convictions idéologiques ou leur appartenance socio-politique.

Le moment crucial dans toute transition d'un gouvernement autoritaire à un gouvernement démocratique, se situe au niveau du franchissement du seuil à partir duquel personne ne pourra intervenir pour altérer les résultats du processus politique formel.
Adam PRZEWORSKI

La transition haïtienne échoua justement quand elle semblait s'approcher de ce seuil...

A la fin des années quatre-vingt, les obstacles à la démocratie en Haïti étaient tellement graves qu'ils auraient décontenancé même les leaders démocratiques les plus obstinés et les plus dévoués.
Samuel P. HUNTINGTON

REMERCIEMENTS

La publication d'un livre est un événement qui procure une sensation du genre de celle que provoque le marquage d'un but dans un match de football. Nous utilisons cette métaphore, non parce que nous venons de vivre la fièvre de la dernière coupe du monde du XXe siècle, mais parce que dans un match de football, lorsqu'un joueur marque un but, tous les regards se tournent vers lui, oubliant que son succès est le résultat d'un travail collectif, c'est-à-dire celui d'un processus dans lequel participent le directeur technique, les préparateurs physiques, l'ensemble des joueurs et même les fanatiques de l'équipe.

En utilisant cette métaphore, nous voulons dire que *Haïti: Misère de la Démocratie*, est la version française d'une thèse de sociologie politique présentée par l'auteur à la Faculté Latino-Américaine de Sciences Sociales (FLACSO, Mexique), sous la direction de l'historienne allemande Johanna von Grafenstein, du sociologue dominicain Pablo Maríñez et de l'épistémologue haïtien Guy Duval. En ce sens, nous tenons à leur exprimer notre profonde gratitude, sans oublier l'apport de nos anciens professeurs, de nos amis et de nos anciens collègues du *Séminaire de Sciences Politiques*.

En ce qui a trait au livre proprement dit, l'idée de sa publication nous est venue du sociologue belge François Houtart qui, après avoir lu la version espagnole, nous a promis tout son support en ce sens et a accepté, sur la demande de l'auteur, de le préfacer. Nous lui en savons infiniment gré.

Nos remerciements vont aussi:

- au sociologue Fritz Joseph qui a, bénévolement et de façon très professionnelle, fait le travail de traduction;

- à l'économiste Michèle Dorbes Romulus, pour l'excellent travail de correction et les suggestions qu'elle nous a faites;

- au professeur Michel Hector, pour ses judicieuses remarques, tout en reconnaissant que nous ne pourrons pas honorer le service de la dette que nous lui devons en ce qui concerne l'aspect historique du texte;

- aux professeurs Suzy Castor et Gérard Pierre-Charles, dont les commentaires et suggestions ont considérablement amélioré la version finale du texte;

- au linguiste Paul Déjean qui nous a aidé à chasser du texte les fantômes des hispanismes et des créolismes, en résolvant le problème des interférences linguistiques;

- à Marie Blondine Dauphin, qui a assuré tout le travail de traitement du texte sur ordinateur;

- à Marie Nicole Edouard, pour la révision finale du texte.

Nous voulons reconnaître notre incapacité à assimiler toutes les observations pertinentes qui nous ont été faites et à les insérer dans le travail, ce qui nous aurait permis d'atteindre un certain degré de perfection. De ce fait, nous assumons tout seul l'entière responsabilité des erreurs et de toutes les déficiences qu'on pourrait noter dans ce travail.

Nous aimerions suggérer aux lecteurs non intéressés à la problématique de la transition vers la démocratie, du changement politique en général, et qui peuvent se sentir irrités par le formalisme académique de ces considérations, de passer directement au deuxième chapitre, bien que nous estimions que la lecture préalable du premier chapitre leur aurait permis de mieux comprendre la perspective analytique et de saisir plus aisément le fil conducteur nécessaire à l'éclairage du texte.

Nous voulons aussi nous excuser auprès des lecteurs pour l'absence de réflexions relatives à l'Organisation du Peuple en Lutte (O.P.L.), ci-devant Organisation Politique Lavalas, l'un des principaux protagonistes sur l'échiquier politique haïtien depuis le coup d'Etat du 30 septembre 1991 et surtout après le retour à l'ordre constitutionnel. Il s'agit d'un choix délibéré. Etant donné que nous avons voulu conserver notre position d'observateur-participant dans le processus de changement politique en Haïti et que nous estimons que notre situation de membre de la direction de ce Parti ne nous aurait pas permis d'avoir le recul nécessaire pour étudier objectivement le comportement de cet acteur de premier plan, nous avons préféré laisser de côté pour le moment l'étude critique de cette Organisation dans la conjoncture considérée. Ce thème sera l'objet d'une étude plus globale que nous comptons entreprendre sur les partis politiques et le problème de leur implantation dans la société haïtienne à partir de 1986.

Port-au-Prince, juin 1999

PREFACE

Une grande question se pose face à l'évolution politique d'Haïti: comment un mouvement populaire émancipateur, fait politique majeur dans l'histoire du pays, a-t-il pu dévier et déboucher presque sur son contraire ? L'ouvrage de Sauveur Pierre ETIENNE jette une lumière nouvelle sur cette question, car il aborde les événements qui se sont succédés depuis la chute du régime Duvalier et il décrit avec beaucoup de détails les étapes suivies pour rétablir la démocratie dans le pays, en même temps que les obstacles que le processus a rencontrés.

D'inspiration habermassienne, l'auteur incline à voir dans l'interrelation la voie à long terme vers la construction d'une société cohérente et démocratique en Haïti, mais sans en ignorer les multiples conditionnements. Il situe en effet ce projet dans l'histoire concrète des dernières années, au sein des structures économiques et sociales du pays, de la tradition culturelle, notamment en politique, du contexte international et de la dépendance vis-à-vis de la puissance dominante de la région.

Cet ouvrage aborde le sujet avec un bagage important de faits historiques et contemporains qui permettent de contourner les pièges habituels de la pensée politique en Haïti. Et cependant, il s'agit d'une œuvre engagée qui, tout en restant critique, n'hésite pas à prendre parti et à indiquer des voies de solution. Sortant après le livre de Jean-Claude Jean et Marc Maesschalck, intitulé *Transition politique en Haïti. Radiographie du pouvoir Lavalas,* il enrichit la science politique du pays.

Pour revenir à la question du départ, les tentatives d'explications foisonnent, parfois contradictoires et le plus souvent très subjectives, émaillées, surtout dans la presse, d'une personnalisation des enjeux qui ne font guère avancer la connaissance. Certains privilégient les individualités, comme si l'histoire s'expliquait uniquement par la psychologie des dirigeants. D'autres arguent des causes internes à la culture politique du pays, qui conditionnée par sa situation de société esclavagiste de départ, aurait véhiculé au cours des siècles un imaginaire difficile à transformer. D'autres y voient surtout le résultat de la mise sous tutelle historique de la nation haïtienne, qui n'a jamais pu prendre son envol de manière autonome.

A première vue on peut dire qu'il y a un peu de tout cela, mais ces perspectives unilatérales n'aident guère à développer une grille d'analyse qui permette d'interpréter les phénomènes et de tracer des pistes d'action. Il faut donc les dépasser toutes, sans exclure les apports que chaque explication partielle peut éventuellement proposer.

En premier lieu, il faut écarter l'explication psychologique individuelle exclusive, pour la simple raison que la politique relève de comportements collectifs et donc de mécanismes sociaux et éventuellement psychosociaux. Une telle démarche accorde aux phénomènes humains individuels un poids trop important. Ceci dit, la psychologie personnelle de tout un chacun influence évidemment les comportements, y compris politiques, mais de manière secondaire.

Pour prendre des exemples frappants en dehors de la société haïtienne, on ne peut expliquer l'existence des camps d'extermination nazis par la simple psychologie de Hitler, ni la présence des goulags en URSS par celle de Staline, ni encore la guerre du Golfe par les états d'âme de George Bush, même s'il fallait une bonne dose d'insensibilité psychologique pour présider à de tels actes. On n'explique pas plus le nationalisme d'un de Gaulle par son amour de la grandeur ou la dureté du régime de Duvalier par l'obstination de son caractère. La psychologie des acteurs joue son rôle pour ajouter une qualification à des politiques qui ont leur raison d'être ailleurs. Il ne faut jamais oublier que ces acteurs n'agissent pas dans un vide historique et social et qu'ils sont influencés, y compris jusque dans leur psychologie, par les caractères spécifiques des sociétés dans lesquelles ils agissent.

Ceci n'enlève rien aux responsabilités éthiques des acteurs politiques, car en fin de compte, ce sont leurs décisions et leurs critères qui forment la base des événements conjoncturels quotidiens et du jugement de l'histoire. On ne peut donc tomber ni dans un déterminisme sociologique qui ferait des acteurs sociaux de simples marionnettes de l'histoire et leur permettrait d'échapper à leurs responsabilités, ni dans un déterminisme psychologique qui lierait la vie collective des peuples à l'unique subjectivité de ces acteurs.

Pour expliquer l'impasse politique de la deuxième moitié de la décennie quatre-vingt-dix, pour proposer une interprétation à la profonde déception populaire vis-à-vis du politique, se manifestant par un taux d'abstention abyssal, c'est une batterie d'hypothèses qu'il faut proposer aux travaux des politologues. Le travail de Sauveur Pierre ETIENNE trace des voies que d'autres pourront explorer et qui sont indispensables pour préciser des objectifs politiques réalistes à long terme. Celles-ci s'ajoutent aux travaux déjà réalisés et l'on pourrait en proposer d'autres encore. En voici quelques-unes, seulement esquissées et dont la formulation prend ses racines dans l'ensemble de ces réflexions.

Parmi l'ensemble des hypothèses d'explication de l'impasse politique, celle du populisme d'un leader qui tend à réduire l'exercice du pouvoir à son charisme, en négligeant l'organisation du champ politique, semble très valable et constitue une grille de lecture des événements pertinente. Un tel phénomène débouche inévitablement sur une tendance à monopoliser le pouvoir et sur l'utilisation de mécanismes personnalisés d'action politique. L'histoire enseigne que la dégradation de ce phénomène peut conduire à des abus très graves, allant jusqu'à l'instrumentalisation des personnes et l'absence de scrupule concernant les moyens.

Par ailleurs, la longue histoire politique du pays, faite de régimes souvent autoritaires et dont les mécanismes d'alternance sont souvent passés par des coups d'Etat et parfois même par le meurtre, exige évidemment un processus nouveau pour asseoir la démocratie. Or, les mouvements populaires qui réussirent à renverser la dictature de Duvalier, étaient porteurs de cette aspiration profonde du peuple haïtien. Il fallait donc créer les cadres d'une vie politique nouvelle, garantissant un fonctionnement non-arbitraire des institutions du pays. A peu près tout était à faire, aussi bien dans les diverses branches du pouvoir, législatif, exécutif et judiciaire, qu'aux divers niveaux de l'exercice d'une démocratie représentative. Il s'agissait donc d'une tâche essentielle.

D'où la mise en route d'un processus constitutionnel, puis législatif, processus long et bien compliqué, avec des acteurs politiques nouveaux et inexpérimentés et sous une pression extérieure considérable, aussi bien de la part des mille et une bonnes volontés toujours prêtes à abreuver le pays de leurs conseils, que de celle des défenseurs des intérêts extérieurs (principalement ceux des Etats-Unis). Mais l'importance de construire l'institutionnalisation de la vie politique, comme garantie essentielle de la démocratie et barrière contre toute dérive autoritaire, peut aussi aboutir à une contradiction, celle de centrer l'action politique sur la formalisation des organes de l'Etat et de perdre de vue les aspirations populaires. Une telle contradiction ne se situe pas dans la logique du processus, mais elle s'explique par le fait que le temps et les préoccupations concrètes, sans parler du peu de moyens disponibles, sont absorbés par des objectifs précis, qui ne laissent plus la place à d'autres, plus globaux.

Ceux qui développent une perspective historique tendent à accorder une grande importance à la culture politique, forgée depuis plusieurs siècles dans le pays. Celle-ci est caractérisée d'une part par l'exercice d'un pouvoir personnel et de l'autre par le marronnage datant de l'esclavage. Elle est donc constamment ballottée entre les deux termes d'une construction bancale : la dictature et le refuge. La crise contemporaine ne serait que la continuité d'une culture politique qui ne parvient pas à surmonter ses contradictions et qui trouve dans les acteurs contemporains, peuple et dirigeants, les éléments de sa reproduction. Et certes, il y a là une hypothèse attrayante. Mais n'est-ce pas attribuer à la culture un rôle à ce point déterminant qu'il n'y aurait pas moyen de changer des comportements collectifs dans le champ politique? Il faut donc nuancer les choses, sans toutefois ignorer ce facteur important.

Le sous-développement économique est proposé comme cause de la crise politique par d'autres analystes, sensibles à l'extrême pauvreté qui existe dans le pays et qui ne constitue guère un terrain favorable au développement d'une conscience politique, au moins à long terme. La dualité du modèle de développement, traditionnelle en Haïti et accentuée encore par le néolibéralisme ambiant, renforce la cassure sociale et le sentiment d'impuissance de la plus grande partie de la population, dont le destin est de lutter pour la survie quotidienne. C'est tellement vrai que les organismes financiers internationaux, la Banque mondiale en particulier, se préoccupent de la pauvreté croissante, y voyant un danger social, mais aussi un obstacle à la "bonne gouvernance", si nécessaire à l'ordre économique du capitalisme mondialisé.

Se greffe sur ce facteur, la structure sociale élitiste, résultat de la concentration entre les mains de quelques-uns, du pouvoir économique et notamment de celui qui résultera des privatisations. D'où l'existence et la reproduction d'une oligarchie, toujours prête à appuyer n'importe quel pouvoir susceptible de garantir son pouvoir économique. Le passage actuel à la démocratie n'a guère affecté la puissance de ce groupe, ce qui n'engage guère à croire à son efficacité sociale.

L'histoire récente des mouvements populaires d'Haïti avait fait naître un espoir fou : tout cela allait changer, aussi bien l'économie, que la vie politique et la culture. Grave illusion, disent certains, fruit de toutes les révolutions et de toutes les utopies, qui portent en elles-mêmes les facteurs de leur propre destruction, car elles ne sont pas réalistes. Et de proposer alors le pragmatisme ou ce qu'Ignacio

Ramonet appelait dans *Le Monde Diplomatique* d'avril 1999, "le social-conformisme", qui n'est rien d'autre finalement qu'une sage adaptation au système économique dominant. La part explicative de cette position n'est pas totalement fausse, mais où irait l'humanité, si elle n'était plus capable de produire des utopies? Le tout est de les gérer.

Il faut aussi ajouter dans une perspective semblable, outre la destruction des mouvements populaires par le coup d'Etat militaire - dont ce fut une des fonctions principales, appuyée par certains milieux politiques des Etats-Unis- une institutionnalisation de certains mouvements et de certaines ONG, qui s'est traduite par leur bureaucratisation. Le besoin de reproduction institutionnelle n'incite pas à la prise de risque et tend à routiniser y compris le comportement politique. En Haïti, comme dans de nombreux pays d'Amérique latine, cela se manifeste surtout par le retrait du champ politique ou même par sa diabolisation.

Privilégier l'intervention extérieure est aussi une hypothèse intéressante. L'impérialisme des Etats-Unis n'est certes pas un facteur favorable à la démocratie des périphéries. On l'a vu à plusieurs reprises en Haïti, depuis l'occupation des années 30, jusqu'à l'intervention quasi-quotidienne des ambassadeurs de service. Mais il y a aussi le pouvoir qu'exercent les organisations financières internationales, qui ne se contentent pas seulement de financer des projets d'infrastructure ou d'éducation, mais qui imposent des Programmes d'ajustement structurel. Il y a également, facteur très déterminant, "la main invisible du marché" qui fixe le prix des matières premières, les intérêts des emprunts extérieurs, le remboursement de la dette, les conditions de l'aide extérieure, etc. Enfin, nous ne ferons que signaler seulement l'action de certaines ONG extérieures, que l'auteur connaît fort bien, puisqu'il a écrit un ouvrage sur la question. Une fois de plus, il ne fait pas de doute que ces éléments interviennent dans la fragilisation du champ politique, mais celui-ci dispose aussi d'une certaine autonomie, qu'il peut éventuellement consolider, si les autres facteurs de sa construction se présentent favorablement.

L'ensemble de ces ingrédients jouent un rôle indéniable dans l'état actuel de la situation politique d'Haïti. Aux analystes, le devoir et l'art d'en doser l'importance relative et de proposer des hypothèses cohérentes. L'ouvrage de Sauveur Pierre ETIENNE constitue un pas important dans cette direction.

François HOUTART
Louvain-La-Neuve, juin 1999

INTRODUCTION

Le processus de démocratisation dans le monde -consécutif à la longue construction de l'Etat de droit en Angleterre, avec l'adoption de la *Grande Charte* en 1215 et du *Bill of Rights* en 1689, la Révolution américaine de 1776, la Révolution française de 1789 et la Révolution industrielle du XIXe siècle- a connu plusieurs étapes. Après un premier flux presque séculaire entre 1828 et 1926, et une seconde poussée plus brève de 1943 à 1962, la troisième vague[1] amorcée en Europe méridionale, dans la décade de 1970, sous l'influence de facteurs externes et internes, produit un effet "boule de neige". Elle déclenche, dans de nombreux pays, des processus de changement politique qui attirent l'attention des chercheurs de diverses branches des sciences sociales et se convertit, au cours des trois dernières décennies, en thème de prédilection des politologues.

Ces processus de "transition" donnent lieu à une abondante production intellectuelle qui contribue à mettre en relief les traits généraux et les particularités des principaux mouvements de démocratisation de la période. Nous pouvons citer en particulier les études de Juan Linz, de Guillermo O'Donnel, de Philippe C. Schmitter, de Leonardo Morlino, d'Adam Przeworski et Samuel P. Huntington, etc. En Haïti, des auteurs comme Gérard Pierre-Charles, Claude Moïse, Laënnec Hurbon, Leslie F. Manigat, Hérold Jean-François, etc., ont analysé la question de la transition et de la crise, en signalant les obstacles à la construction de la démocratie dans ce pays.

En choisissant comme thème de recherche "la Crise de 1991-1994 et la Problématique de la Construction de la Démocratie en Haïti", nous nous proposons d'adopter comme axe principal de notre

---

[1] Voir HUNTINGTON Samuel P., **La tercera ola. La democratización a finales del siglo XX**, Traduction espagnole, Paidós, 1ª edición, Barcelona , …, 1994.

analyse le rôle joué par les acteurs nationaux et internationaux durant le processus de transition et d'institutionnalisation démocratique. Il convient de souligner que nous n'avons nullement l'intention de minimiser les facteurs structurels qui conditionnent mais ne déterminent pas le cours des événements. Ce processus est considéré, dans son déroulement (1986-1994), comme une conjoncture de crise caractérisée par un "ancien régime" agonisant, mais qui ne veut pas mourir et un "nouveau régime", clairement défini par la Constitution de 1987, qui ne peut pas naître, parce que l'assimilation de ses principes directeurs par les acteurs socio-politiques est obstruée par l'intériorisation des pratiques de l'ancien régime chez ceux qui se prétendent être les plus ardents défenseurs du nouvel ordre. Cette transition chaotique atteint son point culminant avec le coup d'Etat du 30 septembre 1991. Cet événement symbolise l'échec du processus d'institutionnalisation démocratique initié avec les élections du 16 décembre 1990 et l'investiture du président Jean-Bertrand Aristide, le 7 février 1991. On peut difficilement comprendre les expressions successives de cette frustration collective sans considérer les facteurs historico-structurels, c'est-à-dire le poids des traditions et de la culture politiques qui pèsent sur les idées et les comportements des acteurs.

Comme on pourra l'observer plus loin, le phénomène appelé "crise" constitue un élément récurrent, dominant, central dans la trajectoire historique du pays durant près de deux siècles d'indépendance. En ce sens, dictatures, jacqueries, insurrections, ingouvernabilité, instabilité, anarchie et guerres civiles sont autant de catégories qui expriment des conjonctures antérieures ou postérieures à une crise. Ainsi, même les périodes de relative stabilité apparente sont qualifiées par certains politologues de périodes "d'équilibre instable"[2], puisque la période qui s'écoule entre deux crises, est seulement le laps de temps nécessaire pour l'éclatement de l'autre.

---

[2] MANIGAT Leslie F., **La crise haïtienne contemporaine**, Editions des Antilles, S.A., Port-au-Prince, 1995, p. 33.

Haïti, ancienne colonie française, proclame son indépendance le premier janvier 1804, après une longue, sanglante et dévastatrice guerre de libération nationale (1791-1803). Deux ans plus tard, le 17 octobre 1806, le fondateur de la patrie, l'Empereur Jean-Jacques Dessalines, est assassiné par la coalition des généraux latifundistes et la bourgeoisie compradore (composée fondamentalement d'étrangers). Cet assassinat donne lieu à une lutte acharnée pour le pouvoir. Le territoire national déjà exigu (27 mille 750 Km^2), est divisé en quatre Etats: l'Etat du Nord avec le roi Henri Christophe (1807-1820), celui de l'Ouest avec le président Alexandre Pétion (1807-1818), l'État éphémère du Sud, avec le président André Rigaud et celui de la "Grand-Anse" (Sud'Ouest)[3] sous le contrôle de Jean-Baptiste Goman (1807-1820). Durant cette longue période (1807-1820), le pays se transforme en un véritable volcan en éruption avec d'interminables guerres entre les Etats rivaux.

En 1820, le président Jean-Pierre Boyer parvient à pacifier le pays et constituer un Etat unique, dont le territoire s'amplifie avec l'annexion, en 1822, de la partie orientale (l'actuelle République Dominicaine), situation qui dure jusqu'en 1844. En 1825, en acceptant de payer à la France une indemnité de 150 millions de francs pour la reconnaissance de l'indépendance, Boyer met le pays dans une nouvelle situation de dépendance financière et économique catastrophique. Des troubles socio-politiques et des soulèvements armés qui aboutissent au renversement de son gouvernement, après un long règne de 25 ans (1818-1843), ouvrent la voie à "la crise de 1843" et à une période de grande instabilité: entre 1843 et 1847, une junte provisoire et quatre Présidents se succèdent avant l'établissement du régime de Faustin Soulouque (président de 1847 à 1849 et empereur de 1849 à 1858).

---

[3] Il convient de souligner que la Grand-Anse (Sud'Ouest) qui échappait au contrôle des autorités de l'Ouest et du Sud était beaucoup plus un territoire libéré qu'un véritable État.

Après la fin tumultueuse de la Présidence du général Nicolas Geffrard (1859-1867), celle de Sylvain Salnave (1867-1869) est troublée par trois ans de guerre civile. En 1868, pour la deuxième fois, le pays est divisé en trois Etats. La crise se termine au début de 1870, avec l'exécution de Salnave par ses ennemis politiques, mais la guerre civile coûte 200 millions de piastres[4] au pays. Celle qui éclate entre la bourgeoisie libérale et le régime du président Lysius Salomon (1883-1884) provoque des pertes de l'ordre de 800 à 900 millions de piastres[5].

Entre août 1911 et juillet 1915, six Présidents se succèdent, dans une atmosphère d'agitation permanente, d'ingouvernabilité, d'anarchie et de guerre civile. Une telle situation fournit aux Etats-Unis le prétexte nécessaire pour concrétiser un projet programmé depuis la fin du XIXe siècle[6]. Ainsi, le 28 juillet 1915, les marines américains débarquent en Haïti pour en sortir en 1934, après 19 ans d'occupation.

A travers le contrôle de l'Administration des Douanes, de la Banque Centrale et du système de sécurité publique (recrutement et formation des membres de la gendarmerie, le nom de la nouvelle armée haïtienne durant l'occupation), les Etats-Unis façonnent le système politico-administratif qui doit fonctionner après leur départ. Mais 12 ans après la désoccupation, la "Révolution de 1946" mobilise la jeunesse estudiantine contre le despotisme du président Elie Lescot, provoquant sa démission. Un Comité Exécutif Militaire de trois membres assume le pouvoir et organise les élections législatives du 12 mai 1946, desquelles est élu le président Dumarsais Estimé, de manière indirecte (par le Parlement), le 16 août de la même année.

---

[4] JANVIER Louis Joseph, **Haïti et ses visiteurs**, Flammarion, Paris, 1882, p. 489. (Piastre: unité monétaire haïtienne d'alors, mais la monnaie actuellement en vigueur est la gourde).

[5] JANVIER Louis Joseph, **Les affaires d'Haïti,** Flammarion, Paris, 1884, p. 260.

[6] En 1891, le Ministre haïtien des Relations Extérieures, Anténor Firmin, résista aux premières pressions ouvertes des Etats-Unis d'Amérique qui allaient affecter la souveraineté nationale avec la demande de concession du "Môle Saint-Nicolas" pour l'établissement d'une base navale, suivie d'une démonstration navale. Voir MANIGAT Leslie F., **op. cit.**, p. 133.

La Constitution de 1950 prévoit, pour la première fois, l'élection du Président au suffrage universel direct et le droit de vote des femmes. Cet élargissement de la participation civique, avec l'inclusion des masses populaires au jeu politique, met fin aux manœuvres discrètes des élites dirigeantes. Les tensions socio-politiques parviennent à un point tel que, de décembre 1956 à mai 1957, quatre gouvernements provisoires essaient en vain de trouver une formule qui pourrait satisfaire les revendications des citoyens en faveur des élections "libres, impartiales et démocratiques"[7].

Le système politique implanté par l'occupation américaine, pour la première fois, fait face à une crise aussi aiguë. Les revendications sociales, la mobilisation populaire, le choc des intérêts et la lutte pour le pouvoir affaiblissent les "institutions" de la démocratie représentative. Profitant d'une situation devenue chaotique, le général Antonio Kébreau réalise le coup d'Etat du 15 juin 1957 contre le leader charismatique Daniel Fignolé, récemment promu Président provisoire. Le général devenu chef du "Conseil Exécutif de Gouvernement" organise avec une main de fer les élections présidentielles du 22 septembre de la même année, au bénéfice de François Duvalier. Commentant cet événement, un sociologue haïtien écrit: "Les thompson (mitraillettes) furent les forces qui aidèrent le monstre à naître"[8].

Avec l'utilisation de la violence aveugle, des méthodes de répression devenues légendaires, la dictature des Duvalier présente ce que Gérard Pierre-Charles appelle "un caractère pathologique"[9] et est la plus féroce d'Amérique latine et des Caraïbes. Avant de mourir, le dictateur désigne pour lui succéder son fils Jean-Claude, alors âgé de 19 ans, qui dirige le pays de 1971 à 1986, quand il est renversé par un large mouvement populaire appuyé par une partie notable du Clergé

[7] PIERRE-CHARLES Gérard, **Radiographie d'une dictature**, Traduction française, Nouvelle Optique, Montréal, 1973, p.37.
[8] **Ibid**. p. 38.
[9] **Ibid**. p. 45.

catholique que rejoindra sur le tard... et comme contrainte, la hiérarchie haïtiannisée par François Duvalier. Ainsi, la dictature "dynastique" des Duvalier, qui a fait des dizaines de milliers de morts[10], a duré 29 ans, de 1957 à 1986.

Mais paradoxalement et sous la pression de Washington, Jean-Claude Duvalier, en fuyant dans la nuit du 6 au 7 février, confie le pouvoir à l'armée pour assurer la "transition". Ainsi, la dictature civile de caractère terroriste fait place à un régime militaire autoritaire de type corporatif. Comme il n'y a jamais eu de démocratie dans le pays et en raison de la nature profondément terroriste et rétrograde de cette dictature de longue durée, il y a un vide total. En effet, l'inexistence de véritables institutions, la faiblesse des classes moyennes urbaines, l'absence d'organisations de la société civile et de partis politiques structurés, etc., ne facilitent point une transition pacifique conduite par des forces socio-politiques modérées et représentatives.

Au contraire, le processus de changement politique se déroule de manière explosive dans une atmosphère d'affrontement violent, sans médiation possible, entre, d'une part, l'armée et les forces néoduvaliéristes (employant leurs armes de guerre contre une population civile désarmée) et, de l'autre, les masses populaires, sous l'influence de courants radicaux, qui essaient de faire triompher leurs revendications, au moyen de manifestations de rue, de résistance active et de grèves générales. Dans ces circonstances, les confrontations entre ces deux grands secteurs provoquent les élections du 29 novembre 1987 noyées dans le sang, les farces électorales du 17 janvier 1988, les divers coups d'Etat et les tentatives de coup d'Etat qui caractérisent la période 1986-1990.

Les élections du 16 décembre 1990, réalisées avec l'appui et la vigilance de la communauté internationale, amènent Jean-Bertrand

---

[10] PIERRE-CHARLES Gérard, **Haiti (1930-1945): "la crisis ininterrumpida"**, in GONZÁLEZ CASANOVA Pablo (comp.), América latina: historia de medio siglo, - México, Centro américa y el Caribe, Tomo II, Siglo XXI, 7ª edición, México, D.F., 1993, pp. 208-209.

Aristide à la Présidence. Cependant, le 30 septembre 1991, sept mois après l'investiture du nouveau Président élu, l'armée interrompt de façon violente le processus d'institutionnalisation démocratique par un coup d'Etat faisant environ cinq mille morts.

Ce coup d'Etat contraste avec les principes de la démocratie représentative, l'un des principaux axes du Nouvel Ordre Mondial en gestation. Il provoque la condamnation unanime de la communauté internationale, donnant lieu à un rebondissement prolongé de la crise qui débouche, au mois de septembre 1994, sur une intervention militaire multinationale/américaine, demandée par le Président en exil et cautionnée par le Conseil de Sécurité des Nations Unies en faveur du rétablissement de l'ordre constitutionnel.

Le thème de notre travail de recherche surgit d'une préoccupation fondamentale, l'explication des limites de la société haïtienne à construire un ordre démocratique durable où la raison de la force cède le pas à la force de la raison et ses difficultés à résoudre ou à surmonter ses contradictions internes sans une intervention militaire étrangère.

Ce travail repose sur quatre hypothèses explicatives de la crise de 1991-1994:

a) Cette crise est le reflet de la situation de vide institutionnel et organisationnel créée par la dictature, aggravée par l'absence d'instances de médiation qui donne lieu à une polarisation socio-politique rendant difficile toute solution négociée.

b) Elle constitue le moment critique d'une transition chaotique dont la spécificité s'explique par la nature même du régime dictatorial qu'a vécu le pays de 1957 à 1986.

c) Elle est le résultat de l'action combinée de forces internes et externes de pouvoir pour récupérer et réorienter le processus d'institutionnalisation démocratique qui a échappé à leur contrôle lors des élections de 1990.

d) Tout semble indiquer que la construction de la démocratie en Haïti passe par l'obtention d'un consensus à partir d'un accord socio-politique excluant tout recours à la violence et garantissant sa mise en œuvre comme projet collectif, national.

Les objectifs que nous nous proposons dans cette étude sont:

a) montrer que si l'intervention militaire étrangère rend possible le retour à l'ordre constitutionnel, elle n'arrive pas pour autant à instaurer la démocratie en Haïti.

b) établir que la construction de la démocratie en Haïti, en dépit des facteurs structurels limitants, dépend de la capacité des acteurs socio-politiques à rationaliser leurs pratiques politiques conformément aux règles et mécanismes institutionnels qu'ils définissent et établissent conjointement et qu'ils décident de respecter pour résoudre ou dépasser leurs divergences dans le cadre du jeu de l'alternance démocratique, sans recourir à la violence.

c) explorer, à partir de l'analyse des facteurs explicatifs -tant internes qu'externes- de la crise de 1991-1994, les voies possibles de la construction de la démocratie en Haïti.

Considérant les hypothèses et objectifs sur lesquels se fonde notre travail, nous analyserons la conjoncture internationale et les conditions internes spécifiques dans lesquelles se déroule la transition en Haïti pour expliquer la crise de 1991-1994.

Nous utiliserons des sources d'information primaires et secondaires, telles que les discours, les documents et accords des protagonistes nationaux et internationaux ainsi que la bibliographie relative à la crise. La révision de ces sources nous permettra de comprendre la faiblesse des institutions nationales et leur degré de manipulation par les acteurs nationaux et internationaux dans la gestion de cette crise, en même temps qu'elle rendra possible notre compréhension des objectifs politiques des acteurs impliqués dans le processus analysé.

Par conséquent, notre travail de recherche comporte deux étapes fondamentales: la première se réfère à la compilation des informations provenant des sources primaires et secondaires, et la deuxième est centrée sur l'analyse et l'interprétation de ces données. A la fin de cette étape, nous serons à même de contribuer à l'explication de notre objet d'étude, constitué par la crise de 1991-1994. Nous nous proposons aussi de présenter et d'analyser quelques voies possibles de la construction et de la consolidation de la démocratie en Haïti. En ce sens, la recherche se caractérisera par la reconstruction historico-politique du processus à analyser, mais comprendra aussi des aspects propositifs.

Ce travail se divise en deux parties et comporte sept chapitres. La première partie traite du processus de décomposition du régime dictatorial et de l'échec de la transition haïtienne (1976-1991). Dans le premier chapitre, nous définissons le cadre conceptuel et théorique de l'étude. Dans le second, nous analysons les facteurs tant externes qu'internes ayant contribué à la chute de la dictature. Le troisième chapitre est consacré à la nature chaotique de la transition et ses soubresauts analysés comme expression du libre jeu des acteurs. Le quatrième met en évidence les déviations autoritaires du régime Lavalas et l'hostilité des secteurs de pouvoir internes et externes qui ont créé le contexte favorable au coup d'Etat.

Dans la deuxième partie qui embrasse les trois derniers chapitres, nous étudions la gestion interne et externe de la crise et son développement. Le cinquième chapitre se réfère aux activités des acteurs nationaux. Le poids décisif de la communauté internationale dans la "résolution" de la crise, constitue l'objet du sixième chapitre. Et dans le dernier chapitre, nous analysons certains facteurs de la postcrise qui permettent de comprendre que le retour à l'ordre constitutionnel ne signifie pas l'instauration de la démocratie.

Dans ce travail, nous avons essayé d'étudier la "crise de 1991-1994" comme moment critique d'une transition dont le caractère convulsif est l'expression du vide institutionnel et organisationnel créé par une dictature rétrograde de longue durée, de la complexité et de la fragilité du processus d'institutionnalisation démocratique ainsi que de l'ampleur et de la nature des obstacles à la construction et à la consolidation de la démocratie en Haïti. Nous espérons que cette modeste contribution à la recherche scientifique pourra conduire d'autres chercheurs à compléter ses failles et insuffisances, et à aborder les aspects qui restent hors de sa portée.

PREMIERE PARTIE
LA TRANSITION VERS LA DEMOCRATIE
(1986-1991)

Dans la deuxième moitié de la décennie des années 1970-1980, Haïti vit le processus de "libéralisation" amorcé par le dictateur Jean-Claude Duvalier, dans le but d'attirer les capitaux étrangers et favoriser l'implantation des industries de sous-traitance. Ce contexte et la politique de défense des droits humains promue par l'administration Carter, mettent en relief l'affaiblissement progressif du régime. Celui-ci profite de l'arrivée des républicains à la Maison blanche en 1980, pour frapper l'opposition en gestation, démanteler les embryons d'organisations de la société civile et bâillonner la presse indépendante. Cependant, le mouvement de décomposition du régime continuait sa marche. Le 7 février 1986, le régime dictatorial s'est effondré sous le poids de la conjonction de divers facteurs externes et internes. Débuta alors un processus de transition qui, après maintes péripéties, déboucha sur des élections libres, impartiales et démocratiques, le 16 décembre 1990. Ainsi, avec l'investiture du président Jean-Bertrand Aristide, le 7 février 1991 et l'installation du gouvernement du premier ministre René Garcia Préval, l'institutionnalisation démocratique a démarré. Le coup d'Etat du 30 septembre 1991 mit un terme à cette entreprise, marquant ainsi l'échec de cette première phase de la transition.

La crise de 1991-1994 résultant du coup d'Etat, est liée à la nature du régime dictatorial qu'avait vécu le pays et qui a donné lieu à une polarisation socio-politique. Elle rendit impossible toute transition concertée (rupture négociée). En ce sens, pour pouvoir identifier et analyser les facteurs explicatifs de cette crise, il convient de définir les concepts de base de la recherche et réviser les perspectives analytiques du changement politique et des transitions vers la démocratie.

CHAPITRE 1
CADRE CONCEPTUEL ET THEORIQUE

I. Les concepts de base de la recherche

Dans cette partie, nous nous proposons de définir, à la lumière des auteurs contemporains qui ont traité ces thèmes, les principaux concepts de la recherche et de préciser le sens dans lequel ils seront utilisés tout au long du développement du travail.

Le concept *crise* évoque en général, selon Gianfranco Pasquino, "un moment de rupture dans le fonctionnement d'un système, un changement qualitatif au sens positif ou négatif, un retournement brusque et parfois même violent et non attendu dans le modèle normal selon lequel se développent les interactions à l'intérieur d'un système en observation"[1].

Cette idée de rupture, de discontinuité ou de dysfonctionnement se trouve aussi dans l'œuvre de Michel Dobry, pour qui le concept *crise* s'applique à des "processus sociaux qui conduisent, ou peuvent conduire, à des ruptures dans le fonctionnement des institutions politiques, non nécessairement légitimes, propres à un système social et qui paraissent menacer la persistance de ces institutions. En ce sens, ce concept renvoie aux phénomènes perçus et analysés tant par les acteurs eux-mêmes que par les observateurs "externes", comme des discontinuités qui interviennent dans le flux "normal" des routines ou des échanges politiques"[2].

En nous basant sur les énoncés de ces auteurs, nous pouvons affirmer que, dans le cas haïtien, le concept *crise* exprime l'idée de dysfonctionnement du système politique qui est arrivé, dans sa phase

---

[1] PASQUINO Gianfranco, in BOBBIO Norberto et al., Diccionario de política, Siglo XXI, 9ª edición, México, D.F., 1995, p. 391.

[2] DOBRY Michel, **Sociología de las crisis políticas**, Traduction espagnole, Siglo XXI, 1ª edición, México, D.F., 1988, p. 2.

de décomposition, à une situation d'instabilité permanente qui favorise l'intervention d'éléments endogènes et exogènes. Ceux-ci provoquent d'ailleurs un arrêt brutal du processus en cours et sa réorientation radicale.

Comme le concept *crise* a un caractère récurrent, central, permanent et structurel dans l'histoire d'Haïti, nous emploierons ici l'expression "conjoncture de crise" en référence au processus de changement politique convulsif provoqué par la chute de la dictature et le concept *crise* dans le sens de "moment critique de cette conjoncture", dans lequel le facteur "temps" acquiert une plus grande importance pour les acteurs, puisque le présent, frontière entre le passé et le futur, semble s'effacer. En ce sens, la notion de durée qui, dans divers aspects de la vie quotidienne normale et dans les pratiques politiques routinières, n'a pas la même signification pour les personnes impliquées, devient, dans une conjoncture de crise et, surtout, dans son moment culminant, un concept totalement polysémique, étant donné qu'une même période de temps peut signifier, pour certains, toute une éternité et, pour d'autres, un clin d'œil.

Cela exprime le caractère crucial du dépassement ou dénouement du "moment critique" -dans lequel disparaît, momentanément, le polycentrisme, c'est-à-dire la centralité de la politique réapparaît- pour certains acteurs, sans que cela cesse d'affecter, de façon profonde et d'une manière ou d'une autre, tous ceux qui sont impliqués. Chaque décision entraîne des conséquences futures (futur très proche), des fois non recherchées, qui échappent au contrôle des acteurs, c'est-à-dire imprévisibles. Ici le concept *crise* se réfère à une phase spécifique de la transition, c'est-à-dire au coup d'Etat du 30 septembre 1991 qui mit un terme au processus d'institutionnalisation démocratique en instaurant un régime de force qui dura trois ans et qui prit fin le 19 septembre 1994 avec l'intervention multinationale/américaine de 20 mille soldats, le retour du Président destitué et la dissolution de l'armée haïtienne.

La *démocratie* est un concept "fourre-tout". Afin d'éviter toute sorte d'ambiguïté et de confusion relative à son utilisation, dans le cadre de notre recherche, il est préférable de voir dans quel sens il est employé par certains auteurs éminents des sciences politiques.

Norberto Bobbio, face à quelques changements sociaux globaux, surtout le surgissement d'une société polycentrique de grandes organisations qui vont rendre plus difficile l'accomplissement des promesses des conceptions classiques de la démocratie, se voit obligé, comme il le dit dans l'introduction de son livre, de "faire descendre la démocratie du ciel des principes à la terre où se choquent de gros intérêts". Ainsi, propose-t-il une définition minimale de la démocratie: "Je pars du principe que l'unique moyen de se mettre d'accord quand on parle de démocratie, envisagée comme quelque chose qui s'oppose à toute forme de gouvernement autocratique, est de la considérer comme étant caractérisée par un ensemble de règles (primaires ou fondamentales) établissant qui est autorisé à prendre les décisions collectives et par quels procédés"[3].

Et, selon notre auteur, les démocraties accomplissent le "minimum procédural" nécessaire dans la mesure où elles garantissent: a) la participation politique d'un plus grand nombre de citoyens intéressés, b) la règle de la majorité pour les décisions politiques, c) les droits de communication habituels et avec eux la sélection entre différents programmes et divers groupes recteurs et d) la protection de la sphère privée, car, "parallèlement à la nécessité de gouvernement, il existe le désir de n'être plus gouverné en absolu et d'être laissé en paix"[4]. Cette définition minimaliste, dont le caractère descriptif embrasse le contenu normatif des systèmes politiques modernes en vigueur dans les sociétés occidentales complexes et

---

[3] BOBBIO Norberto, **El futuro de la democracia**, Traduction espagnole, Ariel, Barcelona, 1985, p. 21.
[4] **Ibid.** p. 72.

hautement différenciées, porte l'auteur à la conclusion que "le contenu minimal de l'État démocratique ne s'est pas détérioré: garantie des principaux droits de liberté, existence de plusieurs partis en compétition entre eux, élections périodiques au moyen du suffrage universel, décisions collectives ou consensuelles ou prises sur la base du principe de la majorité et en tout cas toujours après un libre débat entre les parties ou entre les alliés d'une coalition gouvernementale"[5]. Mais, reconnaît Bobbio, "un agencement ordonné de ce type n'est possible que si ceux qui exercent les pouvoirs à tous les niveaux peuvent être contrôlés en dernière instance par les détenteurs originaires du pouvoir ultime, les individus spécifiques"[6].

La définition de Bobbio comprend deux idées fondamentales: les procédés de toute prise de décisions collectives et la possibilité que ceux qui exercent le pouvoir soient contrôlés par les citoyens, c'est-à-dire la délimitation du pouvoir.

Pour Juan Linz, un régime peut être considéré comme démocratique, "quand il permet la libre formulation des préférences politiques à travers l'exercice des libertés basiques d'association, d'information et de communication, dans le but d'assurer la libre compétition entre les leaders qui, dans des intervalles réguliers et par des moyens non-violents, mettent en jeu leur prétention de gouverner... sans qu'aucun poste politique effectif ne reste exclu de cette compétition et sans interdire à aucun membre de cette communauté politique d'exprimer sa préférence"[7]. Cette définition permet de voir la conception procédurale de la démocratie chez l'auteur.

De son côté, Robert A. Dahl conçoit la démocratie comme un moyen essentiel pour garantir que les êtres humains aient des opportunités d'atteindre la plus grande liberté possible, de développer

---

[5] **Ibid**. p. 46.
[6] **Ibid**. p. 14.
[7] LINZ Juan, **Totalitarian and authoritarian regimes**, in GREENSTEIN Fred I. and POLSBY Nelson W. (comps.), **Macropolitical theory**, Handbook of Political Science, Vol. III, Reading,

pleinement leurs capacités et leurs potentialités; et de satisfaire tout le reste des intérêts qu'ils jugent importants, dans les limites imposées par la faisabilité et l'équité"[8]. En ce sens, Dahl conçoit la démocratie comme un système dans lequel "le gouvernement répond durant une période de temps donnée aux préférences de ses citoyens sans distinctions politiques, car tous doivent avoir des opportunités égales pour:

a) formuler leurs préférences;

b) manifester publiquement ces préférences;

c) recevoir de la part du gouvernement un traitement égal: c'est-à-dire celui-ci ne doit faire aucune discrimination liée au contenu ou à l'origine de telles préférences[9].

Etant donné que la démocratie est un type idéal, Dahl cherche à le rendre opérationnel à travers le concept de "polyarchie", qui est pour lui un ensemble de critères qui permettent de s'approcher du paradigme démocratique. Selon lui, l'ordre politique que constitue la polyarchie se singularise par la présence de sept critères, dont tous doivent être présents pour qu'il soit possible de le qualifier de gouvernement polyarchique. Ces sept critères sont les suivants:

1) Des fonctionnaires élus. Le contrôle des décisions en matière de politique publique correspond, selon qu'il est établi par la Constitution du pays, aux fonctionnaires élus.

2) Des élections libres et impartiales. Ces fonctionnaires sont élus au moyen du vote dans des élections honnêtes et propres, organisées régulièrement et dans lesquelles on emploie rarement la coercition.

3) Suffrage inclusif. Pratiquement, tous les adultes ont le droit de voter dans l'élection des fonctionnaires publics.

Mass: Addison-Wesley, 1975, pp. 182-183.

[8] DAHL Robert A., **La democracia y sus críticos**, Traduction espagnole, Paidós, 2ª edición, Barcelona, ..., 1993, p. 109.

[9] DAHL Robert A., **La poliarquía**, Traduction espagnole, Rei, 1ª reimpresión, México, D.F., 1996, pp. 13-14.

4) Le droit d'occuper des postes publics. Pratiquement, tous les adultes ont le droit d'occuper des postes publics dans le gouvernement, quoique l'âge minimal pour cela puisse être plus élevé que celui de voter.

5) La Liberté d'expression. Les citoyens ont le droit de s'exprimer, sans courir le danger de subir des punitions sévères, sur des questions politiques définies largement y compris la critique des fonctionnaires publics, du gouvernement, du régime, du système socio-économique et de l'idéologie dominante.

6) Variété des sources d'information. Les citoyens ont le droit de se procurer diverses sources d'information, qui non seulement existent mais sont protégées par la loi.

7) Autonomie associative. Pour tendre vers l'obtention ou la défense de leurs droits, les citoyens jouissent aussi du droit de constituer des associations ou organisations relativement indépendantes, dont les partis politiques et les groupes d'intérêts.

Ces critères de la polyarchie sont, selon Robert A. Dahl, la base sur laquelle il est possible d'avancer dans la recherche d'un gouvernement démocratique.

Ce cadre institutionnel doit garantir: a) l'inclusion de tous les intéressés, b) des opportunités également réparties et également efficaces de participation au processus politique; c) l'égalité de droit de vote dans les décisions, d) le même droit dans le choix des thèmes et en général de contrôle de l'ordre du jour, et finalement e) une situation telle que les impliqués, à la lumière des informations suffisantes et de bons arguments, peuvent se former une compréhension articulée du thème à débattre et des intérêts en conflit[10].

Les indicateurs sélectionnés par Robert A. Dahl, pour rendre plus facile la compréhension procédurale du processus démocratique,

[10] DAHL Robert A, **A preface to economic democracy**, University of California Press, Berkeley, 1985, pp. 59-60.

complètent la proposition d'opérationnalisation de Norberto Bobbio et embrassent le contenu normatif des procédés démocratiques modernes.

Dans un effort pour établir les traits essentiels de tout régime démocratique, Adam Przeworski définit la démocratie comme un système particulier de gestion et de résolution de conflits entre les groupes, qui possède les caractéristiques suivantes qui la différencient des autres systèmes politiques:

1. On reconnaît comme caractéristique permanente de l'activité politique l'existence des intérêts antagoniques et les mécanismes institutionnels permettant de les satisfaire.

2. La gestion et la résolution des conflits se font conformément aux règles préétablies, explicites, potentiellement familières à tous les participants et qui ne peuvent être modifiées qu'en conformité avec ces règles.

3. Certains types d'action sont exclus comme stratégies admissibles; dans le cas où un groupe quelconque recourt à eux, on peut utiliser légitimement la force physique, organisée de manière permanente. Cet usage de la force est réglementé par des normes qui spécifient les conditions dans lesquelles on peut l'appliquer universellement et "ex ante".

4. ... C'est une caractéristique de la démocratie que chaque groupe puisse opter pour certaines stratégies et que toutes les stratégies les exposent à des conséquences.

5. ... Dans une démocratie, personne ne triomphe de manière définitive: même si l'on obtient du succès à un moment déterminé, immédiatement on fait face à la perspective de devoir continuer à lutter dans le futur...

6. Les résultats des conflits démocratiques ne sont pas simplement indéterminés dans certaines limites, mais en outre ils sont incertains.

Synthétisant cette description, l'auteur souligne trois aspects remarquables de la démocratie:

a) La démocratie est une forme d'institutionnalisation des conflits permanents.

b) La capacité des groupes particuliers de satisfaire leurs intérêts, est déterminée par des mécanismes institutionnels propres à chaque système.

c) Même si cette capacité est donnée à priori, les résultats des conflits ne sont pas déterminés univoquement par des mécanismes institutionnels, ou par la place qu'ils occupent à l'intérieur du système de production. Il peut y avoir, et des fois il y a, des dénouements improbables...[11]

Dans la conception de ces auteurs, l'idée de délimitation du pouvoir, de liberté d'expression et d'association, de pluralisme politique et de compétitions électorales régulières, libres et impartiales, sont les caractéristiques essentielles de la démocratie qui est un système de prise de décisions collectives et de gestion de conflits qui sont inévitables, étant donné le caractère antagonique des intérêts en jeu. Ainsi, ces auteurs mettent l'emphase sur le caractère procédural de la démocratie.

En accord avec les mises au point des auteurs que nous venons de citer, concernant le concept de *démocratie*, dans le cadre de cette recherche, ce concept se réfère à un système de relations socio-politiques, fondé sur des règles précises du jeu politique, lesquelles incluent une procédure claire et préalablement définie pour résoudre ou dépasser des conflits socio-politiques, quelque soit leur intensité, à partir du dialogue ouvert, la négociation et le compromis pour conduire le processus d'institutionnalisation et obtenir la consolidation d'un système démocratique durable. Celui-ci doit garantir la

[11] PRZEWORSKI Adam, **Algunos problemas en el estudio de la transición hacia la democracia,** in O'DONNELL Guillermo y SCHMITTER Philippe C., **Transiciones desde un gobierno autoritario/3. Perspectivas comparadas,** Traduction espagnole, Paidós, 1ª reimpresión, Barcelona, ..., 1994, pp. 93-96.

participation de tous les citoyens, de tous les secteurs de la société, dans des conditions égales, quelque soit leur idéologie ou leur position politique, dans les prises de décisions relatives à la chose publique.

Il est nécessaire de reconnaître, comme l'affirme Rustow, que "la création de la démocratie requiert que les élites arrivent à un consensus par rapport aux procédés et aux règles du jeu"[12]. Cette conception procédurale de la démocratie est liée à l'idée de "décentrage du pouvoir associé à une culture politique libérale appuyée par les modèles de socialisation correspondants"[13]. En ce sens, l'expression *construction de la démocratie* se réfère au processus d'institutionnalisation des pratiques politiques des acteurs, fondé sur des règles et mécanismes institutionnels qu'ils définissent et établissent conjointement et qu'ils respectent et appliquent pour pouvoir résoudre ou dépasser leurs divergences dans le cadre du jeu de l'alternance démocratique, sans recourir à la violence.

La démocratie libérale de masse surgit en Europe et aux Etats-Unis d'Amérique, au XIXe siècle, comme conséquence de la Révolution américaine de 1776, de la Révolution française de 1789 et de la Révolution industrielle du XIXe siècle. Des recherches réalisées à la fin de la décennie des années 1950-1960 permirent d'observer une relation directe entre la stabilité démocratique et les indicateurs de richesse nationale, moyens de communication, industrialisation, éducation et urbanisation[14]. En 1971, Robert A. Dahl confirma ces données en établissant que des relations similaires existaient dans plus de cent pays[15]. Il s'agit donc d'un produit des sociétés "modernes,

---

[12] RUSTOW Dankwart A., **Transitions to democracy: toward a dynamic model**, in Compararive Politics 2, avril 1970, pp. 337 y ss.

[13] HABERMAS Jürgen, **Facticidad y validez**, Traduction espagnole, Editorial Trotta, S.A., Madrid, 1998, p. 395.

[14] LIPSET Seymour Martin, **El hombre político**, Traduction espagnole, Rei, 1ª reimpresión, México, D.F., 1997, pp. 48-58

[15] DAHL Robert A., **La poliarquía, op. cit.**, p. 69.

dynamiques, pluralistes (M.D.P.) qui suscitent des attitudes et convictions favorables aux idées démocratiques"[16].

Même si la thèse selon laquelle le développement économique est crucial pour la démocratie, a été réfutée par Dankwart A. Rustow qui, se basant sur l'évidence historique, a pu prouver l'existence de démocraties dans les pays ayant des niveaux de développement relativement bas[17], comme par exemple les Etats-Unis en 1820, la France en 1870 et la Suède en 1890, nous continuons à croire que certains seuils de développement socio-économique demeurent un facteur important dans le surgissement et, surtout, dans le maintien de la démocratie. En ce sens, *la consolidation de la démocratie* se réfère au processus de mise en œuvre d'un projet politique global susceptible de transformer les structures économiques, sociales et politiques, génératrices de violence, d'instabilité et de désespoir collectif, et d'imprimer ainsi un caractère durable au système démocratique, qui permette de réduire la dépendance économique et politique du pays et de neutraliser l'influence des facteurs exogènes.

Il s'agit donc de créer les conditions favorables à l'émergence des normes, des valeurs et des attitudes qui soutiennent la démocratie et leur intériorisation par les citoyens dans le but de faciliter la coexistence sociale et la propension à la résolution pacifique ou légale des conflits, quelque soit leur nature. La *consolidation de la démocratie* dépend, en ce sens, de l'existence d'un système politique articulé en termes d'Etat de droit qui existe seulement dans une société imprégnée profondément d'une culture politique habituée à la liberté et à une socialisation politique de caractère éclairé"[18].

Ainsi, le pluralisme politique constitue un facteur indispensable, puisqu'il exclut la dictature des majorités, garantit les droits et intérêts des minorités, non, comme affirme Werner Becker[19], par la peur,

---

[16] DAHL Robert A., **La democracia y sus críticos, op. cit.**, p. 314.
[17] RUSTOW Dankwart A., **op. cit.**, pp. 337 y ss.
[18] HABERMAS Jürgen, **op. cit.**, pp. 378-379.
[19] Cet auteur affirme: "Les majorités en faveur de telles garanties des intérêts des minorités

mais par la certitude pour la majorité d'aujourd'hui de devenir la minorité de demain. Ce pluralisme fait de l'institutionnalisation démocratique l'unique moyen de "constitution de pouvoir légitime, de programmation de la régulation des conflits et de poursuite des objectifs collectifs"[20].

Selon Michel Crozier et Erhard Friedberg, les acteurs, individuels ou collectifs, sont ceux qui, à l'intérieur des contraintes souvent très lourdes que leur impose le "système", disposent d'une marge de liberté qu'ils utilisent de façon stratégique dans leurs intéractions avec les autres. La persistance de cette liberté défait les réglages les plus savants faisant du pouvoir en tant que médiation commune de stratégies divergentes le mécanisme central et inéluctable de régulation de l'ensemble[21].

Nous emploierons le concept *acteurs politiques* dans le même sens, et il se réfère ainsi à tous les acteurs impliqués dans l'éclatement, le développement et la "résolution" de la crise haïtienne, tant internes qu'externes; ils peuvent être des individus ou des institutions publiques, des forces économiques, sociales et politiques.

Analysant les énoncés de W. C. Mitchell, de Samuel P. Huntington, de G. A. Almond et de David Easton, Leonardo Morlino définit le système politique comme une structure complexe, constituée par trois grandes composantes: la communauté politique, le régime et les autorités, et chaque composante comporte une série d'éléments que l'auteur synthétise de la manière suivante:

A) La communauté politique:

1. Idéologies, valeurs ou attitudes, dominantes ou en situation de compétition.
2. Personnes ou groupes actifs.

---

s'expliquent par la peur de la majorité de chaque cas à se convertir en minorité". Voir BECKER Werner, **La libertad que queremos**, Traduction espagnole, Fondo de Cultura Económica, México, D.F., 1990, p. 58.

[20] HABERMAS Jürgen, **op. cit.**, p. 396.

[21] CROIZIER Michel y FRIEDBERG Erhard, **L'acteur et le système**, Le Seuil, Coll. "Points", Paris, 1977, pp. 29-30.

3. Structures intermédiaires (non toujours présentes).

B) Le régime:

4. Idéologies, valeurs ou attitudes, dominantes ou en situation de compétition.

5. Normes ou règles du jeu.
6. Structures de décision.
7. Structure de coercition.

C) Les autorités:

8. Titulaires des rôles[22].

Selon Manuel Alcántara Sáez, on peut entendre par système politique "l'ensemble composé de ces éléments dont la signification et le contenu ontologique n'est pas clairement parallèle. En premier lieu, il est formé d'éléments institutionnels (le régime politique) qui représentent les pouvoirs politiques et leurs règles d'interaction réciproques envers la société, mais aussi, des normes, écrites ou coutumières, qui font référence aux formes de possession de la propriété, à sa transmission et son aliénation. En deuxième lieu, il est composé d'acteurs institutionnalisés, à travers lesquels s'organise la société de manière active ou passive, pour transmettre leurs demandes, influencer ou modifier dans une grande ou moindre mesure, les décisions du gouvernement. En troisième lieu, il est constitué des valeurs des individus et des groupes sociaux qui composent la société quant à la compréhension de l'activité politique dérivant tant d'éléments strictement culturels que d'expériences historiques[23].

Le concept *système politique* sera utilisé dans la présente recherche, dans le même sens que l'emploient Morlino et Alcántara

---

[22] MORLINO Leonardo, **Cómo cambian los regímenes políticos,** Traduction espagnole, Centro de Estudios Constitucionales, Madrid, 1985, pp. 45-46.

[23] ALCÁNTARA SÁEZ Manuel, **Gobernabilidad, crisis y cambio**, Fondo de Cultura Económica, reimpresión, México, D.F., 1995, p. 54.

Sáez, car les deux définitions se rapprochent et aident à comprendre la réalité à laquelle elles se réfèrent.

Dans son acception moderne, le terme "dictature" s'applique au contrôle illimité du pouvoir de l'Etat de la part d'un individu, d'une camarilla influente ou un groupe restreint[24]. Cette forme "dégénérée" d'exercice du pouvoir varie d'une époque à une autre, d'une civilisation à une autre, d'un pays à un autre. Ainsi, dans les sciences sociales, on parle de régimes dictatoriaux et on emploie divers termes pour exprimer leur nature: dictature constitutionnelle, tyrannie, despotisme, autocratie, césarisme, fascisme, nazisme (Führerstaat), autoritarisme, totalitarisme, etc. Certains auteurs ont identifié quelques traits caractéristiques de ces formes de dictature: exclusivisme et arbitraire dans l'exercice du pouvoir; suppression ou limitation des liens juridiques du pouvoir politique; élimination ou restriction substantielle des libertés civiles; agressivité et impulsivité dans l'adoption des décisions; emploi de méthodes despotiques de contrôle politique et social[25].

De son côté, Juan Linz élabora une définition selon laquelle sont autoritaires, tous les "systèmes politiques avec un pluralisme politique limité, irresponsable; sans une idéologie élaborée et directrice (mais avec une mentalité particulière); dépourvus d'une mobilisation politique intense ou ample (sauf dans certains points de leur évolution), et dans lesquels un leader (ou peut-être un groupe réduit) exerce le pouvoir dans des limites formellement mal définies, mais en réalité assez prévisibles"[26].

Dans sa typologie des régimes autoritaires, Linz a inclus un autre type de non-démocratie, les régimes traditionnels qui comportent deux sous-types:

---

[24] STAMMER Otto von, **Dictadura**, in SILLS David L., Enciclopedia Internacional de las Ciencias Sociales, Traduction espagnole, Aguilar, Madrid, 1979, p. 658.

[25] **Ibid.** p. 659.

[26] LINZ Juan, **Una teoría del régimen autoritario. El caso de España**, in FRAGA M. et al., La España de los 70, Vol. III, Tome I, **El Estado y la política**, Moneda y Crédito, Madrid, 1974. p. 1474.

1) les régimes sultanistes, lesquels se basent sur le pouvoir personnel du souverain qui tient attachés ses collaborateurs par une relation faite de peur et de récompenses; ce sont des régimes où les décisions arbitraires du souverain ne sont pas limitées par des normes, ni n'ont à se justifier sur une base idéologique. Par conséquent, il utilise le pouvoir de manière particulariste et à des fins essentiellement privées. Dans ces régimes, l'armée et la police jouent un rôle central, tandis qu'ils manquent, de façon évidente, d'une quelconque idéologie aussi bien que d'une quelconque structure de mobilisation de masses, comme le requiert normalement le parti unique. On est, en somme, dans un cadre politique dominé par des élites et des institutions traditionnelles.

2) les oligarchies compétitives dans lesquelles persistent des éléments culturels traditionnels tels que les valeurs et les institutions religieuses qui ont une grande importance. Leurs variantes de caudillisme et de caciquisme se caractérisent par des alliances politiques entre les détenteurs du pouvoir central et les leaders locaux, qui "fournissent" des votes en échange de protection politique ou simplement de non-interférence dans le gouvernement local, paternaliste et autoritaire. La base économique est essentiellement - mais pas exclusivement- agraire[27].

Vu le caractère hybride du régime duvaliériste -un mélange de ces deux sous-types- et sa nature profondément terroriste et rétrograde, nous emploierons le concept *dictature* pour désigner ce régime, et celui de *régime autoritaire* pour nous référer aux régimes établis dans le pays après la chute de la dictature, même si le régime militaire de terreur de 1991-1994 atteignit des degrés de barbarie qui rappelaient les pires moments du régime de "Papa Doc".

[27] LINZ Juan, **Authoritarian and totalitarian regimes, op. cit.**, pp. 256-264.

2. Perspectives analytiques des transitions

Le thème de la transition et du changement politique a été indubitablement le plus analysé par les politologues durant les trois dernières décades et a donné lieu à une prolifération d'ouvrages relatifs aux cas des pays de l'Europe méditerranéenne, d'Amérique latine et de l'Europe orientale. Ainsi, il nous semble important d'exposer les thèses des plus remarquables de ces analystes pour voir dans quelle mesure elles sont valides pour l'étude de la transition haïtienne.

La stratégie analytique de Morlino

Selon Leonardo Morlino, "l'objet du changement n'est pas le système politique, mais le régime"[28]. En ce sens, la transition de régime comporte "un changement fondamental impliquant toujours le passage d'un régime à un autre dont les caractéristiques essentielles sont manifestement différentes"[29]. Après avoir ainsi posé le problème, pour analyser la transition, Morlino estime nécessaire de caractériser le degré du changement et d'en déterminer les modalités.

Le seuil

La gradualité du changement se rapporte à l'importance, la dimension et le nombre des aspects qu'embrasse le processus. L'auteur précise qu'un changement graduel à petits pas, étalé dans le temps, n'est pas fondamental et ne suppose aucune transition. Cependant, il admet qu'un ensemble de changements graduels peut être d'une nature telle qu'il permette que soit franchi un seuil à partir duquel le changement passe de marginal à fondamental. Le fait que le changement peut être fondamental ou graduel, ou que certains aspects

---

[28] MORLINO Leonardo, **op. cit.**, p. 79.

[29] **Ibid.** p. 104.

peuvent rester inaltérés et d'autres peuvent changer, est lié à la dynamique du changement, c'est-à-dire la façon dont s'est déroulé le processus de changement[30].

Les modalités

En ce qui a trait à la manière, Morlino établit quatre caractéristiques importantes dans la transition d'un régime à un autre: a) continu/discontinu; b) accéléré/lent; c) pacifique/violent; d) interne/externe. Les quatre caractéristiques mentionnées, d'après l'auteur, peuvent se superposer ou s'imbriquer selon chaque cas.

a) Continu/discontinu

Les caractères de continuité se font évidents dans la transition d'un régime quand le changement résulte d'un processus d'adaptation incessant face à un changement de conditions externes d'ordre social, économique ou culturel et jusqu'à dépasser un seuil de transformation, au-delà duquel le régime est déjà différent du précédent. En ce sens, un changement par adaptation est souvent graduel et difficilement clair et, selon l'auteur, ne se convertira en fondamental seulement après qu'une série de petits changements aient conduit le régime à franchir ce seuil (de transformation). Après ces considérations, l'auteur conclut que la transition continue se produit beaucoup plus rarement et que la transformation discontinue est beaucoup plus fréquente, vu que le changement survient comme résultat d'une rupture par rapport aux règles et les structures d'autorité du régime antérieure.

---

[30] **Ibidem.**

b) Changement accéléré/lent

Cet aspect du processus de transition d'un régime à un autre se réfère à l'intervalle de temps entre les deux régimes, qui peut être plus ou moins grand selon la lenteur ou la vitesse avec laquelle se produisent les événements. En plus d'autres facteurs spécifiques et divers, le degré de développement politique et socio-économique du régime même détermine en grande partie le rythme du changement[31].

c) Changement pacifique/violent

Morlino estime que cette caractéristique de la transition est probablement la plus importante du point de vue des modalités, puisque la probabilité que certaines formes de violence conduisent à la transition du régime est d'autant plus grande que l'usage préalable de la violence a été plus démolisseur. Quoiqu'il reconnaisse le fait qu'une transition continue ou discontinue, lente ou accélérée peut avoir lieu indépendamment de l'usage ou non de la violence, l'auteur admet que le changement fondamental est plus profond et de ce fait, le nouveau régime est moins semblable à l'antérieur, quand l'emploi de la violence a été plus intense, plus étendu et plus prolongé[32].

d) Changement d'origine interne et externe

Cette caractéristique de la transition se réfère à la localisation et au poids des acteurs ou facteurs qui sont à l'origine du processus de changement. Quand une transition a des origines internes, elle résulte des actes provenant de la communauté politique ou des changements antérieurs survenus dans le système économique ou social, c'est-à-dire elle peut être le résultat de la volonté délibérée de ceux qui détiennent les "leviers du pouvoir", parce qu'ils veulent se libérer du

---

[31] **Ibid**. p. 107.
[32] **Ibidem**.

carcan de la légalité constitutionnelle, ou comme conséquence de l'échec économique cuisant, qui provoque des mobilisations, des émeutes populaires, etc.

Le changement d'origine externe peut être de divers types, depuis les pressions internationales, défaite militaire et jusqu'à l'intervention militaire d'une puissance étrangère, une coalition de puissances étrangères ou une institution internationale qui détient la légalité institutionnelle et la force nécessaire pour le faire. Dans ce cas, l'objectif peut être le maintien de l'ancien régime, sa disparition ou la création d'un nouveau régime. Selon Morlino, dans la troisième éventualité, on peut créer un régime seulement formellement indépendant, comme ceux qu'on appelle régimes-fantoches, ou un régime à semi-souveraineté ou, enfin, un régime réellement indépendant[33].

La thèse de Przeworski

Pour Adam Przeworski, la transition d'un régime autoritaire à un système démocratique consiste en deux processus simultanés: un processus de désintégration du régime autoritaire, qui souvent prend la forme d'une "libéralisation", et un processus d'instauration des institutions démocratiques. Bien que ces transformations soient façonnées, toutes les deux, par les traits particuliers de l'ancien régime, à un certain moment doivent s'établir des institutions spécifiquement démocratiques[34]. Mais reconnaît Przeworski, "le problème stratégique d'une transition consiste à obtenir la démocratie sans se faire assassiner par ceux qui détiennent les armes et sans être condamné à mourir de faim par ceux qui contrôlent les ressources productives"[35]. En ce sens, assure l'auteur, le changement vers la

[33] Ici, nous voulons manifester notre total désaccord avec l'auteur, étant donné que dans aucune des trois éventualités, il n'est possible de constituer un régime réellement indépendant, et dans le pire des cas, on peut déboucher sur un régime d'occupation militaire directe.

[34] PRZEWORSKI Adam, Algunos problemas en el estudio de la transition hacia la democracia, in O'DONNEIL Guillermo y SCHMITTER Philippe C., **Transiciones desde un gobierno autoritario/3. Perspectivas comparadas, op. cit**., p. 93.

[35] PRZEWORSKI Adam, **Democracia y mercado**, Traduction espagnole, Cambridge

démocratie est miné, car la destination finale dépend de la voie empruntée pour l'atteindre. Et dans la majorité des pays où la démocratie s'est établie, poursuit l'auteur, elle s'est révélée fragile, et dans quelques-uns, les transitions ont échoué[36].

En conformité avec notre auteur, l'effondrement d'un régime ne conduit pas nécessairement à l'instauration de la démocratie. Pour cela, Przeworski, considérant les objectifs et ressources des forces politiques concrètes et la structure des conflits auxquels elles font face, établit un éventail de cinq résultats possibles:

a) La structure des conflits est telle qu'aucun type d'institutions démocratiques ne peut durer et les forces politiques finissent par se battre pour l'instauration d'une nouvelle dictature.

b) La structure des conflits est telle qu'aucun type d'institutions démocratiques ne peut durer, mais les forces démocratiques se mettent d'accord pour adopter la démocratie comme solution transitoire.

c) La structure des conflits est telle que certaines institutions démocratiques pourraient être durables si elles étaient adoptées, mais les forces démocratiques en conflit luttent pour établir une dictature.

d) La structure des conflits est telle que certaines institutions démocratiques pourraient être durables si elles étaient adoptées, mais les forces démocratiques en conflit décident d'établir un cadre institutionnel qui ne peut pas durer.

e) Finalement, dans le cas le plus souhaitable, la structure des conflits est telle que certaines institutions démocratiques peuvent être durables dans le cas où elles sont adoptées et il en est ainsi[37].

Comme on peut l'observer, dans le processus de changement d'un régime à un autre, il n'y a pas de linéarité; ni le point de départ, ni celui d'arrivée ne sont déterminés "ex ante". Ce qui est certain, c'est

---

University Press, 1996, p. 86.

[36] **Ibidem**.

[37] **Ibid**. pp. 87-90.

qu'il s'agit d'un processus caractérisé par un haut degré d'incertitude et de contingence.

La conception d'O'Donnell et Schmitter

Guillermo O'Donnell et Philippe C. Schmitter entendent par "transitions", l'intervalle qui s'étend entre un régime et un autre[38]. Les transitions, selon ces auteurs, sont délimitées, d'un côté, par le début du processus de dissolution du régime autoritaire, et de l'autre, par l'établissement d'une certaine forme de démocratie, le retour à un type de régime autoritaire ou le surgissement d'une alternative révolutionnaire. Insistant sur le caractère incertain, aléatoire des transitions, les auteurs affirment que les processus de transition peuvent conduire des régimes autoritaires déterminés à "quelque chose d'autre" qui peut être l'instauration d'une démocratie politique ou la restauration d'une nouvelle forme, possiblement plus sévère, de régime autoritaire. Il peut aussi y avoir simplement un dénouement confus, avec la rotation dans le pouvoir de gouvernements successifs qui n'arrivent pas à donner une solution durable ou prévisible au problème de l'institutionnalisation du pouvoir politique. Et dans le cas extrême, ces processus de transition peuvent donner lieu, finalement, à d'amples et violentes confrontations, et déboucher, en fin de compte, sur des régimes révolutionnaires promoteurs de changements qui transcendent de loin le cadre politique[39].

Selon O'Donnell et Schmitter, la dynamique de la transition de la domination autoritaire (libéralisation, transformation, adaptation ou transfert), ne dépend pas seulement des prédispositions, des calculs et accords établis par l'élite. Etant donné qu'une fois que les modérés du régime autoritaire s'imposent face aux "durs", il est probable que se

---

[38] O'DONNELL Guillermo y SCHMITTER Philippe C. et al., **Transiciones desde un gobierno autoritario/4. Conclusiones sobre las democracias inciertas**, Traduction espagnole, Paidós, 1ª reimpresión, Barcelona, ..., 1994,·p. 19.

[39] **Ibid.** p. 15.

produise une mobilisation généralisée que les auteurs considèrent comme "la résurrection de la société civile"[40].

En ce sens, la nouvelle politisation de la population, après avoir souffert la répression, la manipulation idéologique et les stimulants sélectifs, est une donnée importante dans le processus de transition, c'est-à-dire qu'elle signifie l'échec de la stratégie qui constitue la toile de fond du succès de la plupart des régimes autoritaires, c'est-à-dire la dépolitisation et l'atomisation de leurs sociétés respectives[41]. Mais, quelque soit leur intensité, les soulèvements populaires sont toujours éphémères parce qu'ils sont exposés à la répression sélective, la manipulation et la cooptation exercées par ceux qui contrôlent encore l'appareil d'Etat, la fatigue que provoquent les fréquentes manifestations et le "théâtre de rue", les conflits internes qui, sans doute, doivent surgir autour du choix des procédés et des politiques substantielles, le sens de désillusion éthique face aux transitions "réalistes" qu'impose la concertation d'accords et/ou le surgissement de leaders oligarchiques à l'intérieur des groupes qui décident ces accords; tous ces facteurs concourent à ce que le soulèvement se dissipe[42].

Ce qui caractérise la transition, estiment les auteurs, c'est qu'au cours de sa réalisation, les règles du jeu démocratique ne sont pas définies. Non seulement elles se trouvent en flux permanent, mais encore, en général, elles sont objet d'une dispute ardue; les acteurs luttent non seulement pour satisfaire leurs intérêts immédiats et/ou les intérêts de ceux qu'ils disent représenter, mais aussi pour définir les règles et les procédés dont la configuration déterminera probablement ceux qui, dans le futur, seront les perdants et les gagnants. En d'autres termes, ces règles ou procédés émergents détermineront en grande partie les ressources qui légitimement peuvent être utilisées sur la scène politique et les acteurs auxquels on permettra d'y participer.

---

[40] **Ibid**. pp. 20-21.
[41] **Ibid**. p. 79.
[42] **Ibid**. pp. 90-91.

Les auteurs reconnaissent, d'autre part, que durant la transition, quand il existe des règles et procédés effectifs, ceux-ci se trouvent généralement entre les mains des gouvernements autoritaires, qui conservent un pouvoir discrétionnaire plus ou moins grand sur les ordonnances juridiques et les droits, tandis que dans une démocratie stable, ils peuvent être solidement protégés par la Constitution et par diverses institutions indépendantes. Selon O'Donnell et Schmitter, quand les gouvernements autoritaires, pour quelque motif que ce soit, commencent à modifier leurs propres règles en vue d'offrir de plus grandes garanties pour les droits des individus et des groupes, on peut affirmer, avec une certaine assurance, que la transition s'est amorcée[43]. Mais, dans le processus de structuration des options de la transition et de modération d'un secteur populaire docile, la convocation des élections constitue un succès qui joue un rôle plus immédiat et plus important que tous les autres[44].

La position de Samuel P. Huntington

Huntington attribue les processus de transition vers la démocratie durant les trois dernières décennies aux facteurs suivants:

a) Les profonds problèmes de légitimation des systèmes autoritaires dans un monde où les valeurs démocratiques sont amplement acceptées; la dépendance de ces régimes de la légitimation de leur gestion et l'affaiblissement de cette légitimité par des défaites militaires, des problèmes économiques et la crise pétrolière de 1973-1974 et celle de 1978-1979.

b) La croissance économique mondiale sans précédent des années soixante, qui éleva les niveaux de vie, augmenta de façon notable l'éducation et l'expansion des classes moyennes urbaines dans beaucoup de pays.

c) Les notables et surprenants changements dans la doctrine et les activités de l'Eglise catholique, manifestés lors du Concile

---

[43] **Ibid**. p. 20.
[44] **Ibid**. p. 91.

Vatican II, 11 octobre 1962 - 8 décembre 1965, virent passer les églises nationales d'une attitude de rempart du statu quo à celle d'opposition à l'autoritarisme et d'appui aux réformes sociales, économiques et politiques.

d) Des changements dans les politiques des acteurs externes, incluant à la fin des années soixante l'attitude de la Communauté Economique Européenne vis-à-vis de l'augmentation de ses membres, l'importante réorientation des politiques des Etats-Unis, au début de 1974, vers la promotion des droits humains et de la démocratie dans d'autres pays, et le changement notoire de Gorbachov à la fin des années quatre-vingt dans la politique soviétique, et

e) "L'effet boule de neige", ou effet démonstration, appuyé par les nouveaux moyens de communication internationaux, des premières transitions vers la démocratie de la troisième vague, qui stimula et servit de modèles pour des efforts subséquents de changement de régime dans d'autres pays[45].

Malgré l'importance de ces facteurs généraux, structurels, Huntington admet que leur effet peut varier d'une région à une autre, d'un pays à un autre. En ce sens, considérant la spécificité de chaque pays, l'auteur reconnaît l'existence de différentes modalités vers la démocratie: le pays a expérimenté la démocratie et l'autoritarisme de manière alternée (cas cyclique); une expérience démocratique, même à peine ébauchée, précède le régime autoritaire (deuxième essai); une démocratie consolidée, interrompue par une situation de polarisation (démocratie interrompue); passage d'un système autoritaire stable à un système démocratique stable (transition directe); l'apparition de l'expérience autoritaire après la retraite des autorités coloniales pour ouvrir la voie postérieurement à l'ordonnancement institutionnel démocratique (décolonisation)[46].

---

[45] HUNTINGTON Samuel P., **op. cit.**, pp. 53-54.
[46] **Ibid.** p. 52.

Malgré la description de ces cinq modèles de développement du régime, l'auteur reconnaît que si les facteurs structurels sont nécessaires pour comprendre le changement de régime politique, ils ne sont pas suffisants pour l'expliquer. Pour cela, précise-t-il, il faut considérer aussi les facteurs structurants, c'est-à-dire les leaders et acteurs politiques, dont l'intervention explique en dernière instance le type de dénouement qu'adopte une crise[47].

Synthèse des différentes conceptions

Pour les spécialistes les plus remarquables des sciences politiques contemporaines, qui ont étudié les processus de transition vers la démocratie dans les décennies 1970, 1980 et 1990, le concept de "transition" se réfère au processus de changement d'un régime politique, c'est-à-dire le passage d'un régime autoritaire ou dictatorial à un autre régime qui peut être démocratique ou non, en ce sens qu'il n'existe pas de linéarité, ni de déterminisme dans ces processus remplis d'incertitudes et d'aléas.

Selon eux, apparaissent dans cette période, des signes très clairs d'affaiblissement du régime établi: les mêmes acteurs avec de nouveaux discours modérés, le surgissement de nouveaux acteurs du même régime avec des discours de rupture et d'ouverture; des acteurs socio-politiques étrangers à l'élite du pouvoir, qui se manifestent plus ouvertement et qui questionnent publiquement les pratiques politiques et la légitimation du régime (dissipation de la peur); la manifestation d'une société civile plus dynamique servant de catalyseur au processus; reconnaissance implicite ou explicite de la nécessité de nouvelles pratiques politiques; effort unilatéral ou de commun accord pour créer un cadre juridico-institutionnel destiné à conduire le processus de démocratisation. Ces idées sont partagées par des auteurs comme Morlino, Przeworski, O'Donnell et Schemitter, Juan

[47] **Ibid.** pp. 104-106.

Linz et Huntington. Se basant sur ces considérations, les spécialistes de l'étude des transitions ont élaboré deux modèles que nous pouvons résumer de la manière suivante.

Le modèle consensuel

Ce modèle fut construit pour expliquer le cas de certains pays où la transition eut lieu de façon concertée, c'est-à-dire au moyen d'un accord ou pacte politique (transition concertée) entre le régime autoritaire et l'opposition. Dans le modèle consensuel, il existe, selon Huntington, deux possibilités:

a) *La transformation*: cette forme de transition pacifique se produit quand les élites au pouvoir se rendent compte que les facteurs internes et/ou externes sont défavorables au maintien du régime, cherchent à anticiper sa chute et, pour cela, entament un processus démocratique dirigé qui leur permette de se maintenir au pouvoir de manière légitime ou tout au moins de conserver d'importants quotas de pouvoir[48].

b) *Le transfert*: Cette forme apparaît quand ni le régime, ni l'opposition ne sont à même de décider et d'imposer leur choix à leur adversaire. Ainsi, les groupes modérés des deux secteurs (les mous) choisissent de négocier pour conduire conjointement et selon des rythmes préétablis, le processus de transition[49].

Le modèle conflictuel

Ce type de modèle de changement politique, qui résulte de l'effondrement du régime autoritaire, se caractérise par l'absence des pactes politiques pour réguler la transition et l'existence d'une forte opposition qui a la capacité d'imposer le changement politique aux forces et secteurs politiques du pouvoir et de les substituer.

---

[48] **Ibid.** pp. 120-135.
[49] **Ibid.** pp.143-152.

Dans ce modèle, les leaders et acteurs politiques ont une marge de manœuvre plus large que dans le modèle consensuel pour conduire le processus. Mais ce modèle a aussi ses inconvénients. Ces transitions non-concertées comportent un haut degré d'incertitude (possibilité d'interruption du processus par l'intervention violente des forces ou secteurs exclus) accentué par la présence de fortes oppositions déloyales et des confrontations directes et intenses entre les divers groupes, organisations, partis et factions et intérêts organisés[50].

Ces cadres analytiques, sans nier le poids des *facteurs structurels*, se centrent dans les stratégies des acteurs pour expliquer le type de dénouement que peut adopter une transition vers la démocratie. Si ces facteurs délimitent le jeu des acteurs, ou pour mieux dire, s'ils définissent le cadre de leur activité, ils ne sont pas déterminants, car, en dernière instance, ce sont les facteurs structurants, c'est-à-dire l'intervention des leaders et acteurs qui explique le résultat final d'un processus de changement politique. En outre, les modalités de la transition déterminent en grande partie les caractéristiques du nouveau régime, c'est-à-dire le type de régime démocratique établi reflète les conditions dans lesquelles s'est déroulé le processus de transition.

Il convient de souligner également que ces deux modèles de transition vers la démocratie et le changement politique, comme toute perspective analytique, sont des instruments qui vont nous aider à étudier le cas haïtien.

---

[50] O'DONNELL Guillermo, **Introducción a los casos latinoamericanos**, in O'DONNELL Guillermo y Schmitter Philippe C. et al., **Transiciones desde un gobierno autoritario/2. América Latina**, Traduction espagnole, Paidós, 1ª reimpresión, Barcelona, ..., 1994, p. 23.

La transition haïtienne à la lumière des cadres analytiques des transitions

Pour commencer, il faut souligner que la dictature des Duvalier comporte deux phases: la première qui va de 1957 à 1971, fut celle d'instauration et de consolidation du régime, et la deuxième amorcée avec la mort de François Duvalier qui transmit le pouvoir à son fils avant de mourir, s'étend de 1971 à 1986, l'année où s'est produite la chute de la dictature.

Dans un premier temps, François Duvalier, qui arriva au pouvoir en 1957, au moyen d'élections frauduleuses, avec l'appui des Etats-Unis, dans le cadre de la lutte contre le communisme, chercha et parvint à neutraliser certaines institutions et à domestiquer ou anéantir d'autres. Après avoir écrasé toutes les organisations de la société civile, dont les membres les plus dynamiques furent emprisonnés, torturés, exilés ou assassinés, "Papa Doc"[51] fit le dernier pas qui définit la vraie nature de son régime: il fit élaborer la Constitution de 1964 qui le proclama Président à vie. En dépit de ce masque, tout le monde savait qu'il s'agissait d'une "dictature souveraine"[52].

Après avoir duvaliérisé l'armée, il créa sa milice, les "tontons macoutes"[53], qui lui permit d'exercer un pouvoir absolu et assurer l'arrivée de son fils, âgé alors seulement de 19 ans, au pouvoir.

Dans la deuxième phase de la dictature, Jean-Claude Duvalier, pour faire face aux effets de la crise pétrolière de 1973-1974 et attirer les capitaux étrangers, ainsi que pour tenir compte de la politique de défense des droits humains de l'administration Carter, agita un

---

[51] François Duvalier était médecin, de là vient son surnom.

[52] Selon Carl Schmittt, dans la "dictature souveraine", le pouvoir dictatorial n'est pas autorisé par la Constitution, ni n'est limité constitutionnellement. Il n'est pas "constitué", mais s'impose de fait, et sa fonction n'est pas de dépasser une crise partielle du régime en vigueur: c'est la fonction "constituante" de fonder un nouveau régime sur les ruines du précédent. Voir BOBBIO Noberto et al., **Diccionario de Política, op. cit.**, p. 494.

[53] Le tonton macoute est un "valet, un mercenaire, un tueur. Il a reçu son pouvoir de Papa Doc. Quelle que soit la catégorie de ce serviteur -Ministre ou simple agent- c'est sa philosophie et il ne l'oublie jamais. Voir PIERRE-CHARLES Gérard, **Radiographie d'une dictature**, Traduction française, Nouvelle Optique, Montréal, 1973, p. 52.

discours de "libéralisation" dont le contenu politique consista à occulter le caractère nettement terroriste du régime. En dépit de tout, apparurent deux partis politiques[54], une organisation de défense des droits humains et commença à fonctionner une presse indépendante. Mais, le 28 novembre 1980, au lendemain de l'élection de Ronald Reagan, la répression ouverte et systématique mit fin à cette prétendue "libéralisation".

Au mois de mars 1983, le Pape Jean-Paul II visita Haïti et déclara à l'aéroport de Port-au-Prince: "Il faut que les choses changent, que toutes les catégories de pauvres retrouvent l'espérance".

Avec le Symposium de 1982[55] et la visite du Pape, l'Eglise catholique, à travers sa station de radio, "Radyo Soley", les communautés ecclésiales de base (son armée) et les mouvements paysans, fit un travail de conscientisation et de mobilisation qui culminera, au cours de l'année internationale de la jeunesse (1985), avec une insurrection contre laquelle le dictateur ne put rien. Ainsi, l'Eglise catholique devenait le principal acteur politique qui organisa et orienta la lutte nationale et populaire qui renversa la dictature, le 7 février 1986, quand Jean-Claude Duvalier dut partir pour la France.

L'abandon du pouvoir et le départ de Jean-Claude Duvalier du pays furent le produit d'intenses négociations entre l'ambassade des Etats-Unis, l'ambassade de France, le haut-commandement de l'armée haïtienne et le haut clergé. Malgré la présence de Gérard Gourgue, ancien président de la Ligue Haïtienne pour la Défense des Droits Humains, comme membre du Conseil National de Gouvernement, dont le président fut le général Henri Namphy, chef de l'Etat-major, il

---

[54] Le Parti Social Chrétien Haïtien (P.S.C.H.), le Parti Démocrate Chrétien Haïtien (P.D.C.H.) et la Ligue Haïtienne pour la Défense des Droits Humains.

[55] Le Symposium national réalisé à Port-au-Prince du 2 au 6 décembre 1982, réunissait 120 participants dont des évêques, des religieux, religieuses et paysans délégués des sept diocèses du pays. A la fin du Symposium, la hiérarchie de l'Église catholique exprima officiellement sa volonté de promouvoir la formation des communautés ecclésiales de base à travers tout le pays, de travailler solidairement pour transformer la société par une pastorale collective avec une priorité pour les pauvres, les paysans et les jeunes. Voir **Présence de l'Église en Haïti, Messages et documents de l'Épiscopat**, Éditions. S.O.S., Paris, 1988, p. 36.

était clair pour tout le monde qu'il s'agissait d'un régime militaire. D'où le caractère *sui generis* de la transition haïtienne vers la démocratie: une dictature civile de type autocratique, personnaliste, transmit le pouvoir à l'armée, c'est-à-dire un régime autoritaire de caractère institutionnel succéda à la dictature civile.

Dans un premier temps, le régime militaire autoritaire chercha l'appui de la société civile moyennant des actes de grande valeur symbolique: la dissolution officielle de la milice créée par François Duvalier (300 mille membres), le rétablissement du drapeau bleu et rouge[56] et la convocation d'une Assemblée Constituante pour l'élaboration d'une Constitution qui définirait les règles du jeu démocratique. La Charte qui sortit de ce processus et qui fut approuvée par le Référendum du 29 mars 1987, en plus de prévoir l'établissement d'un régime politique moderne[57] et la garantie des droits civils, politiques et sociaux des citoyens, fit de l'armée un véritable Etat dans l'Etat, en lui attribuant d'énormes privilèges et en faisant d'elle une Institution totalement indépendante et intouchable par rapport au pouvoir civil. De l'autre côté, au moyen de la répression et divers massacres, le Conseil National de Gouvernement (C.N.G.), duquel démissionna Gérard Gourgue, dont la présence lui avait assuré une façade militaro-civile et démocratique, essaya de freiner la prolifération des organisations, de démanteler le mouvement populaire et de contrôler le processus électoral, en le plaçant sous le contrôle du Ministère de l'Intérieur.

Cet acte déclencha une mobilisation générale et le C.N.G. dut faire marche arrière et utiliser le procédé constitutionnel pour élire les neuf membres du Conseil Electoral Provisoire (C.E.P.) qui devait organiser les premières élections libres du 29 novembre 1987. Etant donné que le processus électoral lui échappait totalement, l'armée, par

[56] En 1961, François Duvalier remplaça le drapeau bleu et rouge par le noir et rouge.

[57] La séparation des pouvoirs, un Président élu au moyen du suffrage universel direct, comme chef de l'État, et un Premier Ministre, chef du gouvernement, dont la déclaration de politique générale doit être approuvée par un Parlement bicaméral, et un Conseil électoral indépendant.

des actes d'intimidation et de violence à travers tout le pays, qui culminèrent par le massacre des électeurs à la "ruelle Vaillant", sous les caméras des chaînes de télévision nationales et internationales, mit fin au processus.

Au mois de janvier 1988, au moyen d'une "mascarade électorale", l'armée nomma Leslie F. Manigat président de la République pour le renverser cinq mois plus tard dans l'indifférence totale de la population et de la communauté internationale. Cette fois, le général Henri Namphy établit un régime militaire de terreur qui provoqua un coup de "deuxième phase"[58] par le général Prosper Avril, le 17 septembre 1988. En dépit des déclarations de bonnes intentions de celui-ci, ses manœuvres pour conserver le pouvoir étaient évidentes; et les actes de répression de l'armée provoquèrent une mobilisation générale qui le força à démissionner au mois de mars 1990. Puisque l'armée se discrédita et manifesta son incapacité pour mener à bien le processus de transition, le général Hérard Abraham qui succéda au général Prosper Avril, obtint un accord avec la classe politique pour nommer Ertha Pascal Trouillot, une juge de la Cour Suprême, président provisoire de la République, qui, avec l'appui de l'O.E.A. et de l'O.N.U. et un Conseil Electoral Provisoire, conduisit le processus de transition qui culmina par les élections libres du 16 décembre 1990 et l'investiture du nouveau Président élu, le 7 février 1991. Mais, sept mois plus tard, eut lieu le coup d'Etat du 30 septembre de la même année, qui mit un terme au processus à peine ébauché d'institutionnalisation démocratique.

Le coup d'Etat souligna l'échec de la transition et donna lieu à une crise aiguë. Les deux accords signés par les protagonistes haïtiens, sous le patronage de la communauté internationale, ne purent assurer la résolution pacifique de la crise. Ainsi se déclencha

---

[58] Coup d'Etat militaire contre le précédent régime militaire putchiste.

une intervention militaire étrangère qui rendait possible le retour à l'ordre constitutionnel.

La crise électorale et de gouvernabilité de 1997 et la présence de la force militaire étrangère dans le pays quatre ans après l'intervention, montrent l'ampleur des obstacles à la construction et à la consolidation de la démocratie en Haïti.

Comme on peut l'observer, la transition haïtienne est une transition en dents de scie, une transition chaotique. Il y eut à la fois continuité et rupture dans le processus de changement politique. Contrairement à l'affirmation de O'Donnell, la mobilisation populaire ne fut pas éphémère dans le cas haïtien, malgré la répression sélective, massive et parfois aveugle, le mouvement populaire ne se dissipa pas durant les moments les plus durs de la transition. De façon paradoxale et héroïque, il parvint à porter au pouvoir un prêtre de la théologie de la libération, contre la volonté du Vatican, de Washington et de l'oligarchie locale. Son affaiblissement après le retour à l'ordre constitutionnel s'explique par la fausse promesse d'amélioration des conditions de vie des couches défavorisées, la hausse des prix des produits de première nécessité et, surtout, la corruption et le népotisme du pouvoir Lavalas.

Considérations générales

Comme nous l'avons vu, tout processus de transition vers la démocratie ou de changement politique, suppose un ensemble d'acteurs qui peuvent être des individus, des institutions, des groupes sociaux, des organisations socio-politiques, avec leurs intérêts antagoniques, leurs conflits, leurs divergences et leurs objectifs spécifiques, qui luttent dans un espace physique déterminé et dans un temps donné pour le maintien, la consolidation, l'adaptation, la transformation ou le changement radical d'un régime politique. L'espace en question est un pays, c'est-à-dire un Etat-nation, dont la trajectoire historique configure ses caractéristiques structurelles qui définissent le cadre d'activité des leaders et des acteurs socio-politiques.

Ces facteurs structurels internes, joints aux facteurs externes ou internationaux, étant donné que chaque système politique local ou national maintient des relations d'interdépendance avec d'autres systèmes (influence et est influencé), limitent les activités de ces acteurs, mais ne les déterminent pas. Ces derniers sont des sujets adroits, doués de capacité de réflexion, d'intelligence et d'habileté pour pouvoir choisir à l'intérieur d'un éventail de paramètres, de tactiques et de stratégies possibles. En ce sens, l'activité ou l'intervention des acteurs, les décisions qu'ils prennent ou qu'ils ne prennent pas, définissent les modalités et le rythme de la transition ou du changement politique.

En d'autres termes, le type de dénouement que peut adopter un processus de transition vers la démocratie, dépend fondamentalement du comportement des acteurs, c'est-à-dire du chemin et des stratégies qu'ils choisissent pour mener à bien ce processus. Pour cela, tout processus de changement politique comporte un haut degré d'incertitude, c'est-à-dire il n'y a ni linéarité, ni déterminisme; il peut déboucher sur une stagnation, une crise, l'adaptation du régime, sa transformation, sa libéralisation, sa consolidation, l'établissement d'une dictature nouvelle ou de vieille souche qui peut être plus féroce que le régime antérieur. Dans le meilleur des cas, il peut se produire ce qui est le plus désirable: l'établissement d'un régime démocratique, et là encore, celui-ci porte les empreintes du régime antérieur et les caractéristiques du processus de transition.

En outre, il convient aussi de souligner, par rapport à la conception procédurale de la démocratie que nous adoptons, que ce type de démocratie comporte, de façon immanente, "le danger de monopolisation du savoir de contrôle et de régulation" par les experts, c'est-à-dire la technocratisation du processus politique qui donne lieu à une "ésotérisation du savoir et du contrôle politiques, qui empêche les citoyens de faire usage du nécessaire savoir des experts, ou encore du nécessaire savoir spécialisé, pour la formation de leurs propres opinions"[59]. D'où la nécessaire "connexion entre la structure délibérative nucléaire du système politique organisé, d'un côté, en termes d'Etat de droit, et, de l'autre, des processus qui se développent dans des couches profondes de la reproduction sociale"[60].

A propos des crises qui ont secoué le pays au XIXe et au XXe siècles, nous devons mentionner le rôle joué par les masses populaires et la capacité d'adaptation et de reproduction du système traditionnel. En effet, la situation d'extrême misère dans laquelle vivent les couches défavorisées et leurs revendications légitimes d'amélioration de leurs conditions matérielles d'existence, les ont toujours prédisposées à lutter contre le système d'exclusion économique et sociale dont elles sont victimes. Aussi, constituent-elles la force de frappe disponible, l'armée de réserve prête à se mobiliser derrière une fraction des classes dominantes, un leader oligarchique, pragmatique, messianique ou providentiel.

La manipulation de cet acteur collectif, le contrôle de ses initiatives par la cooptation, la répression sélective, massive ou aveugle, et le jeu des alliances au niveau des secteurs de l'oligarchie d'une part, et de l'autre, l'inefficacité de ces mécanismes et l'incapacité des classes dominantes à concocter une solution interne face à l'aggravation des contradictions, l'importance des intérêts en jeu et l'ampleur du mouvement populaire, nous autorisent à regrouper les crises haïtiennes, comme le font certains historiens[61], en deux

---

[59] HABERMAS Jürgen, **op. cit.**, p. 395.

[60] **Ibid**. p. 396.

[61] Voir HECTOR Michel, **Carisme et mouvements populaires en Haïti** (XIXe-XXe siècles), in Revue de la Société Haïtienne d'Histoire et de Géographie, No. 179-180, Port-au-Prince, mars-juin 1994.

- **Mouvements populaires et sortie de crise** (XIXe et XXe siècles), in Revue de la Société Haïtienne d'Histoire et de Géographie, Vo. 51, No 186, Port-au-Prince, Décembre 1995.
- **La participation populaire dans la crise de 1843-1848**, in Revue de la Société Haïtienne d'Histoire et de Géographie, Vol. 52, No 193, Septembre 1997 et Vol. 52, No 194, Port-au-Prince, Décembre 1997.

grandes catégories. Ainsi, nous avons, d'un côté, les crises de 1843-1848, 1867-1870, de 1946 et de 1956-1957 qui ont eu une "solution" interne, et de l'autre, les crises de 1911-1915 et de 1986-1994 qui ont eu une "solution" externe.

Dans les deux dernières crises, l'intervention militaire étrangère a permis la recomposition des classes dirigeantes en complète déliquescence, sous forme d'un régime d'occupation militaire directe dans le premier cas (1915-1934) et sous celle d'un régime de "démocratie assistée" dans le second cas (1994-...).

Dans le cas qui nous intéresse de façon particulière, vu le thème de notre travail de recherche, c'est-à-dire la problématique de la construction et de la consolidation de la démocratie en Haïti, après le retour à l'ordre constitutionnel ou l'instauration du régime de "démocratie assistée", il y a un ensemble de préoccupations liées aux réalités socio-économico-politiques propres à notre pays et aux tendances générales qui se sont manifestées en Amérique latine tout au long du XXe siècle. Premièrement, étant donné les conditions terribles de sous-développement chronique qui prévalent en Haïti, le degré d'arriération des élites, la misère affreuse qui frappe les masses défavorisées, et comme la démocratie n'a jamais existé dans ce pays, on peut dire que le terrain est beaucoup plus propice pour une solution autoritaire que pour l'instauration d'un véritable régime démocratique. Cette solution semble d'autant plus probable qu'il est impossible, à moins de verser dans la démagogie populiste, de donner une réponse immédiate aux revendications légitimes du peuple, situation aggravée par l'absence de perspectives pour les jeunes et les classes moyennes.

Le désespoir collectif, reconnaissons-le, loin de favoriser l'émergence des normes, des valeurs et des attitudes indispensables à la construction d'un Etat démocratique de droit, tend à faciliter l'instauration d'un régime autocratique, providentiel, messianique. Deuxièmement, le national-populisme, que ce soit avec Juan

Domingo Perón en Argentine, Getulio Vargas au Brésil et Lázaro Cárdenas au Mexique, est à l'origine de la modernisation de ces pays. Et si l'on veut pousser jusqu'au bout cette réflexion, non dans le but de faire une apologie de l'autoritarisme, mais pour mettre en relief l'ampleur des obstacles à la construction de la démocratie, on peut ajouter que le "miracle brésilien" et le "succès chilien"[62] ont été l'œuvre de régimes militaires autoritaires et sanguinaires.

Il est vrai que dans des situations d'une très grande complexité, le Nicaragua est passé d'un régime révolutionnaire à un régime démocratique, le Salvador, d'une longue et extrêmement violente guerre civile à un régime démocratique, l'Afrique du Sud, d'un système d'apartheid à un système démocratique multiracial et inclusiviste, et le Guatemala, avec les récents accords de paix, semble être sur la bonne voie. Malgré la fragilité de ces expériences démocratiques, elles mettent en évidence le fait que la volonté des élites de renoncer à la dialectique des armes pour s'accrocher à l'arme du suffrage universel, au pluralisme politique et à la démocratie procédurale, en dépit des contraintes d'ordre structurel, peut conduire à une issue démocratique, même dans des situations socio-économiques d'une extrême fragilité et d'une complexité déconcertante.

Ces considérations une fois faites et compte tenu du caractère propre du cas haïtien, dû à une dictature rétrograde de 29 ans et de sa nature féroce, vu la complexité du processus de changement politique en Haïti[63], l'ampleur et la gravité de la crise de 1991-1994, le modèle consensuel et le modèle conflictuel seront considérés à la fois dans ce travail pour expliquer l'échec de la transition[64] et explorer les voies

---

[62] Le "miracle brésilien" a été qualifié de mal-développement et de développement du sous-développement par André Gunder Frank et le "succès chilien" n'est autre chose que la croissance dans la pauvreté de masse.

[63] Selon Samuel P. HUNTINGTON, à la fin des années quatre-vingt, les obstacles à la démocratie en Haïti étaient tellement graves qu'ils auraient décontenancé même les leaders démocratiques les plus obstinés et les plus dévoués, **op. cit.**, p.106.

[64] Selon Adam PRZEWORSKI, le moment crucial dans toute transition d'un gouvernement autoritaire à un gouvernement démocratique, se situe au niveau du franchissement du seuil à

d'une possible construction et consolidation de la démocratie dans ce pays.

Une fois le cadre méthodologique établi, les concepts de base précisés et le cadre théorique défini, nous croyons avoir choisi les instruments qui nous aideront à réaliser le travail de lecture, d'analyse, d'interprétation et d'explication de la réalité socio-politique haïtienne des dernières années, caractérisée par l'échec de la transition et une crise profonde qui vont être l'objet des prochains chapitres.

---

partir duquel personne ne pourra intervenir pour altérer les résultats du processus politique formel, **op. cit.**, p. 22. La transition haïtienne échoua justement quand elle semblait s'approcher de ce seuil...

CHAPITRE 2
LA FIN D'UNE DICTATURE DE LONGUE DUREE

Le 7 février 1986, la dictature des Duvalier, avec le départ de Jean-Claude Duvalier pour la France, s'écroule, dans un climat de tension politique aiguë et d'agitation sociale permanente, surtout dans les grandes villes, sur fond de grève générale à la remorque du secteur de l'éducation. Cet événement qui se situe, pour emprunter l'expression de Samuel P. Huntington, dans le cadre de "la troisième vague" de démocratisation, s'explique par des facteurs externes et internes que nous nous proposons d'analyser dans ce chapitre pour pouvoir comprendre l'affaiblissement du régime dictatorial et sa chute.

1. La conjoncture internationale

La conjoncture internationale dans laquelle démarre le processus de démocratisation de "la troisième vague", est caractérisée par les facteurs suivants:

La volte-face de l'Eglise catholique

L'appui traditionnel de l'Eglise catholique au pouvoir politique qu'elle légitimait, portait certains observateurs à considérer le catholicisme comme un obstacle à la démocratie[1]. Mais, dans les années soixante, il se produit des changements significatifs dans la doctrine sociale de l'Eglise catholique qu'on a pu constater dans ses

---

[1] Selon Seymour Martin LIPSET, le catholicisme "apparaît comme opposée à la démocratie dans la période d'entre-deux-guerres en Europe et Amérique latine". Voir LIPSET Seymour Martin et al., **A comparative analysis of the social requisitives of democracy**, Stanford University, 1990, p. 29. Samuel P. HUNTINGTON, pour sa part, reconnaît que l'Eglise catholique avait été associée, en Espagne, en Amérique latine et en d'autres lieux, à l'establishment local, l'oligarchie latifundiste et les gouvernements autoritaires, **op. cit.**, p. 80.

activités pratiques et qui l'ont transformée en une institution liée aux forces du changement et un catalyseur important pour le processus de démocratisation à l'échelle mondiale durant les trois dernières décades.

En effet, avec le Concile Vatican II (1962-1965), l'Eglise catholique amorce un processus de changements idéologiques radicaux et surprenants ayant des impacts profonds sur la transformation des églises nationales qui passent d'une posture de défenseurs du statu quo à celle d'opposition à l'autoritarisme et de défenseurs des réformes sociales, économiques et politiques[2].

Selon le Concile Vatican II, les dirigeants de l'Eglise ont la responsabilité "d'approuver les jugements moraux, même sur le plan politique et en ce qui a trait au respect des droits fondamentaux de la personne humaine....de faire nécessairement ces jugements"[3]. Ces affirmations qui définissent la nouvelle orientation politique de l'Eglise catholique, sont recueillies, réélaborées et approfondies dans les Conférences de Medellín en 1968 et de Puebla en 1979 et dans d'autres synodes réalisés sous la direction du Conseil Episcopal Latino-Américain (CELAM). Ainsi, les prêtres latino-américains trouvent dans les documents officiels de l'Eglise, qui définissent l'option préférentielle pour les pauvres, les éléments de base pour l'élaboration de la théologie de la libération. Celle-ci favorise une nouvelle approche socio-politique qui fait des églises nationales la principale force de changement politique ou, en d'autres termes, le principal adversaire des dictatures ou des régimes autoritaires dans divers pays. Les visites du Pape Jean Paul II qui a toujours dénoncé les violations des droits de l'homme et identifié publiquement l'Eglise catholique comme "la gardienne de la liberté qui est la condition essentielle pour une véritable dignité humaine", viennent renforcer considérablement l'action des différentes églises nationales.

---

[2] HUNTINGTON Samuel P., **op. cit.**, p. 53.

[3] SMITT Brian H., **The church and politics in Spain: challenges to modern catholicism**, Princeton University Press, 1982, p. 284.

La nouvelle orientation de la politique extérieure des Etats-Unis

Au début des années soixante-dix, on a enregistré un changement graduel dans la politique extérieure des Etats-Unis qui allaient, de façon progressive, faire des droits humains et de la démocratie représentative, l'axe fondamental de leur appui politique et de leur aide économique aux pays bénéficiaires. Cette nouvelle orientation s'amorce timidement au Congrès, au second semestre de l'année 1973, quand celui-ci organise quinze séances sur l'orientation de la politique extérieure des Etats-Unis, présidées par le "Representative Donald Fraser's Subcommittee on International Organizations and Movements". Le rapport final de ces séances de travail, rendu public au début de l'année 1974, établit la promotion des droits humains comme un objectif important de la politique extérieure des Etats-Unis et, en ce sens, recommande une série d'actions concrètes pour atteindre ce but. Ainsi, en 1974, le Congrès introduit des amendements relatifs aux droits humains dans l'Acte d'Aide Etrangère, l'Acte d'Assistance Mutuelle et l'Acte de Réforme du Commerce. Des amendements similaires figurent, trois ans plus tard, dans l'Acte des Institutions Financières Internationales. Le thème central de ces amendements est la suspension de l'aide américaine à tous les pays coupables de graves violations des droits humains, à moins que le Président des U.S.A. ait des arguments valables pour continuer à le faire[4].

En 1977, la préoccupation du Congrès américain pour les droits humains et sa recommandation d'appliquer des sanctions économiques contre les pays violateurs de ces derniers, deviennent l'axe principal de la politique extérieure de James Carter. Après avoir utilisé les droits humains comme thème principal de sa campagne électorale, il les transforme en un aspect fondamental de sa politique extérieure et essaie de les situer, à travers ses discours, au centre du débat mondial de cette époque.

[4] HUNTINGTON Samuel P., **op. cit.**, p. 92.

La politique de promotion des droits humains de l'administration Carter -en dépit du fait que l'administration Reagan, dans un premier temps, banalise la question de la violation des droits humains par les régimes dictatoriaux et autoritaires de son aire d'influence, pour se concentrer, conjointement avec le Vatican, dans la lutte contre le système communiste- influence fortement le processus de libéralisation et de démocratisation amorcé en Amérique latine et dans d'autres régions du monde à la fin des années soixante-dix et quatre-vingt. En outre, sous la pression du Congrès, avec la création du National Endowment for Democracy, l'administration Reagan finit par promouvoir les droits humains et la démocratisation des régimes communistes et non-communistes[5].

La situation économique

Avec la hausse du prix du pétrole en 1973-1974 et en 1978-1979 qui occasionne une récession économique mondiale, les pays non-producteurs de pétrole confrontent une crise économique aiguë et durent recourir à des prêts provenant des banques privées pour pouvoir financer leurs transactions courantes. Ainsi, le phénomène de la dette externe prend une proportion considérable et l'incapacité des débiteurs d'assumer le seul service de la dette sans recourir à d'autres prêts, effraie les créanciers et alarme les dirigeants des grands pays capitalistes. Cela donne lieu à l'intervention ouverte et directe des institutions financières internationales dans la définition et l'orientation de la politique économique de ces pays. Ces problèmes économiques provoquent des troubles sociaux et, parfois, de profondes crises politiques qui affectent la légitimité des régimes dictatoriaux et autoritaires et les portent à se démocratiser.

---

[5] JACOBY Tamar, **The Reagan turnaround on human rights**, Foreign Affairs 64, Summer 1986, pp. 1066-1086.

L'effet d'entraînement

Les progrès réalisés dans le domaine de la technologie électronique provoquent l'élimination des facteurs "temps" et "espace" et conduisent au rapprochement des peuples et à la création d'une civilisation planétaire que les sociologues de la communication appellent "la civilisation de la communication". Ainsi, par la magie du satellite et de la télévision, l'opinion publique mondiale est surinformée des événements de n'importe quel point de la planète, ce qui donne lieu à ce que Huntington appelle "l'effet démonstration", "boule de neige" ou "effet domino"[6], et que nous dénommons "effet d'entraînement".

2. La situation interne

La situation interne est caractérisée par les deux phases de la dictature dynastique des Duvalier: François Duvalier (1957-1971) et Jean-Claude Duvalier (1971-1986).

Le régime de François Duvalier

Il est prouvé en général que les tensions sociales et les crises économiques, jointes à la détérioration de l'ordre constitutionnel et au développement des groupes de pouvoir antidémocratiques, sont quelques-uns des facteurs qui déterminent l'émergence des régimes dictatoriaux[7]. A la chute du régime militaire du général Paul E. Magloire, Haïti confronte une crise socio-politique qui ébranle le système politique établi durant l'occupation américaine (1915-1934) et rend difficiles les traditionnelles et habiles manœuvres des élites dans

---

[6] HUNTINGTON Samuel P., **op. cit.**, p. 99.

[7] STAMMER Otto, **Dictadura**, in SILLS David L. (comp.), Enciclopedia internacional de las ciencias sociales, **op. cit.**, p. 659.

le cadre du jeu de la démocratie représentative. En effet, de décembre 1956 à juin 1957, cinq gouvernements provisoires se succèdent, et avec la dissolution du Parlement et l'affrontement, le 25 mai 1957, entre les deux factions de l'armée, il se produit un vide total qui donne lieu à une situation de chaos généralisé. C'est dans ce contexte d'agitation sociale, de convulsions politiques et de confusion, et moyennant divers massacres et des élections frauduleuses que surgit la dictature de François Duvalier.

La politique américaine envers la région de la Caraïbe, après la Révolution cubaine, est définie par le président Dwight Eisenhower et reformulée par le président John F. Kennedy. Elle se caractérise par la phobie anticastriste et son objectif était d'empêcher la répétition de l'expérience cubaine dans les pays de cette zone; elle fournit à Duvalier le contexte idéal pour le développement et la consolidation de son régime dictatorial de caractère personnaliste qui allait durer 29 ans. En effet, l'appui des Etats-Unis au régime de "Papa Doc" est sans équivoque: le renforcement de l'armée au moyen de la livraison d'armes et de munitions, l'instruction technique et un appui économique de 100 millions de dollars durant les six premières années[8]. Profitant de cette situation, le dictateur réussit à "duvaliériser" l'armée, créer sa milice (les fameux "tontons macoutes"), neutraliser certaines institutions, domestiquer ou anéantir d'autres et écraser toutes les organisations de la société civile. Au moyen de la violence et de ses méthodes de répression devenues légendaires, François Duvalier parvient à instaurer une situation de paix de cimetière et assurer, en modifiant la Constitution de 1964 dans le sens du régime présidentiel à vie, la succession de son fils Jean-Claude, âgé seulement de 19 ans[9].

---

[8] PIERRE-CHARLES Gérard, **Haïti (1930-1945): la crisis ininterrumpida, op. cit.**, p. 201.

[9] Selon Gérard PIERRE-CHARLES, le solde de la "révolution politique" de François Duvalier accusa un bilan de "30.000 citoyens assassinés ou consumés par la torture, la faim et la maladie dans les prisons, d'un demi-million d'expatriés, une jeunesse perturbée, sacrifiée ou totalement pervertie, une économie ruinée, la nation traumatisée et l'homme haïtien profondément altéré dans son être par cette machine de terreur et de corruption", **op. cit.**, pp. 208-209.

Le régime de Jean-Claude Duvalier

Avant de mourir, François Duvalier réalise les amendements nécessaires dans la Constitution de 1964 pour établir les modalités de sa succession et assurer l'arrivée de son fils au pouvoir. Ainsi, le 22 avril 1971, le jour de l'annonce officielle de sa mort est aussi le jour de "l'intronisation" de Jean-Claude Duvalier comme président à vie.

Le contexte de la succession

Malgré l'anéantissement total des forces de l'opposition, aussi bien de droite que de gauche, surtout avec le démantèlement du Parti Unifié des Communistes Haïtiens (PUCH)[10], la succession avait besoin du ferme appui des Etats-Unis, pour éviter la possibilité de toute surprise désagréable.

En effet, l'ambassadeur des Etats-Unis d'alors en Haïti, M. Clinton Knox, suivant les instructions du Département d'Etat, s'érige en principal architecte de cette succession pacifique. Il prend tellement au sérieux sa tâche qu'il "demande officiellement au Département d'Etat d'expédier des bateaux de guerre près des eaux territoriales haïtiennes pour éviter l'infiltration des exilés qui pourraient perturber le calme du pays"[11].

Si l'Ambassadeur des Etats-Unis arrive à assurer une transition sans rupture, par contre, il lui est impossible de remettre à son "prince" un pays avec une situation économique moins catastrophique. En plus d'hériter d'un pays avec très peu de ressources humaines[12], Jean-

---

[10] Entre janvier et juillet 1969, une centaine de dirigeants et militants communistes furent assassinés et trois cents autres furent arrêtés, torturés et soumis à la mort lente dans les cachots duvaliéristes Voir PIERRE-CHARLES Gérard, **op. cit.**, p. 208.

[11] **Ibid.** p. 209.

[12] Dans la décade des années soixante, les professionnels de toutes les catégories, médecins, ingénieurs, infirmiers, professeurs, ouvriers spécialisés, expulsés par la terreur politique et économique, émigrèrent aux Etats-Unis, au Canada et au Congo, ou constituèrent des cadres de haut niveau dans des organismes internationaux et des universités". Voir PIERRE-CHARLES Gérard , **op. cit.**, p. 204.

Claude Duvalier doit affronter, dès le début de son gouvernement, le défi d'une croissante détérioration économique qui se manifeste dans ses dimensions structurelle et conjoncturelle.

Dans son aspect structurel, la crise économique avait, et continue à avoir, comme toile de fond la question agraire et l'effondrement du système socio-économique. En effet, la caractéristique principale du régime de possession agraire en Haïti est son atomisation, affirmation que partagent beaucoup d'auteurs. Déjà en 1961, Paul Moral avait observé que la petite exploitation familiale fournissait 70% des denrées d'exportation...[13]. De son côté, Georges Anglade estime, à partir des données du recensement de 1971, que 91% des exploitations, qui réunit 84 % des parcelles et couvre 62% de la superficie cultivée, se compose de parcelles dont les superficies sont égales ou inférieures à un hectare[14]. En outre, quoique les paysans constituent 80% de la population, ils ne sont pas pour autant propriétaires des terres cultivées qui appartiennent à une minorité de notables des villes et des villages[15]. Cette minorité qui représente 1.15% des propriétaires, possède 66.62% du fonds agraire[16]. Ainsi, avec un million de paysans sans terre cultivable, un demi-million de chômeurs au niveau urbain et suburbain et une baisse croissante de la production des biens traditionnels d'exportation (café, sucre et huiles essentielles) et des vivres alimentaires, l'économie nationale archaïque et rachitique d'alors, manifeste des signes évidents d'épuisement[17].

Dans sa dimension conjoncturelle, la crise se manifeste, comme conséquence d'une part de la chute des exportations, de la production des denrées alimentaires, du tourisme et, d'autre part, de la corruption au niveau de l'appareil gouvernemental, par la baisse absolue et

---

[13] MORAL Paul, **Le paysan haïtien**, Les Éditions Fardin (reproduction), Port-au-Prince, 1978, p. 261.

[14] ANGLAGE George, **L'espace haïtien**, Les Presses de l'Université du Québec, Montréal, 1975, p. 91.

[15] CHARLES Etzer, **Le pouvoir politique en Haïti de 1957 à nos jours**, ACCT-KARTHALA, Paris, 1994, p. 53.

[16] BRISSON Gérald, **Les relations agraires dans l'Haïti contemporaine**, S.E.S.F., 1968, P. 81.

[17] PIERRE-CHARLES Gérard, **op. cit.**, p. 204.

relative dans tous les secteurs de l'activité économique. De 1955 à 1969, la valeur des exportations passe de 40 millions de dollars à 37 millions; le produit interne brut, de 44 millions en 1964 à 37 millions en 1969 et le revenu per capita baisse de 76.3 en 1960 à 73.8 en 1969.

Cette situation a comme conséquence directe, la détérioration totale des conditions d'existence du peuple, qui s'exprime de la manière suivante: un taux d'analphabétisme de plus de 90%, un médecin pour chaque 15.000 habitants dans les villes et un pour cent mille dans certaines zones rurales, et une consommation moyenne de 1.600 calories par jour[18]. Ainsi, à la fin de la décade des années soixante, Haïti est classée par la Conférence des Nations Unies sur le Commerce et le Développement (CNUCED) comme l'un des 25 pays les plus pauvres du monde. Tel est le défi que le jeune Président, avec bien sûr, l'aide généreuse des puissances tutrices, va affronter au commencement de sa gestion gouvernementale, et avec très peu de préparation pour pouvoir gouverner dans des circonstances si difficiles[19].

L'activité économique du nouveau régime

Conscient de la gravité de la situation économique du pays, dans ses premiers discours, Jean-Claude Duvalier déclare: "Mon Père a fait la révolution politique, moi je ferai la révolution économique"[20]. Ainsi, le nouveau Président choisit de mettre l'emphase sur le volet économique comme axe central de son action gouvernementale. S'éloignant du nationalisme absurde et démagogique de son père[21],

---

[18] **Ibidem.**

[19] En arrivant au pouvoir, Jean-Claude Duvalier venait à peine de terminer ses études secondaires.

[20] L'expression révolution politique signifie dans le discours duvaliériste l'anéantissement de l'opposition politique.

[21] Face à la pression de l'administration Kennedy qui exigea le fonctionnement du régime de François Duvalier dans le cadre de la démocratie représentative et qui eut pour conséquence la suspension de l'aide économique des Etats-Unis à son gouvernement, le dictateur déclara: "Je gouvernerai ce pays jusqu'à la dernière gourde de la Banque nationale" (gourde: unité monétaire haïtienne).

Jean-Claude Duvalier essaie de mettre en œuvre un projet de modernisation du pays qui se situe dans le cadre des relations de type néocolonial établies entre Haïti et les Etats-Unis depuis l'Occupation (1915-1934). En effet, en plus de leurs monopoles traditionnels liés à la production du sucre, l'extraction minière (bauxite, cuivre) et l'activité touristique, le renforcement du contrôle et de la domination des Etats-Unis sur l'économie du pays s'exprime à travers l'établissement des industries de sous-traitance, les succursales des grandes entreprises transnationales américaines.

Profitant de la paix de cimetière, l'inexistence de syndicats et, par conséquent, l'absence de revendications salariales et de grèves, la main-d'œuvre à très bon marché, la proximité du pays des Etats-Unis et les exonérations fiscales de longue durée (10 à 15 années), 300 usines sont installées en Haïti entre 1970 et 1980 et quelques 50.000 emplois industriels sont créés. Les investissements étrangers passèrent de 80 millions de dollars en 1968 à 125 millions en 1975, avec des prévisions de l'ordre de 200 millions par les transactions Kennecott et Penaroya relatives à la découverte d'importantes mines de cuivre[22].

Avec l'augmentation de l'aide internationale qui accuse un montant de 100 millions de dollars dans les quatre premières années, le projet de modernisation[23] du jean-claudisme commence à se manifester. Le volume des exportations passe de 30.5 millions de dollars en 1968 à 94 millions en 1975 et entre 1970 et 1975, le produit interne brut accuse une croissance annuelle moyenne de l'ordre de 5%, pour atteindre 5.3%, de façon continue entre 1975 et 1980. En plus d'importantes œuvres d'infrastructure, entre 1975 et 1980, on enregistre un taux de croissance de 1.6% dans l'agriculture, de 9.5%

---

[22] PIERRE -CHARLES Gérard, **op. cit.**, p. 212.

[23] Jean-Claude Duvalier n'avait pas une vision globale de la révolution économique dont il parlait et de ses exigences. Sa conception étriquée de la modernisation n'embrassait pas toutes les composantes d'un tel projet: les infrastructures, l'industrialisation, l'administration publique, le secteur des affaires, l'agriculture (réforme agraire) l'expansion des services de l'éducation (qualification des ouvriers), de la santé et du logement, et la création d'un marché interne.

dans l'industrie, de 6.3% dans les services, de 3.3% dans le produit per capita, de 2.5% dans la consommation privée par habitant et respectivement de 10.3 et 10%, dans les volumes des exportations et des importations[24].

Ce "boom économique" a comme caractéristique essentielle, la concentration des revenus au niveau des entrepreneurs étrangers et locaux, du gouvernement et du monde des affaires. Les mirages de cette "économie de vitrine" se manifestent dans des constructions résidentielles de luxe (véritables châteaux et palais), des voitures de luxe et un armement impressionnant. Mais, derrière cette vitrine, la misère se déploie, avec son visage grimaçant, dans toute sa nudité et sa laideur.

En effet, comme le revers de la médaille, à l'étalage du grand luxe de l'oligarchie économique et politique, correspond la croissante détérioration des conditions de vie du peuple. Cette situation peut s'observer à travers la ruine de l'agriculture, manifestée dans la rareté des denrées alimentaires et la hausse subite de leurs prix, l'arriération des villes de province et la situation de famine chronique dans divers départements du pays (surtout le Nord-Est et le Nord-Ouest) qui augmentent l'émigration vers la République Dominicaine et l'exode rural vers les villes, principalement Port-au-Prince et ses banlieues, qui vont se transformer, à la fin des années soixante-dix, en d'immenses bidonvilles.

En même temps, comme les bénéfices réalisés par les entrepreneurs des industries de sous-traitance, au lieu d'être réinvestis, sont expatriés, le gouvernement et les magnats du monde des affaires n'arrivent pas à mettre en œuvre un modèle de développement par substitution des importations, qui pourrait favoriser l'émergence d'une bourgeoisie industrielle locale. La récession mondiale provoquée par l'effet de la hausse du prix du pétrole en 1973-1974 et 1978-1979 complique davantage la situation et "l'économie de vitrine" commence

---

[24] MANIGAT Leslie F., **op. cit.** , p. 184.

à manifester des signes évidents d'épuisement. Le scandale éclate au début des années quatre-vingt, quand le phénomène de désespoir collectif provoque les premières vagues de départ massif de "boat people"[25] vers les plages de la Floride. Dès lors, même les observateurs les moins attentifs peuvent se rendre compte que le régime commence à s'affaiblir.

3. Affaiblissement du régime

L'affaiblissement du régime de Jean-Claude Duvalier commence timidement avec l'arrivée au pouvoir du président James Carter en 1976. En effet, la politique de promotion et de défense des droits humains de l'administration Carter a un impact sur le régime jean-claudiste, étant donné la nature répressive de celui-ci et les relations de type colonial entre Haïti et l'empire. En 1977, les pressions du gouvernement américain portent le régime répressif à procéder à la libération de dizaines de prisonniers politiques. Cette décision a un double effet. Premièrement, elle est interprétée en Haïti comme une capitulation du régime, ce qui allège le poids de la peur dans la population et, deuxièmement, les prisonniers libérés et expulsés peuvent témoigner, devant la Chambre des Représentants des Etats-Unis et la Commission Interaméricaine des Droits Humains de l'OEA, sur les cachots des Duvalier et les conditions pénitentiaires en Haïti. Cela conduit le Congrès américain à exiger de l'administration Carter plus de pressions sur le gouvernement haïtien pour l'obliger à se libéraliser et se montrer plus tolérant envers les opposants politiques, et augmente la vigilance de la communauté internationale sur le "régime de fer" de Port-au-Prince.

---

25 Voyageurs clandestins qui utilisent de frêles embarcations pour se diriger vers la Floride.

En réaction à cette situation, le gouvernement de Jean-Claude Duvalier essaie de se créer une nouvelle image internationale, en maintenant un nouveau discours de "libéralisation". Ce discours adressé à la communauté internationale est reçu par les acteurs internes qui se l'approprient et commencent à s'organiser dans le cadre de cette "nouvelle politique". Face à une telle situation, le gouvernement doit entreprendre des actes de représailles pour rappeler que son discours est un discours binaire constitué par le couple libéralisation/répression, dont le premier élément est adressé aux bailleurs de fonds internationaux et principalement à l'administration Carter dont l'appui économique et politique est indispensable pour le maintien du régime, et le second élément, la répression, est destiné aux opposants internes pour leur faire comprendre, malgré tout, que la paix de cimetière continue à être l'unique méthode de gouvernement du régime.

Acteurs sociaux et opposition interne

La politique active de défense des droits humains du gouvernement américain et le discours de libéralisation du gouvernement haïtien conduisent les acteurs socio-politiques à se mouvoir plus ouvertement et publiquement. Et avec la révolution du transistor, la naissante presse indépendante, surtout la presse parlée, commence à faire montre d'audace et de témérité; certains journalistes prennent l'habitude de voyager à travers le pays pour faire des reportages sur les conditions infra-humaines dans lesquelles vivent les habitants des villes de province et des zones rurales. Certains d'entre eux doivent payer de leur vie cette hardiesse.

En effet, en mai 1976, éclate une grève à l'unique fabrique de ciment du pays (la première grève depuis la dissolution de l'intersyndicale par François Duvalier en 1963)[26], malgré les menaces

---

[26] PIERRE-CHARLES Gérard, **op. cit.**, p. 216.

et les interdictions des autorités gouvernementales. Gasner Raymond, un journaliste de l'hebdomadaire le Petit Samedi Soir, ose faire un reportage sur cette grève et le publier dans les colonnes de ce journal; peu de jours après, son cadavre est découvert dans les parages d'une banlieue de Port-au-Prince. De nombreux jeunes profitent des funérailles du journaliste pour manifester leur rejet de l'arbitraire et du crime organisé du régime. A la même époque, disparaît Ézéchiel Abellard, un autre journaliste.

En dépit de ces actes d'intimidation, les journalistes de Radio Haïti-Inter continuent à sillonner les foyers de tension de la République, faisant des reportages sur les conflits terriens dans le département de l'Artibonite où les paysans se soulèvent contre les spoliations et les abus des autorités et affrontent les membres de l'armée et les "tontons macoutes"[27]. Ce labeur infatigable et dangereux de la presse indépendante contribue grandement à la dissipation de la peur et à l'ouverture progressive de l'espace pour la lutte interne pour la démocratie; les discours et les luttes des nouveaux acteurs socio-politiques atteignent leurs destinataires et favorisent la rétroalimentation.

L'année 1977 est particulièrement agitée; dans divers coins du pays, le sentiment de résistance et de révolte se manifeste dans les couches populaires. Dans les entreprises industrielles les plus importantes telles que le Ciment d'Haïti, l'usine sucrière de la HASCO, la Reynolds Mining Corporation et dans d'autres entreprises de moindre importance, on enregistre de nombreux mouvements de grève[28]. Les années 1978-1980 vont représenter les années de grandes agitations socio-politiques. En effet, la création de la Ligue des Droits Humains en 1978, est un véritable défi pour le régime dictatorial et la visite d'une délégation de la Commission Interaméricaine des Droits Humains, en août de la même année, constitue un appui important à

---

[27] **Ibidem.**
[28] **Ibid.** p. 217.

cette Institution. En outre, divers activistes socio-politiques et des parents de victimes profitent de la présence de la Commission pour dénoncer les actes arbitraires, de torture, d'assassinat et de disparition perpétrés par le gouvernement. Ces faits sont diffusés à travers tout le pays par la presse indépendante, ce qui contribue à faire de la nouvelle idéologie des droits humains un puissant stimulant pour le mouvement démocratique embryonnaire et la résistance populaire.

Durant la même année, le travail de conscientisation de divers secteurs de l'opposition se fait sentir; dans les activités culturelles, on enregistre des critiques très dures contre le régime. Face à ce climat d'agitation générale, le gouvernement de Jean-Claude Duvalier crée, le 13 avril 1978, le Conseil National d'Action Jean-Claudiste (CONAJEC) dont l'organe de diffusion est l'Assaut, titre agressif lié sans doute à la nature répressive du régime. Pour faire baisser la température du baromètre socio-politique et dévier les pressions de l'administration Carter, le gouvernement profite de la fin du mandat de la Législature pour convoquer les élections partielles pour la rénovation de la Chambre des Députés en février 1979.

L'année 1979 commence avec l'offensive des acteurs du mouvement démocratique (leaders politiques, journalistes, activistes des droits humains, syndicalistes, intellectuels, etc.). Les journalistes et les radios indépendantes font des législatives de février le thème principal de leurs activités. De nombreux journalistes réalisent des reportages critiques sur les préparatifs électoraux à travers le pays, et certains candidats indépendants dénoncent le caractère officiel de ces élections. La Ligue des Droits Humains demande au Chef de l'Etat de renoncer, dans ces circonstances, aux pleins pouvoirs que le Parlement lui confère[29]. Ainsi, les élections législatives se déroulent dans un climat inhabituel de tension, d'agitation et de mobilisation générale

---

[29] MOÏSE Claude, **Constitutions et luttes de pouvoir en Haïti**, Tome II, CIDIHCA, Montréal, 1990, pp. 422-423.

dans certains endroits du pays, ce qui favorise l'élection d'un candidat indépendant au Cap-Haïtien, la deuxième ville du pays[30].

Cette défaite électorale symbolique a une signification importante pour le développement du mouvement démocratique légaliste, car, pour la première fois, il y a, dans le Parlement duvaliériste, une voix discordante. Et en outre, l'opposition extérieure (toujours critique) accusant l'opposition légaliste de l'intérieur de faire le jeu du régime, en lui donnant une façade démocratique, doit reconnaître que dans le cadre établi par le pouvoir dictatorial, le mouvement démocratique peut conquérir certains espaces.

C'est immédiatement après cette période marquée par la fièvre électorale et l'enthousiasme populaire consécutif à la victoire d'Alexandre Lerouge aux élections législatives que Grégoire Eugène, professeur de droit constitutionnel à l'Université d'État et candidat indépendant malheureux dans ces comices, publie son manifeste intitulé: "Plaidoyer en faveur des partis politiques". Ceci provoque des remous au sein du gouvernement et conduit les éditorialistes de la presse officielle à traiter l'auteur de fou. Mais peu après, Grégoire Eugène crée le Parti Social Chrétien d'Haïti (P.S.C.H.) et, presqu'à la même époque, l'autre candidat indépendant malheureux des élections de février, Sylvio C. Claude, fonde le Parti Démocrate Chrétien Haïtien (P.D.C.H).

A côté des pressions de l'administration Carter et des principaux bailleurs de fonds sur le gouvernement pour maintenir un climat de libéralisation, une situation interne de plus en plus incontrôlable hors du cadre de la répression systématique, et des événements politiques internationaux importants, répandus par les médias locaux, augmentent l'intrépidité de l'opposition politique et la volonté de lutte

---

30 Alexandre Lerouge, un candidat indépendant à la députation du département du Nord, avec un fort appui populaire, réussit à gagner les élections dans sa circonscription, malgré l'établissement d'un véritable climat de terreur et d'intimidation, grâce à la mobilisation générale de la population, avec une quantité de votes dix fois supérieure à celle du candidat officiel. Voir PIERRE-CHARLES Gérard, **op. cit.**, p. 217.

du peuple. En effet, en 1978, en République Dominicaine, sous la pression du gouvernement américain, Antonio Guzmán, candidat du Parti Révolutionnaire Dominicain (P.R.D.), de l'opposition, succède au président Joaquín Balaguer du Parti Réformiste Social Chrétien (P.R.S.C.H.), après les élections. En 1979, dans divers points de la planète, s'écroulent plusieurs régimes dictatoriaux: Idi Amin Dada, en Ouganda; Bokassa, en République Centrafricaine; Macias Nguema, en Guinée Equatoriale; le Shah d'Iran et Anastacio Somoza, au Nicaragua.

Face à cette situation explosive, le gouvernement fait promulguer une loi restrictive des activités de la presse[31]. En dépit du maintien du discours de libéralisation et malgré ses moyens de communication (la Radio Nationale et divers journaux) pour entreprendre la lutte idéologique contre le mouvement de l'opposition, le Président, selon sa célèbre phrase "le fils du tigre est un tigre", décrète, en septembre 1979, une grande vague de répression contre les leaders politiques, les activistes des droits humains et les journalistes.

A la fin de l'année, le Président épousa Michèle Bennett, d'une famille mulâtre de la bourgeoisie "compradore". Même si cet événement a un effet positif (il permet au régime d'élargir sa base sociale), il a aussi ses conséquences négatives. Même au niveau de l'opposition légaliste, il y a des réactions négatives; Grégoire Eugène intitule un article de Fraternité, l'organe du P.S.C.H., "Coup d'Etat en parachute". Cela ressuscite le vieux problème du "noirisme" et du "mulâtrisme" entre l'élite noire et l'élite mulâtre[32].

L'arrogance et les velléités monopolistes du clan Bennett ont un double effet négatif pour le régime qui devient bipolaire, avec les jean-claudistes qui se regroupent derrière le Président et son épouse, et les françoisistes, derrière la mère du Président. En plus, au sein de la

[31] MOÏSE Claude, **op. cit.**, pp. 423-424.

[32] Le noirisme, idéologie des classes moyennes noires, qui atteignit son point culminant en 1946, fut utilisé par François Duvalier comme arme politico-idéologique mystificatrice pour embarquer les masses noires dans son projet sanguinaire de conquête et de maintien du pouvoir politique.

"bourgeoisie compradore" liée au régime, il y a des chocs avec les Bennett, ce qui provoque des fissures dans la coalition au pouvoir.

L'année 1980 commence par la lutte de l'opposition politique et des activistes des droits humains contre l'arbitraire, les actes d'intimidation et de répression du pouvoir. En ce sens, sous les dénonciations de la Ligue des Droits Humains et les pressions de la communauté internationale, après une grève de faim, Sylvio C. Claude et ses compagnons politiques, emprisonnés dès le mois de septembre 1979, sont libérés au mois de mars.

A la même époque, les organes de presse des deux partis politiques d'opposition, Fraternité (P.S.C.H.) et Conviction (P.D.C.H.), réapparaissent. Dans un célèbre éditorial du journal Fraternité, Grégoire Eugène ose réclamer la fin du régime à vie et l'organisation des élections générales à tous les niveaux[33]; la diffusion du journal est empêchée par la saisie des exemplaires en vente et les crieurs de journaux sont sauvagement battus. En posant ainsi le problème, le leader du P.S.C.H. contribue significativement à préciser la nature de la lutte de l'opposition légaliste et à définir son vrai objectif. Il ne s'agit plus d'exiger la libéralisation réelle ou la démocratisation du régime, mais de mettre un terme au présidentialisme à vie et d'instaurer un système politique démocratique et pluraliste.

L'été 1980 est particulièrement brûlant pour le gouvernement; on enregistre un nombre impressionnant de voyages clandestins pour la Floride, dont le naufrage de Cayo Lobos, le 22 septembre, qui provoque un scandale et émeut aussi bien l'opinion publique nationale qu'internationale. L'opposition s'empare de l'événement pour critiquer le gouvernement de Jean-Claude Duvalier et présenter sa gestion économique comme un désastre et appeler le peuple à la lutte contre le régime.

Durant cette période, il y a diverses grèves dans certaines entreprises, parmi lesquelles celle d'une entreprise d'État, les Presses

[33] **Fraternité**, mai 1980.

Nationales, des mobilisations d'étudiants pour protester contre les résultats des examens du baccalauréat et des agitations populaires au Cap-Haïtien, pour protester contre des actes de brutalité des autorités locales[34].

C'est dans ce climat d'agitation, de tensions socio-politiques et de progrès de l'opposition que les républicains, le 4 novembre 1980, gagnent, avec Ronald Reagan, les élections aux Etats-Unis. Profitant de cet événement qui signifie la fin de la politique de promotion et de défense des droits humains de l'administration Carter, le régime dictatorial déclenche une grande vague de répression qui va affecter profondément le mouvement démocratique.

En effet, le vendredi 9 novembre, une assemblée organisée par la Ligue des Droits Humains est violemment suspendue par les tontons macoutes qui infligent une bastonnade aux assistants, parmi lesquels, des diplomates et le président de la Ligue, le professeur Gérard Gourgue. Le 28 novembre, le gouvernement donne le coup de grâce au mouvement démocratique: la police politique du régime arrête des leaders politiques, des journalistes, des syndicalistes et des défenseurs des droits humains; certains se cachent, d'autres sont emprisonnés, torturés pour être après déportés. Ainsi prend fin la grande aventure du mouvement démocratique et commence aussi, surtout avec l'effondrement de l'économie nationale, la chute de la dictature qui va affronter l'Eglise catholique haïtienne, une Institution solide jouissant de l'appui du Vatican.

4. La chute de la dictature

Le régime dictatorial écrase le mouvement démocratique à la fin de 1980. C'est aussi le début d'une longue et profonde crise

[34] MOÏSE Claude, **op. cit.**, p. 425.

économique qui détruit les illusions de "l'économie de vitrine"[35] et conduira, sous l'effet de la lutte populaire dirigée par l'Eglise catholique, à la chute de la dictature. Signalons le massacre des porcs créoles[36] durant les années 1982-1984, comme résultat d'une décision gouvernementale très impopulaire, qui contribue à creuser le fossé entre le peuple et le régime de Jean-Claude Duvalier[37]. Ainsi l'Eglise catholique, avec son armée de prêtres, de religieuses, de laïcs engagés et les communautés ecclésiales de base [Ti kominote legliz (T.K.L.)], accompagnera le peuple dans sa longue lutte pour le renversement de la dynastie des Duvalier.

L'Eglise catholique et la lutte pour la démocratie en Haïti

De 1966 à 1980, l'Eglise vit une longue période de servitude et de domestication face à la dictature[38]. Malgré tout, la Conférence de Medellín (1968) et celle de Puebla (1979) ont un impact positif sur l'Eglise d'Haïti, puisqu'elles vont la réveiller de sa profonde léthargie. L'influence des Eglises latino-américaines favorise trois faits qui vont déterminer le changement de trajectoire de l'Eglise catholique haïtienne:

1) La pénétration de la théologie de la libération en Haïti;
2) La réalisation du Symposium national en 1982;
3) La prolifération des communautés ecclésiales de base (CEB)[39].

Mais il faut souligner que, longtemps avant d'entreprendre la lutte frontale contre la dictature, l'Eglise catholique a commencé par se rapprocher des couches défavorisées. En effet, dans les années 70, à

[35] Si entre 1975 et 1980 le produit interne brut présenta un taux de croissance de l'ordre de 5.3%, entre 1980 et 1985, le taux chuta à -2.6%. Voir MANIGAT Leslie F., **op. cit.** , p. 184.
[36] Los cochons de race Jean-Paul, qui arrivèrent au pays depuis l'époque coloniale.
[37] NÉRESTANT Micial C., **Religions et politiques en Haïti**, KARTHALA, Paris, 1994, P. 235.
[38] Cette situation fut nommée par le dictateur "L'harmonie du pouvoir spirituel et du temporel".
[39] NÉRESTANT Micial M., **op. cit.**, p. 210.

travers la Caritas qui a établi un réseau de projets de développement[40] dans les zones rurales couvrant tout le territoire national, dans le but de freiner l'expansion du protestantisme, l'Eglise catholique, à partir des diocèses, a organisé des groupements formés principalement de paysans sans terre et de petits paysans. Ces groupements vont se consolider et s'organiser pour se transformer, dans la deuxième moitié de la décade des années soixante-dix, en de puissantes organisations[41] de défense des intérêts de leurs membres et dotées d'un énorme poids politique qui va se manifester durant la lutte contre la dictature et, surtout, durant la période de la transition vers la démocratie.

Le Symposium de 1982

Ce Symposium constitue une véritable révolution dans le fonctionnement de l'Eglise. En effet, pour la première fois dans l'histoire de l'Eglise catholique d'Haïti, une rencontre de cette nature - en plus des évêques, des religieuses et, parfois, certains laïcs- rassemble aussi des paysans délégués des sept diocèses du pays. Ainsi, l'Eglise catholique nationale, dans le symposium réalisé à Port-au-Prince du 2 au 6 décembre 1982, montre publiquement son option préférentielle pour les pauvres et sa volonté de se placer du côté des petits paysans. En leur permettant d'exposer leurs problèmes d'exploitation, d'injustice, d'analphabétisme, d'expropriation et de répression, l'Institution religieuse s'engage officiellement à lutter contre les inégalités sociales et à travailler pour l'instauration d'un nouvel ordre social favorable aux plus pauvres, les paysans et les jeunes.

---

[40] ÉTIENNE Sauveur Pierre, **Haïti: l'invasion des ONG**, CIDIHCA, Port-au-Prince, 1997, p. 162.

[41] Il s'agit principalement de Mouvement des Paysans de Papaye (M.P.P.), dans le Centre du pays, qui a aujourd'hui une structure nationale, Mouvement Paysan National du Congrès de Papaye (M.P.N.K.P.) et le Mouvement Tèt Kole ti Peyizan (Mouvement Unitaire des Petits Paysans), dans le Nord'Ouest.

C'est à cette occasion que la hiérarchie de l'Eglise exprime officiellement sa volonté de promouvoir la formation des communautés ecclésiales de base à travers tout le pays."... Face à toutes ces souffrances, nous ne pouvons pas rester les bras croisés. Ce Jésus que nous rencontrons nous fait comprendre que nous devons chercher des solutions, prendre des décisions et passer à l'action[42].

Cette déclaration qui engage toute l'Eglise catholique dans le processus de lutte pour la démocratie et la défense des droits des opprimés, a un impact considérable dans le pays: la prolifération des communautés ecclésiales de base[43], la structuration des mouvements paysans du Centre et du Nord-Ouest.

Au mois de mars 1983, le Pape Jean-Paul II visite Haïti et déclare à l'aéroport de Port-au-Prince: "Il faut que les choses changent en Haïti, que toutes les catégories de pauvres retrouvent l'espérance"; cela constitue un appui très important pour l'Institution religieuse nationale.

Avec le Symposium de 1982 et la visite du Pape, l'Eglise catholique nationale, avec sa station de radio, Radio Soleil, ses communautés ecclésiales de base et ses centres d'éducation populaire, entreprend un travail de conscientisation et de mobilisation qui culminera, au cours de l'année internationale de la jeunesse (mai 1985), avec une insurrection générale contre laquelle le dictateur ne pourra rien. Elle devient, après le démantèlement du mouvement démocratique provoqué par la répression du 28 novembre 1980, le principal acteur politique qui organise et oriente la lutte nationale et populaire qui mettra fin à la dictature, le 7 février 1986, quand Jean-Claude Duvalier partira pour la France.

---

[42] **Présence de l'Eglise en Haïti. Messages et documents de l'épiscopat (1980-1988)**, Les Editions S.O.S., Paris, 1988, p. 36.

[43] En 1986, il y eut dans tout le pays 5.000 communautés ecclésiales de base et chacune avait entre 15 et 20 membres. Voir NÉRESTANT Micial, **op. cit.**, p. 225.

Les dernières manœuvres du régime dictatorial et son agonie

Un an et demi après la grande vague de répression qui culmine avec le démantèlement du mouvement démocratique, le 28 novembre 1980, Jean-Claude Duvalier, à l'occasion de l'anniversaire de son avènement au pouvoir, le 22 avril 1982, parle dans son discours de l'instauration de la démocratie et de la nécessité de son institutionnalisation. Il annonce aussi la prochaine création d'une Commission de droits humains et promet en même temps d'organiser des élections municipales, suspendues par "Papa Doc" et invite au dialogue les Haïtiens qui vivent hors du pays[44]. Ce discours "d'ouverture" est lié au travail des exilés auprès du Congrès américain à majorité démocrate, faisant pression sur l'administration Reagan à propos de sa politique extérieure envers Haïti. De plus, l'appui de Washington à la dictature des Duvalier ou son indifférence à la cause de la démocratie en Haïti est incompatible avec son discours et sa politique relative à Cuba et le Nicaragua qu'il accuse d'être des régimes antidémocratiques.

A cette période de l'année 1982, s'intensifie le travail des prêtres et laïcs engagés avec les paysans, les jeunes et les habitants des bidonvilles. Les églises se convertissent en des assemblées politiques où les prêtres mettent en œuvre leur talent d'orateurs en prononçant des discours incendiaires contre le régime, sous les applaudissements des fidèles. Face à cette situation, le Ministère des Relations Extérieures et des Cultes convoque certains religieux pour leur donner des avertissements sévères (des menaces d'expulsion aux étrangers). La Conférence Haïtienne des Religieux qui avait déjà protesté contre les actes de répression du 28 novembre 1980, perpétrés par le gouvernement, fait une déclaration publique dans laquelle elle rejette les menaces de la Chancellerie contre ses membres.

---

[44] MOÏSE CLAUDE et OLIVIER Emile, **Repenser Haïti. Grandeur et misères d'un mouvement démocratique**, CIDIHCA, Montréal, 1992, p. 76.

La détention et l'emprisonnement de Gérard Duclerville, le 28 décembre, un laïc engagé, (responsable de l'Association des Volontaires Catholiques, qui participa activement à l'organisation du symposium national en animant des séances de travail) occasionnent une mobilisation générale de toutes les organisations catholiques pour sa libération. La Conférence Episcopale Haïtienne et la Conférence Haïtienne des Religieux signent conjointement une lettre convoquant une journée nationale de prière pour obtenir la libération de Gérard Duclerville et exprimant leur solidarité à tous les prisonniers. L'ampleur de la mobilisation conduit le gouvernement à le libérer avant le 9 février 1983, date de la journée nationale de prière[45].

L'affaire Duclerville marque la destruction totale de "l'harmonie entre le pouvoir temporel et le spirituel", qui sera confirmée par le Pape, le 3 mars 1983, durant sa visite à Port-au-Prince.

Pressé de toutes parts, le gouvernement essaie de changer son image en réduisant la répression et en recourant à des manœuvres dilatoires consistant à organiser des élections municipales en trois étapes (de février à août 1983), à modifier la Constitution de 1971 (une séance marathon qui dura du 25 au 27 août) et à convoquer des élections législatives pour le mois de février 1984.

La nouvelle Constitution de 1983 n'a rien de nouveau, sauf un cabinet ministériel de trois paliers (ministres d'Etat, ministres et secrétaires d'Etat) et la reconfirmation de la Présidence à vie[46]. Malgré les pressions des Etats-Unis et l'affrontement avec l'Eglise catholique, le régime considère que la Présidence à vie n'est pas négociable[47]. En outre, l'opération électorale n'a pas eu l'effet escompté au niveau national et international. L'Ambassade américaine exprime ses réserves sur le déroulement des élections et les parlementaires du "Black Caucus", observateurs attentifs de l'évolution de la situation

[45] **Ibid.** p. 78.
[46] MOÏSE Claude, **Constitutions et luttes de pouvoir en Haïti, op. cit.**, pp. 430-431.
[47] Le **Petit Samedi Soir**, No. 493, 27 août-2 septembre 1983.

politique haïtienne, les dénoncent tout simplement[48]. Au cours des mois de mai et de juin 1984, il y a des soulèvements populaires aux Gonaïves, au Cap-Haïtien et à Hinche, où les manifestants crient: "à bas la misère, à bas la dictature!".

Après ces soulèvements, la situation (devenue moins tendue avec le retour de Grégoire Eugène de l'exil, la réapparition de Sylvio C. Claude et la création de deux nouveaux partis politiques) se complique une fois de plus par une grande vague de répression qui dure jusqu'au second semestre de 1984. Ces actes de répression affectent plusieurs secteurs: 200 arrestations d'animateurs communautaires[49] et de membres des communautés ecclésiales de base. La Conférence Episcopale Haïtienne, le 12 décembre, adresse au Chef de l'Etat un mémorandum dans lequel elle proteste énergiquement contre la campagne d'intimidation et les actes de répression du gouvernement[50].

L'année 1985, malgré le discours du 2 janvier prononcé par le Président, dans lequel il reprend ses promesses de démocratisation du système politique, commence dans l'agitation. En effet, le 2 février, des milliers de jeunes accompagnés par l'Eglise catholique défilent à travers les rues de Port-au-Prince. Deux jours après, la réponse du gouvernement s'exprime à travers la manifestation d'appui des militants duvaliéristes. Dans l'intervalle, le mécontentement se généralise parmi les jeunes, les habitants des bidonvilles et les paysans, et la perplexité atteint les classes moyennes et hautes. C'est dans cette situation interne explosive et sous les pressions de la communauté internationale que Jean-Claude Duvalier prononce, le 22 avril 1985, un discours dans lequel il déclare avoir pris délibérément et

---

[48] Pour que des élections ne soient plus que de simples formalités, déclara le député Walter Fauntroy au sujet des élections législatives récemment organisées, il faut qu'il existe des partis politiques, une presse libre, des débats et des discussions politiques. Malheureusement, le processus électoral en Haïti ne remplit aucun de ces critères. Voir MOÏSE Claude, **op. cit.**, p. 441.

[49] Des laïcs liés à l'Eglise catholique et engagés dans le travail de conscientisation et d'encadrement des associations paysannes et des autres couches défavorisées de la société haïtienne.

[50] MOÏSE Claude, **op. cit.** , pp. 444.

de manière irréversible, la décision de moderniser le système politique haïtien moyennant l'établissement progressif des structures institutionnelles correspondant aux normes de la démocratie libérale et compatibles aux caractéristiques particulières du peuple haïtien[51].

Le Président annonce dans son discours l'élaboration d'une loi sur le fonctionnement des partis politiques et des amendements constitutionnels pour l'établissement d'un Pouvoir Exécutif bipolaire, avec le Président à vie comme Chef de l'Etat et un Premier Ministre qui sortira du parti majoritaire au Parlement, comme Chef de gouvernement.

La mise en œuvre de telles décisions ne se fait pas attendre; le 3 juin 1985, les Députés votent une loi de révision de la Constitution qui est promulguée le même jour par le gouvernement, et le 5 du même mois, les amendements constitutionnels sont ratifiés. Le 22 juillet, le peuple est convoqué au référendum pour se prononcer sur le nouveau système politique. Mais l'opinion publique nationale et internationale sait qu'il s'agit d'une farce et les gens ont de plus en plus l'impression d'assister à l'écroulement du régime.

La quadrature du cercle

La fin du mois de juillet 1985 marque la chute inéluctable de la dictature. En effet, dans la nuit du 23 juillet, le prêtre Albert Desmet est assassiné et le 24, trois prêtres sont expulsés du pays. L'Eglise catholique manifestant publiquement sa consternation et sa colère, se déclare persécutée par les autorités et invite les fidèles à entreprendre des activités de jeûne et de prière pour que l'Institution puisse supporter et traverser cette situation difficile.

Le malaise atteint la coupole du pouvoir. Face aux rumeurs de coup d'Etat, Roger Lafontant, le tout-puissant Ministre de l'Intérieur du régime, est destitué et exilé, et divers fonctionnaires liés à lui, parmi

---

[51] GUERRE Rockfeller, **Mon mandat sous Jean-Claude Duvalier**, Henri Deschamps, Port-

lesquels des militaires et des "tontons macoutes", sont révoqués et désarmés[52].

C'est dans cette situation de confusion et de perplexité générale qu'a lieu la réouverture des classes au mois d'octobre. Le 30 de ce mois, il y a aux Gonaïves des manifestations populaires qui durent tout le mois de novembre. Le 28 de ce même mois, trois élèves de l'école des Frères sont assassinés par des miliciens du régime, à l'intérieur de l'établissement scolaire. Les jeunes des Gonaïves invitent les pères et mères de famille et tous les élèves du pays à se solidariser avec les victimes par des activités de grève et de manifestation jusqu'au renversement de la dictature. La réponse est positive et massive. Le 31 janvier 1986, Larry Speaks, le porte-parole du président Reagan, annonce la chute du régime dictatorial et le départ de Jean-Claude Duvalier pour la France.

Le gouvernement proteste vigoureusement contre la déclaration du Porte-parole de la Maison blanche, et le Président prononce un discours dans lequel il affirme qu'il continuera à gouverner le pays et que son gouvernement est aussi solide que le roc. Mais, vu les relations de type colonial existant entre Haïti et les Etats-Unis, tout le monde sait que le Porte-parole ne peut pas mentir; la vérité c'est que son calendrier, comme dans les relations entre propriétaires et locataires, ne correspond pas à celui du dictateur qui n'est pas pressé, mais qui va partir de toute façon. Ainsi commencent pour les habitants de Port-au-Prince les jours les plus longs du régime des Duvalier, en termes d'angoisse collective, de peur et de terreur, jusqu'au 7 février quand les habitants de la capitale se réveillent de ce long cauchemar pour voir sur le petit écran l'ex-dictateur déclarer au peuple qu'il a remis le pouvoir à l'armée et lui souhaiter bonne chance.

La dictature des Duvalier, dans la première phase de la dynastie, a pu écraser toutes les organisations de la société civile, détruire,

---

au-Prince, 1987, pp. 125-127.

[52] MOÏSE Claude, **op. cit.**, pp. 447-448.

neutraliser ou domestiquer les institutions du pays et anéantir toute forme d'opposition politique. Ainsi, François Duvalier a pu rester au pouvoir de 1957 à 1971, après s'être proclamé Président à vie en 1964, et, avant de mourir, faire les amendements nécessaires dans la Constitution (sa constitution) pour assurer l'arrivée de Jean-Claude Duvalier, son fils âgé de 19 ans, au pouvoir.

Conscient du fait que son père avait réalisé la "révolution politique", avec, bien sûr, l'appui de Washington, l'héritier du "trône" décide de faire la "révolution économique" avec le même appui. En effet, avec l'établissement de quelques 300 usines de montage fournissant environ 50.000 emplois, une avalanche de dons et de prêts internationaux qui lui ont permis de réaliser de grands travaux d'infrastructure et de créer certaines entreprises industrielles d'Etat [joint à la hausse du prix du café durant sept années consécutives (1973-1980) et l'intensification des activités touristiques], le régime de Duvalier II, malgré les effets de la récession internationale provoquée par la montée du prix du pétrole en 1973-1974, avec un taux de croissance du produit interne brut de l'ordre de 5.3% entre 1975 et 1980, a pu créer les illusions d'une possible modernisation du pays qui lui aurait valu l'étiquette de "dictature de succès". Mais, avec les changements survenus dans la doctrine et les activités de l'Eglise catholique, la politique de promotion et de défense des droits humains de l'administration Carter, l'effondrement de "l'économie de vitrine" sous l'effet de la crise du pétrole de 1978-1979, la diminution de l'aide internationale à partir de 1980[53] et l'affrontement avec l'Eglise catholique nationale appuyée par le Vatican dans son option préférentielle pour les pauvres, la dynastie des Duvalier, sous le poids de ses propres contradictions et dans un contexte interne de mécontentements, de mobilisation générale et de pressions externes, est emportée par la "troisième vague" de démocratisation, le 7 février 1986, après 29 ans de règne.

---

[53] Voir MANIGAT Leslie F., **op. cit.**, p. 185.

CHAPITRE 3
UNE TRANSITION CHAOTIQUE

La nature profondément terroriste et rétrograde de la dictature des Duvalier, son caractère essentiellement personnaliste et sa longue durée ont eu pour conséquences l'inexistence de véritables institutions publiques et d'organisations socio-politiques dans le pays. En s'enfuyant, le dictateur a dû remettre le pouvoir à l'armée, l'unique Institution, à l'exception de l'Eglise catholique, qui avait une présence nationale; mais cette armée se trouvait complètement domestiquée et infestée par l'idéologie duvaliériste et constituait, avec la milice des "tontons macoutes", les vrais piliers du régime. Ainsi, on est passé d'une dictature civile, de caractère personnaliste, à un régime militaire autoritaire de type corporatif, institutionnel.

La répression duvaliériste avait affecté principalement le monde des étudiants et des professions libérales, provoquant la fuite de milliers de citoyens issus de ces secteurs vers les Etats-Unis, le Canada, la France et certains pays latino-américains et africains; aussi l'inexistence de classes moyennes urbaines suffisamment amples et actives pour promouvoir le processus de transition a-t-elle été fortement ressentie[1]. Entre le régime militaire qui est installé le 7 février 1986 et les masses populaires, il n'existait aucune instance de médiation; la confrontation aura lieu de manière directe, le Conseil National de Gouvernement (C.N.G.), usant de la répression impitoyablement pour freiner la prolifération des organisations populaires, diminuer les manifestations de rue, rétablir la peur et ainsi

---

[1] Selon Samuel P. HUNTINGTON, les mouvements de la troisième vague n'étaient pas dirigés par des propriétaires terriens, ni par des paysans, ni (à l'exception de la Pologne) par des ouvriers de l'industrie, mais par les classes moyennes urbaines qui ont été les promoteurs les plus actifs de la démocratisation dans ces pays. En revanche, là où les classes moyennes étaient faibles et peu nombreuses, la démocratisation échoua ou se révéla instable. **op. cit.**, pp 71-72.

obtenir l'affaiblissement du mouvement démocratique, et celui-ci, de son côté, essayant d'abattre celui-là.

En ce sens, la transition s'est réalisée de manière conflictuelle et -malgré une volonté apparente du C.N.G. pour définir les règles du jeu et établir le cadre institutionnel nécessaire pour conduire le processus- il y eut des actes de barbarie de la part des autorités militaires, qui ont imprimé un caractère essentiellement sanglant à cette étape du processus de changement politique qui a été, en définitive, une transition chaotique.

1. Le régime qui succéda à Duvalier

Contrairement à l'affirmation d'un analyste politique[2], le régime qui succéda à Duvalier est un régime militaire autoritaire qui n'a pas pu ou pas voulu comprendre le contexte national et international d'alors. Reprenant la tradition duvaliériste, il a utilisé la répression systématique comme méthode de gestion gouvernementale et moyen de résolution des conflits socio-politiques. En effet, comme le déclarait le dictateur dans son discours[3] enregistré et diffusé après son départ, dans lequel il expliquait au peuple haïtien sa décision de démissionner, il transmettait le pouvoir aux forces armées et non à un gouvernement militaro-civil. Cette confusion vient de l'astuce des forces armées qui, négociant la démission de Jean-Claude Duvalier, veulent arriver à former un gouvernement "acceptable" pour les secteurs impliqués dans la crise. En effet, le Conseil National de

---

[2] Par rapport à l'événement du 7 février, Pierre-Raymond DUMAS écrit: "Un gouvernement militaro-civil prit les rênes du pouvoir après le départ précipité de Jean-Claude Duvalier, le 7 février 1986". Voir DUMAS Pierre-Raymond, **La Transition d'Haïti vers la démocratie**, Tome I, Imprimeur II, Port-au-Prince, Haïti, 1997, p. 55.

[3] "Désirant rentrer dans l'histoire la tête haute, la conscience tranquille, j'ai décidé de passer le destin de la Nation, le pouvoir, aux Forces Armées d'Haïti en souhaitant que cette décision permette une issue pacifique et rapide à la crise actuelle". Voir JALLOT Nicolas et LESAGE Laurent, **Haïti: dix ans d'histoire secrète**, Editions du Félin, Paris, 1995, p. 70.

Gouvernement (C.N.G.) a été le résultat d'un compromis entre l'ambassade des Etats-Unis, l'armée, le secteur duvaliériste et le haut clergé.

Avec le général Henri Namphy, chef de l'armée, comme président et comme membres: le général Williams Régala, représentant du secteur dur, le colonel Prosper Avril, l'homme de confiance de Washington, Alix Cinéas, ex-ministre des Travaux Publics et l'une des figures principales du duvaliérisme, et Gérard Gourgue, président de la Ligue des Droits Humains, les faiseurs de pouvoir croyaient, avec ce cocktail[4], avoir doré la pilule pour que le patient ne se rende pas compte de sa saveur amère. Mais, les premiers moments d'euphorie passés, la confrontation entre le C.N.G. et le mouvement démocratique, dont les secteurs populaires constituèrent le fer de lance, allait commencer.

Les revendications populaires

Les horreurs du duvaliérisme avaient affecté de larges secteurs de la population, et il s'agissait d'un passé très récent. Malgré les messages de paix et d'amour de la Conférence Episcopale Haïtienne diffusés par la radio de l'Eglise catholique et repris par d'autres stations de radiodiffusion, le peuple de Dieu estima que le pardon vient après la pénitence. Les anciennes victimes devenues des justiciers, brûlent tout vif certains "tontons macoutes", en décapitent d'autres et pillent les maisons de ceux qui purent se cacher. Une fois satisfait le désir de vengeance, les yeux se tournent vers le C.N.G.

En effet, au moyen des manifestations de rue, le secteur populaire exige le jugement des criminels, la démacoutisation du pays, la déduvaliérisation de l'administration publique et des mesures concrètes pour extirper la corruption dans le secteur public. Et malgré

---

[4] Il faut souligner qu'il y eut cinq Ministres militaires dans le cabinet. Voir PIERRE-CHARLES Gérard, **Haïti: pese a todo la utopía**, Instituto de Estudios del Caribe, Universidad de Puerto Rico, 1997, p. 27.

la réputation dont jouissait le chef de l'armée et président du C.N.G., le général Namphy, et la popularité du professeur Gérard Gourgue, leur présence ne peut occulter des figures notoires du duvaliérisme comme Alix Cinéas et Prosper Avril. Ainsi, la démission de ceux-ci est l'un des principaux thèmes des manifestations de rue. Face à cette croissante mobilisation populaire, le C.N.G. prend certaines mesures symboliques, pour essayer de calmer la situation, telles que la réhabilitation du drapeau bleu et rouge, que François Duvalier avait remplacé par le noir et rouge; la dissolution officielle de la milice et l'annonce officielle du désarmement de ses anciens membres, le 25 février 1986. Ces mesures prises sous pression, n'ont pas les effets escomptés : l'intensité des manifestations augmente, la méfiance à l'égard du C.N.G. se fait plus évidente, les postures politiques commencent à se préciser tout comme la vraie nature du régime.

Le Conseil National de Gouvernement deuxième version

La lutte populaire pour la déduvaliérisation se généralise et prend des proportions inquiétantes au mois de mars; l'agitation sociale atteint son point culminant dans les principales villes du pays et à Port-au-Prince où de grandes manifestations de rue donnent lieu à des affrontements entre l'armée et la population. Entre-temps, certaines dissensions au sein du C.N.G. commencent à se manifester. Le professeur Gérard Gourgue se sent très inconfortable à côté des militaires; en tant que membre du C.N.G. et ministre de la Justice, il promet à la population de juger tous les criminels dénoncés par la clameur publique, tandis que les militaires favorisent et organisent la fuite de ceux-ci, accordant des sauf-conduits à ceux qui se réfugient dans des ambassades étrangères à l'insu de Maître Gérard Gourgue qui finit par démissionner.

Profitant de cette décision, le général Henri Namphy, dans un message adressé à la nation le 21 mars 1986, annonce la formation d'un nouveau Conseil National de Gouvernement de trois membres:

lui-même, comme président, le général Williams Régala et Jacques A. François, un juge de la Cour de Cassation. Avec la démission de Gérard Gourgue, la crédibilité et la légitimité du nouveau C.N.G. est affectée; on assiste à une croissante mobilisation populaire. Les exilés ont commencé à arriver timidement. Ils ont besoin d'une autorisation spéciale du gouvernement que les consulats haïtiens octroient au compte-gouttes; il y a des cas d'interdiction, alors ils décident d'ignorer le processus de filtrage pour débarquer massivement à l'aéroport de Port-au-Prince. Ainsi, commencent la propagation des idées nouvelles au moyen de conférences prononcées à l'Université d'Etat et de débats publics à la radio et à la télévision. Les clivages idéologiques commencent à se manifester et les postures politiques à se préciser, ce qui réduit considérablement les manœuvres politiques du C.N.G. et sa possibilité de contrôler le processus de transition.

2. Les forces socio-politiques

Pour pouvoir définir le cadre socio-politique dans lequel s'est déroulé le processus de transition et comprendre le contexte dans lequel ont évolué les acteurs, il convient d'étudier, même de façon brève, certaines catégories comme classes sociales et forces politiques. Il s'avère parfois difficile d'analyser et d'expliquer la polarisation politique qui résulte en général de la transposition de vieux conflits d'intérêts au champ politique. La bourgeoisie, les classes moyennes, les ouvriers, les masses populaires et le secteur paysan constituent les principales forces sociales. Comme principaux acteurs politiques, nous identifions: l'armée, les forces duvaliéristes, l'Eglise catholique, les organisations estudiantines, les organisations populaires, les syndicats, les organisations paysannes, les partis politiques et la communauté internationale, avec les Etats-Unis en tant que juge suprême.

LES FORCES SOCIALES

La bourgeoisie

Il y a des raisons historiques qui expliquent l'inexistence d'une vraie bourgeoisie nationale en Haïti. La pénétration du capital étranger, très tôt, "tua dans le germe toute possibilité d'apparition et de développement d'une bourgeoisie industrielle locale"[5]. En outre, avec l'installation des premiers commerçants étrangers en Haïti, les possibilités d'accumulation interne furent considérablement compromises. L'alliance du secteur des propriétaires fonciers au pouvoir avec les commerçants étrangers, rendait impossible la prétention de la bourgeoisie libérale d'accumulation capitaliste et de promotion de l'industrie. Avec l'échec du mouvement armé de ce secteur de la bourgeoisie en 1884, face au pouvoir des propriétaires terriens et du haut commerce étranger, le système traditionnel, avec ses traits de profond archaïsme et son retard, se consolida. Ainsi, malgré l'existence d'un secteur embryonnaire réunissant quelques entreprises agricoles, industrielles et financières[6], cette bourgeoisie se révèle dynamique seulement dans le domaine de l'importation et de l'exportation.

Contrôlant les principales branches de l'activité économique, la bourgeoisie compradore détient le pouvoir économique et maintient des relations d'interdépendance avec le pouvoir politique[7]. Cette situation lui permet de transformer le pays en République de contrebandiers, ce qui explique son intérêt pour la politique, son poids dans la transition et ses affrontements avec les masses populaires.

---

[5] PIERRE-CHARLES Gérard, **L'économie haïtienne et sa voie de développement**, Henri Deschamps, Port-au-Prince, 1994, p. 34.
[6] CHARLES Etzer, **Le pouvoir politique en Haïti de 1957 à nos jours**, ACC-KARTHALA, Paris, 1994, pp. 16-18.
[7] **Ibid**. pp. 20-21.

Les classes moyennes

Très faibles, en raison des conditions de sous-développement chronique dont souffre le pays, avec les 29 ans de dictature, les classes moyennes se sont prolétarisées et, en général, se sont "paupérisées". Fuyant le régime terroriste et la misère, la majorité des gens de ce secteur social travaillent comme ouvriers industriels dans les grandes villes des Etats-Unis et du Canada[8]. Ceux qui sont restés, à l'exception de ceux qui sont parvenus à exercer une profession libérale et se convertir en moyens ou petits entrepreneurs ou s'incruster dans l'administration publique, se sont prolétarisés et, dans la plupart des cas, se sont "paupérisés", étant donné qu'ils préfèrent le chômage au travail mal rémunéré. Alors, leurs conditions de vie sont extrêmement précaires. La faiblesse de ce secteur social devient évidente durant la transition; ses ambitions démesurées ont conduit certains de ses membres à se mettre au service des militaires et à l'ensemble des classes moyennes à jouer un rôle politique insignifiant dans le processus de transition.

Le prolétariat

Le bas niveau de développement capitaliste dans le pays explique le rachitisme de la classe ouvrière. Cette classe, dans son acception marxiste, commence à se constituer durant l'Occupation américaine[9] (1915-1934). La structuration du mouvement ouvrier commence timidement en 1932-1934, avec la création du premier parti communiste haïtien, mais son irruption comme force organisée (constituée en syndicats) dans la vie politique du pays se manifeste en 1946[10]. En 1962, le prolétariat haïtien était constitué de 180.000

---

[8] Ceux qui ont pu travailler dans les milieux universitaires ou exercer une profession libérale en Europe et en Amérique, représentent un groupe très restreint.

[9] CHARLES Etzer, **op. cit.**, p. 45.

[10] HECTOR Michel, **Syndicalisme et socialisme en Haïti**, Henri Deschamps, Port-au-Prince, 1989, p. 42.

travailleurs parmi lesquels, la moitié était des ouvriers agricoles plus ou moins permanents, la fraction syndicalement organisée de la classe ouvrière comptait 25.000 prolétaires[11]. Au début des années 70, le prolétariat représentait 4% de la population active du pays[12]; avec la création de quelque 50.000 emplois par l'implantation des industries de sous-traitance dans la seconde moitié de cette décade, son nombre augmenta, mais dut attendre l'arrivée de James Carter au pouvoir en 1976 et la mise en œuvre de sa politique de promotion et de défense des droits humains pour pouvoir se manifester. Après la chute de la dictature, il y eut un effort très significatif d'organisation du mouvement ouvrier et les syndicats se sont montrés très combatifs dans la lutte contre le projet autoritaire du C.N.G.

Les masses populaires

Il s'agit essentiellement des masses marginalisées des villes et surtout des quartiers pauvres de Port-au-Prince. Ce secteur prend une importance croissante au début de la décade des années 60 quand la misère et la répression provoquent une vague intense d'exode rural, intensifiée par la détérioration des conditions d'existence des paysans et la multiplication des actes de brutalité des membres de la milice de François Duvalier. Sous le gouvernement de Jean-Claude Duvalier, les paysans, pour les mêmes raisons et attirés par la propagande du régime par rapport à ses réalisations au niveau de la création d'emplois, sont arrivés massivement à la capitale. Ainsi, à la fin des années 70, ce phénomène prend des proportions alarmantes, transformant Port-au-Prince en d'immenses bidonvilles. Vivant dans des conditions infra-humaines, chômeurs professionnels, c'est-à-dire totalement disponibles, les membres de ce secteur ont constitué les troupes de choc du mouvement démocratique.

---

[11] PIERRE-CHARLES Gérard, **op. cit.**, p. 108.

[12] ANGLADE Georges, **L'espace haïtien**, Les Presses de l'Université du Québec, Montréal, 1975, p. 127.

Le secteur paysan

Les grands domaines -constitués par de grandes propriétés privées ou publiques, (appartenant à l'Etat, à ceux qui détiennent le pouvoir ou ceux qui y sont liés) -représentent la forme de propriété agraire prédominante en Haïti[13]. Cette affirmation peut paraître contradictoire par rapport à celle qui soutient que l'atomisation est la caractéristique essentielle du régime de possession agraire en Haïti; en fait de nombreuses grandes superficies appartenant à des absentéistes sont divisées en parcelles très petites et cultivées par des agriculteurs fermiers ou "de moitié"[14]. En ce sens, les petits paysans et surtout les paysans non-propriétaires, constituent la plus grande partie de ce secteur. Etant très pauvres, victimes de toute sorte d'abus et d'exploitation, ils représentent le secteur le plus dynamique du mouvement paysan revendicatif et jouent un rôle équivalent à celui des masses populaires marginalisées des grandes villes, dans les zones rurales.

LES FORCES POLITIQUES

L'armée

La Gendarmerie d'Haïti, qui se transforma en Forces Armées d'Haïti (F.A.d'H.) en 1958, fut créée en 1916 par les forces d'occupation des Etats-Unis. Selon l'Accord spécial annexé à la Convention du 16 septembre 1916 entre les Etats-Unis et Haïti, cette Institution avait pour mission le maintien de l'ordre interne, la protection des droits individuels et avait le monopole de la détention

---

[13] PIERRE-CHARLES Gérard, **op. cit.**, p. 69.

[14] Voir ELIE Jean Rénol, **Estructura agraria y asociaciones de trabajo en el campo haitiano.** Tesis de doctorado presentada en la Facultad de Ciencias Políticas y Sociales de la UNAM, 1997, p. 31.

et du contrôle des armes à feu[15]. Mais, en fait, sa vraie mission était d'aider l'occupant à anéantir le mouvement de guérilla des paysans du Plateau Central, du Nord et du Nord'Est, dirigé par Charlemagne Péralte, le héros de la résistance populaire[16]. A la fin de l'Occupation américaine en 1934, les forces militaires "nationales" se sont substituées aux troupes étrangères comme gardiennes du système politique légué par l'empire.

Institution garante de l'ordre public, détenant le monopole de la violence étatique, dotée d'une structure nationale qui lui assurait le contrôle effectif du pays, consciente de sa puissance, l'armée n'avait pas tardé à manifester sa présence sur la scène politique, premièrement comme arbitre et par la suite comme acteur principal. En effet, 12 ans après le départ des forces d'occupation, à la chute du gouvernement d'Elie Lescot, le 11 janvier 1946, un Comité Exécutif Militaire de trois membres, le colonel Franck Lavaud, président, et les majors Antoine Levelt et Paul Eugène Magloire, membres, prit le pouvoir jusqu'à l'élection du président Dumarsais Estimé, le 16 août de la même année.

Le 10 mai 1950, avec la "démission" du président Estimé, une Junte de Gouvernement, formée des trois officiers précités, assura la "transition", et, le 6 décembre de la même année, le colonel Paul Eugène Magloire sera élu président de la République d'Haïti. A la fin de son mandat en 1956*, qui provoqua une crise aiguë, l'armée se convertit en force principale qui permit, au moyen de massacres et d'élections frauduleuses, l'arrivée de François Duvalier au pouvoir, le 22 septembre 1957. Elle fut neutralisée, domestiquée et duvaliérisée

---

[15] DELINCE Kern, **Les forces politiques en Haïti**, KARTHALA-PEGASUS BOOK, Paris, 1993, pp. 218-219.

[16] A propos de la Gendarmerie d'Haïti, l'historien haïtien Georges Corvington écrit: "la grande habileté de l'occupant serait de faire de cette organisation militaire créée pour la défense du pays et du gouvernement, sa propre machine de guerre". Voir CORVINGTON Georges, **Port-au-Prince au cours des ans**, Tome V, Henri Deschamps, Port-au-Prince, 1984, p. 46.

* Le 6 décembre 1956, le colonel Paul Eugène Magloire s'autoproclama généralissime des Forces Armées, avant d'être forcé de remettre le pouvoir au Président de la Cour de Cassation.

par le dictateur qui créa officiellement sa milice, le 22 septembre 1959[17].

Ce fut cette armée, après une longue période de pénitence de 27 ans, profondément affaiblie et affectée dans sa cohésion interne par des débuts de guerre civile au mois de mai 1957 et en avril 1989, qui fut chargée, avec un effectif de 7.700 membres[18], qui atteignait 14.000[19] avec ses auxiliaires (les chefs de sections[20] et leurs assistants), de conduire le processus de transition.

Sa nature fondamentalement répressive, due, en partie, à ses liens avec les forces duvaliéristes, sa totale dépendance envers les Etats-Unis et les ambitions politiques démesurées et aveugles de ses dirigeants, furent l'une des causes principales de l'échec de la transition haïtienne.

Les forces duvaliéristes

La chute de la dictature ne signifie pas pour autant la déroute des forces duvaliéristes; en outre, une dynastie de 29 ans ne pouvait ne pas avoir construit une base sociale, politique et économique, aussi restreinte soit-elle. Des éléments de toutes les couches sociales adhérèrent au régime, de gré, de force, ou par intérêt, partageant son idéologie et l'usage de ses méthodes de répression légendaires pour conserver le pouvoir de manière illimitée.

En effet, avec les 40.000 membres armés de "l'ancienne" machine de répression[21], en plus d'un impressionnant réseau de collaborateurs dans tout le pays -les structures locales de pouvoir (chefs de sections, anciens membres de la milice, anciens maires, députés, préfets), les ministres, les officiers supérieurs de l'armée et

---

[17] PIERRE-CHARLES Gérard, **Radiographie d'une dictature**, Nouvelle Optique, Montréal, 1973, pp. 42-43.
[18] DELINCE Kern, **op. cit.**, p. 221.
[19] JALLOT Nicolas et LESAGE Laurent, **op. cit.**, p. 79.
[20] La section communale est la plus petite entité administrative du pays.
[21] PIERRE-CHARLES Gérard, **Haïti: pese a todo la utopia, op. cit.**, p. 30.

fonctionnaires importants de l'administration publique- les forces duvaliéristes se révélèrent un danger permanent durant tout le processus de transition. Très liées aux membres du C.N.G., la protection et l'impunité que celui-ci leur garantit les portèrent à manifester leur audace quand elles créèrent, au mois d'octobre 1986, une organisation politique dénommée "Parti Rassemblement pour l'Entente Nationale" (PREN), dans l'objectif de participer au processus électoral.

Cet acte souleva une vague de protestations dans tous les courants du mouvement démocratique et donna lieu à une mobilisation générale qui culmina, le 7 novembre, avec une mobilisation gigantesque de plus de 200 mille personnes[22] à Port-au-Prince. On s'indignait de la disparition, à la fin du mois de septembre, de Charlot Jacquelin, un moniteur d'alphabétisation lié à l'Eglise catholique, pour exiger la dissolution du parti duvaliériste. Il y eut aussi des manifestations populaires dans les grandes villes du pays et le C.N.G. se rendit compte que le moment n'était pas propice pour les forces duvaliéristes. Il prit la décision de dissoudre le parti duvaliériste pour apaiser l'effervescence populaire, mais sans s'éloigner pour autant des partisans de l'ancien régime.

L'Eglise catholique

L'Eglise catholique, après dix ans de travail de conscientisation, de formation, d'organisation et d'encadrement des groupes marginalisés dans tout le pays, obtint un immense prestige qui fut renforcé par le Symposium de 1982 et la visite du Pape en 1983; cela lui permit de mobiliser les masses populaires et de jouer un rôle fondamental dans la chute de la dictature. Son engagement envers la démocratie, la justice sociale et la défense des droits humains faisait

---

[22] MOÏSE Claude et OLLIVIER Emile, **Repenser Haïti. Grandeur et misères d'un mouvement démocratique**, CIDIHCA, Montréal, 1992, p. 101.

d'elle une Institution de grande influence politique et mieux située, vu le manque de légitimité des institutions publiques, la faiblesse structurelle et le manque de représentativité des organisations de la société civile.

Mais le haut clergé, manifestant un anticommunisme primaire et développant une tendance conservatrice, faisait des déclarations ambiguës et suspectes qui l'éloignaient considérablement du mouvement populaire et provoquaient des divergences ouvertes avec les prêtres de la théologie de la libération. Ainsi, il y eut, en 1986, une scission au sein de l'Eglise catholique entre le haut clergé (à côté des forces conservatrices) et l'église populaire de la théologie de la libération, qui, avec un discours incendiaire, révolutionnaire, fut reçue avec enthousiasme par les masses populaires, et se convertit en un protagoniste de première importance du processus de transition et cible des forces répressives.

Le mouvement estudiantin

Le mouvement estudiantin haïtien s'est toujours manifesté comme le secteur de la jeunesse le plus perméable et ouvert aux idées progressistes, révolutionnaires. En effet, dès l'année 1946, les étudiants ont été les promoteurs les plus dynamiques du projet de construction d'une société démocratique en Haïti et les activistes les plus combatifs dans la lutte contre les régimes autoritaires et dictatoriaux. En 1946, cinq jours de grève, baptisés les cinq glorieuses, des élèves et étudiants, firent échouer le projet antidémocratique du président Elie Lescot et provoquèrent la chute de son régime autoritaire. En 1960, l'Union Nationale des Etudiants (UNE) décréta une grève historique qui se convertit en la première manifestation de la nouvelle opposition contre la dictature de François Duvalier[23]. Celui-ci répondit par une répression impitoyable,

---

[23] PIERRE-CHARLES Gérard, **Haití (1930-1975): la crisis ininterrumpida, op. cit.**, p. 201.

impliquant la militarisation de l'espace universitaire, l'expulsion des grévistes et l'officialisation de l'Université d'Haïti. Transformée en Université d'Etat d'Haïti, elle était désormais totalement contrôlée par les hommes de confiance du dictateur, fonctionnant avec une grande quantité de fils des "tontons macoutes" et d'agents du régime comme étudiants.

L'Union Nationale des Etudiants fut aussi la première organisation écrasée par Duvalier, et ses dirigeants, persécutés, durent se cacher, pour ensuite prendre le chemin de l'exil. En 1986, après plus de deux décennies de silence total dans le monde universitaire, les étudiants sont réapparus sur la scène nationale, avec la Fédération Nationale des Etudiants Haïtiens (FENEH), comme véritables acteurs socio-politiques, essayant de structurer leur mouvement au moyen de l'organisation de divers congrès nationaux et participant à des congrès internationaux. En plus de leurs revendications relatives à l'amélioration de la qualité de l'enseignement, l'autonomie universitaire, des bibliothèques et laboratoires modernes, etc., les étudiants, reprenant la tradition de leurs illustres prédécesseurs se transforment activement en porte-parole des revendications des couches défavorisées. En établissant des liens étroits avec l'église populaire, les mouvements ouvrier et paysan, ils se sont révélés comme l'un des secteurs les plus radicaux. Ils se sont opposés farouchement, au moyen de conférences, de débats publics et de manifestations de rue, à la mise en œuvre de la politique néolibérale du C.N.G. Ils ont été aussi les plus affectés par la répression du régime autoritaire; en 1987, les actes de répression et les mesures de provocation du régime militaire ont conduit à la radicalisation de la lutte des étudiants; ainsi, l'Université fut fermée durant un an et les élèves boycottèrent massivement les examens du baccalauréat de juillet et septembre 1987.

Les organisations populaires

Au début des années 70, au moyen des centres de formation et d'éducation populaire, les prêtres et les laïcs engagés entreprirent un immense travail de "dézombification" des masses populaires et paysannes. A côté de la quantité impressionnante des communautés ecclésiales de base (CEB), un nombre significatif d'organisations populaires sont apparues progressivement dans les grands bidonvilles du pays. Il faut souligner ici, que le terme "d'organisations populaires" est un concept fourre-tout englobant les associations de femmes pauvres, de jeunes, les organisations de quartiers, d'aide communautaire mutuelle, les petites organisations paysannes, les petites coopératives, etc. En fait, il englobe tout ce qui exprime ou traduit la volonté des couches défavorisées ou marginalisées de s'organiser dans l'objectif de faire face aux innombrables problèmes qu'elles confrontent chaque jour[24].

Surgissant des masses populaires et paysannes, elles utilisent la langue du peuple, le "créole", envoient des cassettes, des communiqués de presse ou interviennent directement dans les stations de radiodiffusion et participent aux débats publics. Elles ont ainsi une grande influence sur les masses et une capacité de mobilisation et de guerre psychologique[25]. Leur impressionnante prolifération après la chute de la dictature, permet de rompre le schéma politique traditionnel où les éléments des deux élites (la noire et la mulâtre), à côté de la dialectique des armes, maniaient l'arme de la dialectique, dans le pur style européen, avec un français impeccable, pour essayer de convaincre les membres de la bourgeoisie, de la petite bourgeoisie intellectuelle et des classes moyennes.

Cette irruption des masses sur la scène politique et l'hégémonie du populaire-culturel, avec le créole comme langue de

---

[24] ETIENNE Sauveur Pierre, **Haïti: l'invasion des ONG, op. cit.**, p. 189.

[25] Voir SMARTH Luc, **Les organisations populaires en Haïti. Une étude exploratoire de la zone métropolitaine de Port-au-Prince**, CRESDIP-CIDIHCA, Port-au-Prince, 1998.

communication sociale par excellence, durant le processus de transition, a considérablement affecté les leaders traditionnels qui n'ont pu faire valoir leur supériorité intellectuelle. L'usage du créole a donné lieu, en termes de Jürgen Habermas[26], à une situation symétrique de dialogue où s'effacent les clivages sociaux, les différences de pouvoir économique, politique et intellectuel, et où l'argumentation de la force cède le pas à la force de l'argumentation[27].

Les membres des organisations populaires furent alors l'objet d'une répression systématique; les cas d'assassinats, de disparitions, d'emprisonnements arbitraires et de tortures dont ils furent victimes sont innombrables. Mais malgré tout, les régimes militaires successifs n'arrivèrent pas à imposer la terreur et les membres des organisations populaires furent, en grande partie, responsables de l'échec de différents essais de restauration de l'ancien régime par les militaires.

Les syndicats et les organisations paysannes

Après le 7 février 1986, tous les secteurs de la société haïtienne étaient conscients qu'il fallait -étant donné que la dictature avait écrasé toutes les organisations autonomes du pays, et puisqu'en dépit des pressions du Congrès américain et de l'administration Carter, il n'existait pas une ouverture suffisante pour une véritable résurrection des associations de la société civile- entreprendre la tâche de construction et de consolidation, dans chaque segment de la société; il fallait créer des organisations capables de profiter de l'ouverture occasionnée par la chute de la dictature, pour élargir l'espace socio-politique, le remplir et travailler pour empêcher la reproduction des structures ayant facilité le surgissement de la dynastie des Duvalier.

---

[26] HABERMAS Jürgen, **Théorie de l'agir communicationnel**, Traduction française, Fayard, Tomes I et II, Paris, 1987.

[27] Analysant ce phénomène, Leslie F. Manigat, le prestigieux professeur de la Sorbonne, écrit avec rage et nostalgie: " La généralisation de l'emploi du créole facilitait l'accès aisé à la parole pour des langues subitement déliées et des imaginations automatiquement débridées. Plus rien

Ainsi, on observe, dans le monde ouvrier, un effort réel de formation des cadres, d'encouragement des travailleurs à se syndiquer pour pouvoir mieux défendre leurs intérêts, de manière collective, contre l'exploitation des patrons. En effet, les organisations syndicales qui fonctionnaient dans la clandestinité ou très timidement durant la dictature, se transforment en des institutions légales, avec des publications et des émissions radiophoniques adressées à leurs membres et entreprennent des actions légales contre l'arbitraire de leurs employeurs.

Au niveau du transport public, des usines de sous-traitance, des ouvriers agricoles, se créent divers syndicats qui s'affilient aux grandes centrales ouvrières pour mieux se consolider. Dans les bureaux publics, dans les ministères, les entreprises autonomes d'Etat, les hôpitaux publics, on observe le même phénomène; c'est la résurrection du monde ouvrier. En plus des revendications strictement salariales, d'amélioration des conditions de travail et des actions telles que des grèves organisées pour atteindre ces objectifs, on enregistre aussi des activités purement politiques de certaines organisations syndicales. Ainsi le 15 juin 1987, la Centrale Autonome des Travailleurs Haïtiens (CATH) -pour protester contre la politique économique catastrophique du C.N.G., responsable de la détérioration des conditions de vie de la population et contre le refus du gouvernement d'entreprendre des réformes dans l'administration publique, de déduvaliériser le pays et prendre en compte les aspirations du peuple à la justice- convoque deux journées de grève générale pour le 22 et le 23 juin, tout en menaçant les citoyens qui se hasarderaient à ne pas les respecter. Profitant de cette situation, le gouvernement militaire, le 22 juin, met à sac le bureau de la CATH, arrête ses dirigeants et décrète la dissolution de la Centrale syndicale. Sous la pression et la mobilisation du secteur démocratique et des

---

n'était plus comme avant". Voir MANIGAT Leslie F., **La crise haïtienne contemporaine, op. cit.**, p. 190.

masses populaires, le C.N.G. doit faire marche arrière, libérer les syndicalistes et retirer son décret de dissolution. Certaines de ces organisations syndicales sont aussi membres de divers fronts socio-politiques durant la transition.

Cette volonté de consolidation des structures existantes et de création de nouvelles, se fait sentir aussi dans le secteur paysan avec le Mouvement Paysan de Papaye et "Òganizasyon Tèt Kole Ti Peyizan" qui prennent le leadership du mouvement paysan. Leurs membres seront victimes, en diverses occasions, des actes de répression de la part du régime militaire. Le massacre des paysans de Jean-Rabel survenu au mois de juin 1987, organisé par les propriétaires terriens, avec l'appui des autorités militaires de la région, causa 300 morts, sans que le C.N.G. ait entrepris aucune enquête pour trouver les coupables et les juger. Malgré tout, les organisations paysannes sont très actives et dynamiques durant le processus de changement politique; leur participation dans diverses coalitions politiques laisse voir clairement leur implication dans la lutte pour la démocratie dans le pays.

Les partis politiques

En Haïti -malgré l'existence et le fonctionnement du Parti Libéral et du Parti National durant la période 1870-1883, où l'on enregistrait des confrontations idéologiques, des débats parlementaires et des polémiques dans la presse entre les deux tendances de l'oligarchie autour de la modernisation du pays et le secteur socio-politique le plus apte à concevoir et à mettre en œuvre ce projet- il n'y avait pas de véritables partis politiques. De simples clientèles groupées autour d'un personnage influent, des clans constitués autour d'une famille féodale, des camarillas réunies par un chef militaire, etc., constituaient des partis de type archaïque et préhistorique[28]. Durant la dictature, le Parti Populaire de Libération Nationale (P.P.L.N.) et le Parti d'Entente Populaire (PEP) qui avaient de vraies structures de partis politiques, se fusionnèrent en 1968 sous le nom de Parti Unifié des Communistes Haïtiens (PUCH) qui fut démantelé en 1969. Avant la création du Parti Social Chrétien d'Haïti (P.S.C.H.) et le Parti Démocrate Chrétien Haïtien (P.D.C.H.) en 1978, on ne parlait plus de partis politiques dans le pays; ceux qui portaient ce nom fonctionnaient dans l'exil; il n'existait même pas un système de parti unique[*].

La dictature rétrograde de caractère personnaliste n'estimait pas nécessaire d'en avoir un. Les communistes avaient renoncé à la lutte armée pour se replier dans une totale clandestinité, essayant de s'insérer dans les groupes de base pour faire un travail de conscientisation dans le pays, ou se déguisant en travailleurs agricoles pour encadrer les ouvriers haïtiens dans les plantations de canne à sucre de la République Dominicaine et les intégrer dans la lutte contre le régime dictatorial.

On assiste ainsi, après la chute de la dictature, à une prolifération de partis politiques en Haïti avec la résurgence de quelques-uns, le retour de l'exil de certains leaders avec l'emblème du parti dans leur sac de voyage; certains n'existent que de nom, d'autres ont un certain impact en raison du prestige intellectuel, la teinte technocratique, l'audace, l'intrépidité ou le lignage[29] de leurs dirigeants. En outre, chaque "leader" considère le parti comme sa propriété privée[30]. Même le Parti Unifié des Communistes Haïtiens (PUCH), en dépit du fait de jouir d'une très grande sympathie au sein de la petite bourgeoisie (son

---

[28] DUVERGER Maurice, **Les partis politiques**, Armand Colin, Coll. "Points", Paris, 1976, p. 46.

- Le Parti Unité National de François Duvalier (P.U.N.) a eu une existence purement fictive.

[29] Le Parti Agricole National (PAIN) avait certaines bases dans le Sud et le Centre du pays parce que son leader, Louis Déjoie II, était le fils de l'illustre sénateur et industriel haïtien Louis Déjoie.

[30] Grégoire Eugène, président du Parti Social Chrétien d'Haïti (P.S.C.H.), en mourant, le léguait à son fils Grégoire Eugène Junior, un médecin qui vit aux Etats-Unis. Sylvio C. Claude, président du Parti Démocrate Chrétien Haïtien (P.D.C.H.), fut assassiné par les militaires durant le coup d'État du 30 septembre 1991; sa famille hérita du Parti.

secrétaire général, M. René Théodore, étant un grand communicateur, un grand séducteur politique) a eu un poids politique très faible dans la transition, puisqu'il fut démantelé en 1969 par la répression duvaliériste sans pouvoir reproduire ses cadres. Tout cela fut aggravé par la peur du communisme entretenue par le régime dictatorial et l'anticommunisme primaire du haut clergé en 1986. Cette situation conduisit à la désintégration de "Inite Fòs Patriotik ak Demokratik Ayisyen" (IFOPADA), l'autre organisation de gauche. L'un de ses dirigeants, M. Serge Gilles, choisit de se débarrasser de l'étiquette communiste en créant une autre organisation, le PANPRA, pour pouvoir constituer, plus loin, une alliance avec le MIDH, un parti de la droite traditionnelle, bénéficiant de l'appui de Washington.

Vu la faiblesse structurelle de ces partis et leur faible représentativité, en janvier 1987, environ 300 représentants de diverses organisations socioprofessionnelles et populaires participèrent à un congrès d'où sortit le Comité National du Congrès des Mouvements Démocratiques (CONACOM) qui allait être la colonne vertébrale du front des 57 organisations, qui fit trembler le gouvernement militaire. Celui-ci dut massacrer les électeurs dans divers bureaux de vote, le 29 novembre 1987, pour empêcher la victoire électorale de Me Gérard Gourgue, candidat du Front National de Concertation (F.N.C.).

Durant la transition, le panorama de la configuration des partis politiques se présente de la manière suivante:[31]

- Avec l'échec du PREN, les forces duvaliéristes ne peuvent se constituer en parti politique légal, mais elles représentent l'extrême droite. Le Mouvement pour le Développement National (M.D.N.) et le Parti Social Chrétien d'Haïti (P.S.C.H.), malgré les réticences de ces forces, essaient d'être leur porte-parole, de représenter et de défendre leurs intérêts;

---

[31] Voir MANIGAT Sabine, **Les partis politiques**, Dossier Haïti 3, CRESDIP, Port-au-Prince, 1990.

- Le Mouvement pour l'instauration de la Démocratie en Haïti (MIDH), le Parti Agricole et Industriel National (PAIN), le Rassemblement des Démocrates Nationaux Progressistes (R.D.N.P.), le Parti National Progressiste et Révolutionnaire Haïtien (PANPRA) et le Parti National du Travail (P.N.T.), constituent la droite traditionnelle, avec l'appui d'une fraction importante de la bourgeoisie compradore et de la petite bourgeoisie;
- Le Parti Démocrate Chrétien Haïtien (P.D.C.H.) et le Mouvement Démocratique de Libération Nationale d'Haïti -Parti Révolutionnaire Démocrate d'Haïti (MODEL-P.R.D.H.) représentent le centre droite;
- Le Parti Unifié des Communistes Haïtiens (PUCH), le Comité National du Congrès des Mouvements Démocratiques (CONACOM) forment le centre gauche;
- Et l'extrême gauche est représentée par des organisations populaires telles que l'Assemblée Nationale Populaire (A.P.N.), l'Organisation de Libération d'Haïti (O.L.H.), etc.

Vu la faible représentativité de ces partis, les plus crédibles doivent s'allier aux organisations populaires et paysannes, avec l'appui de l'église populaire, afin de se constituer en une véritable force électorale.

La communauté internationale

Cette terminologie désigne des pays comme les Etats-Unis, la France, le Canada, le Venezuela et des institutions internationales comme l'Organisation des Etats Américains (O.E.A.) et l'Organisation des Nations Unies (ONU). Les quatre pays mentionnés, auto-proclamés pays amis d'Haïti, jouent un rôle important dans la transition, appuyant économiquement les gouvernements militaires, faisant pression pour que ceux-ci conduisent à terme le processus d'institutionnalisation démocratique, finançant la réalisation des élections et facilitant l'appui technique, politique et militaire de l'O.E.A. et l'ONU quand c'est nécessaire. En ce sens, ils constituent des acteurs importants; et parfois, leurs interventions s'avèrent, en dernière instance, décisives pour l'orientation du processus.

Ce sont ces acteurs internes et externes, avec les facteurs internes et externes limitants mais non déterminants, qui ont conduit le processus de transition. Leurs comportements, les options qu'ils ont choisies, les tactiques et stratégies qu'ils ont employées, expliquent la nature convulsive, chaotique de la transition, les soubresauts, les coups d'Etat, les crises et les solutions conjoncturelles.

3. Le comportement des acteurs politiques

Le 26 avril 1986 représente un fait important dans le processus de transition en Haïti. En effet, le gouvernement militaire réprime, de manière sanglante[32], une manifestation de dizaines de milliers de personnes devant le Fort-dimanche, symbole du caractère sanguinaire de l'ancien régime. L'objectif de ce rassemblement était de commémorer les victimes de la terreur duvaliériste du 26 avril 1963 et d'exprimer la volonté de ne plus revivre de tels événements. Par cette attitude, le gouvernement s'identifiait aux pratiques et méthodes du passé et favorisait la prédominance du discours de l'aile radicale du mouvement démocratique.

A partir de cet acte de répression, se profile l'orientation conflictuelle de la transition; ainsi, on observe très tôt l'intensification des manifestations de rue, la radicalisation du mouvement populaire et la multiplication des actes de répression du régime militaire. Les partis politiques et certaines organisations, soupçonnant la volonté du C.N.G. de conserver indéfiniment le pouvoir, profitent de la situation d'agitation socio-politique générale pour réclamer du gouvernement militaire la publication d'un calendrier spécifiant les différentes étapes

[32] La fusillade de ce jour fit des dizaines de morts et de blessés.

pour arriver à la réalisation des élections générales. Au mois de juin, face à l'ampleur du mouvement des masses populaires, que les actes d'intimidation et de répression n'arrivaient pas à affaiblir, le C.N.G., pour dépasser cette situation de crise, établit le calendrier de réformes institutionnelles incluant la formation d'une Assemblée Constituante, la promulgation d'une nouvelle Constitution, la réalisation des élections générales en novembre 1987 et l'investiture du nouveau Président, le 7 février 1988.

La Constitution du 29 mars 1987

En établissant la date des élections générales, le C.N.G. réussit à tranquilliser la majorité des leaders politiques, mais durant tout l'été, les manifestations de rue continuent pour exiger la démission du ministre de l'Economie et des Finances, Lesly Delatour, et celui de l'Intérieur et de la Défense, Williams Régala, respectivement responsables de la mise en application de la politique néolibérale et des actes de répression du régime militaire. Avec la radicalisation du mouvement populaire, une espèce d'ambiguïté, d'ambivalence et de confusion au sein des secteurs démocratiques s'installe: avec des slogans comme "pouvoir populaire", "révolution", "non aux élections", etc., tous les secteurs intéressés par le processus d'institutionnalisation démocratique sont considérés comme des réactionnaires.

Ainsi les élections deviennent l'affaire des secteurs conservateurs et quand le C.N.G. convoque aux comices du 19 octobre 1986 pour élire les membres de l'Assemblée Constituante, moins de 5% des citoyens se rendent aux urnes[33]. Ainsi dans l'indifférence générale, on a élu une Assemblée très peu représentative. Mais, grâce à la perspicacité de certains éléments et organisations du mouvement démocratique, et même de gauche, les pressions de divers secteurs de

---

[33] PIERRE-CHARLES Gérard, **Haití: pese a todo la utopía, op. cit.**, p. 29.

la société civile portent l'Assemblée Constituante à rejeter l'avant-projet officiel du C.N.G. et à élaborer une Constitution prenant en compte certaines revendications populaires et les aspirations de larges couches de la société haïtienne à un système politique réellement démocratique.

Le vote de la Constitution de 1987

Après l'élaboration de la Constitution, le C.N.G. convoque le peuple à un référendum, le 29 mars, pour sa ratification. Cette convocation donne lieu à d'amples débats et provoque une scission au sein du mouvement démocratique divisé en deux camps: ceux qui sont en faveur de l'approbation de la Constitution et ceux qui sont contre. Elle comporte des aspects positifs en termes d'établissement d'un régime politique moderne, avec des clauses antiduvaliéristes et antiprésidentialistes, et des aspects considérés comme négatifs pour certains secteurs qui réclament la démission du C.N.G., puisqu'elle fait de l'armée une Institution totalement indépendante du pouvoir civil, un véritable Etat dans l'Etat. Selon eux, elle légitime le C.N.G. comme le Pouvoir Exécutif qui devrait conduire le processus jusqu'au 7 février 1988[34], date de la prise de possession du nouveau Président élu.

En effet, la Constitution de 1987 établit un Pouvoir Exécutif bipolaire avec le Président comme Chef de l'Etat et le Premier Ministre, responsable devant le Parlement[35], comme Chef du gouvernement[36]. Celui-ci est choisi par le Président au sein du parti majoritaire[37] au Parlement qui doit ratifier son choix et approuver sa déclaration de politique générale[38]. Le Parlement peut aussi, par un

[34] Article 285 de la Constitution de 1987.
[35] Article 156 de la Constitution de 1987.
[36] Article 133 de la Constitution de 1987.
[37] Article 137 de la Constitution de 1987.
[38] Article 158 de la Constitution de 1987.

vote de non-confiance, obliger le Premier Ministre à démissionner[39]. Le Président non seulement partage le Pouvoir Exécutif avec le Premier Ministre, mais partage aussi certains de ses privilèges avec le Sénat qui peut ou non approuver certaines de ses initiatives ou décisions[40]. Il s'agit d'un régime politique semi-présidentiel et semi-parlementaire, très similaire à celui de la France, mais contrairement à la Constitution française, celle d'Haïti ne permet pas au Président de la République de dissoudre le Parlement, tandis que le Sénat peut s'ériger en Haute Cour de Justice pour décider du sort du Président[41], après la mise en accusation de ce dernier par la Chambre des Députés[42].

En outre, avec le système de décentralisation établi par la Constitution de 1987, les pouvoirs locaux acquièrent une signification réelle depuis les sections communales, les communes et les départements; le Conseil interdépartemental dont les membres participent au Conseil des Ministres avec le Président et le Premier Ministre fait des autorités du Pouvoir Exécutif de simples serviteurs publics, c'est-à-dire elles cessent d'être des "rois sans couronne". Michel Saint-Louis, commentant le caractère insignifiant du Pouvoir Exécutif, écrit: "Le qualificatif de régime d'assemblée est le seul qui rende compte de la vraie nature de ce système constitutionnel aussi complexe. Il met en évidence le pouvoir tout-puissant du Parlement et le rôle subordonné ou réduit du Pouvoir Exécutif"[43].

La Constitution garantit aussi la liberté d'expression[44], le pluralisme politique et le rôle essentiel des partis politiques dans la formation du gouvernement[45], la création d'un Conseil Electoral

---

[39] Article 129-4 de la Constitution de 1987.
[40] Article 97-1 et 141 de la Constitution de 1987.
[41] Article 97-2 de la Constitution de 1987.
[42] Article 93 de la Constitution de 1987.
[43] SAINT-LOUIS Michel, **La Constitution haïtienne de 1987: grandeurs et faiblesses**, in Revue de l'Université de Moncton, N.B., Canada, Édition de Juillet 1990, cité par Moïse Claude, in **Constitutions et luttes de pouvoir en Haïti, op. cit.**, p. 469.
[44] Article 28 de la Constitution de 1987.
[45] Article 137 de la Constitution de 1987.

Permanent[46], indépendant du Pouvoir Exécutif, chargé de l'organisation de toutes les opérations électorales sur le territoire de la République et fait du créole une langue officielle au même titre que le français (Art.5), malgré les manœuvres du pouvoir militaire. La population approuva la Constitution par le Référendum du 29 mars avec 99.81% des votes exprimés[47]. Toutefois l'établissement d'un Conseil Electoral Permanent indépendant du Pouvoir Exécutif et l'article 291, qui exclut les artisans de la dictature de tout poste public pendant dix ans, provoquent la consolidation de l'alliance de l'armée avec les forces duvaliéristes dont la violence aveugle allait faire du processus de transition un nouveau chapitre dans la longue histoire qui met face à face bourreaux et victimes depuis la proclamation de l'indépendance en 1804.

Les acteurs et les règles du jeu

Une fois la Constitution approuvée par référendum et promulguée, le processus de transition paraissait pouvoir être conduit de manière pacifique. Les règles du jeu étaient très clairement définies dans la Grande Charte, qui attribuait de forts quotas de pouvoir aux autorités militaires et donnait satisfactions à certaines revendications fondamentales de la population. Mais les acteurs n'allaient pas s'attacher aux prescriptions de la Constitution et tôt ou tard, le proverbe haïtien "les Constitutions sont du papier et les bayonnètes, du fer", allait prévaloir ou triompher.

En effet, avec un Conseil Electoral Provisoire (CEP) formé comme l'avait prévu la Constitution (ART. 249) et constitué de personnalités crédibles de la société civile, le C.N.G. se rendit compte que le processus électoral lui avait échappé. Avec les relations tendues qu'il maintenait avec les membres du CEP, à qui il ne fournit

---

[46] Article 289 de la Constitution de 1987.

[47] CHARLES Etzer, **op. cit.**, p. 394.

pas les moyens nécessaires pour la constitution et la mise en marche de la machine électorale, et les incessantes rumeurs d'une éventuelle intervention des autorités militaires pour contrôler le processus électoral, le pays se préparait à vivre un été très chaud. Le C.N.G. promulgua, dans la nuit du 22 juillet 1987, un décret électoral anticonstitutionnel qui effaça les attributions constitutionnelles des membres du CEP et fit du Ministère de l'Intérieur, la vraie entité chargée de l'organisation des compétitions électorales. Cette décision provoqua une mobilisation générale, coordonnée par un groupe de 57 organisations politiques, syndicales, populaires et paysannes, dans tout le pays, pour exiger le rétablissement des prérogatives du CEP et le respect des droits constitutionnels d'association, puisque la CATH fut aussi dissoute par un décret gouvernemental[48]. Après deux jours de grève, le 29 et le 30 juin 1987, le C.N.G. devait se rétracter, libérant les syndicalistes emprisonnés et offrant à l'opposition et au CEP la possibilité de discuter des modifications nécessaires pour rendre acceptable le décret électoral. Mais ce fut un dialogue de sourds, car le même jour du 30 juin, l'évêque de Jérémie, Monseigneur Willy Romélus avait lancé un appel à la mobilisation générale dans tout le pays pour exiger la démission du C.N.G.

Le 2 juillet, en réponse à l'appel de l'Evêque, on enregistre de violentes manifestations de rue dans toutes les grandes villes et, principalement, à Port-au-Prince. Dans un premier temps, les autorités militaires utilisent une violence féroce qui fait des dizaines de morts et de blessés pour essayer de contrôler la situation; mais les actes de violence des autorités, au lieu de rétablir la paix, divisent le pays en deux camps qui allaient s'affronter durant tout le processus de transition. D'un côté, l'armée, les forces duvaliéristes et certains leaders de la droite traditionnelle, et de l'autre, tout le mouvement populaire démocratique entraîné par la gauche radicale qui n'avait pas voté la Constitution et qui croyait pouvoir instaurer un gouvernement

---

[48] MOÏSE Claude et OLLIVIER Émile, **Repenser Haïti, op. cit.**, pp. 107-108.

populaire révolutionnaire par des slogans. Quand le C.N.G., dans la nuit du 2 juillet, annonce l'abrogation du décret électoral et la démission de son Ministre de l'Information dont l'arrogance avait exaspéré l'opposition et détérioré le climat politique[49], il est trop tard. Malgré les propositions de gouvernements provisoires pour remplacer le C.N.G., l'opposition n'a pas de stratégie claire pour mettre celui-ci en déroute. Il bénéficie de l'appui de la communauté internationale, principalement des Etats-Unis[50] pour continuer à gouverner le pays. C'est dans ce climat d'agitation populaire, de mobilisation et de confrontations entre les deux camps que le CEP devait préparer l'organisation des élections du 29 novembre 1987.

Les élections du 29 novembre 1987

Après les journées de grèves et de mobilisations de rue sans succès des mois de juin et de juillet pour renverser le C.N.G., le mouvement populaire et démocratique se prépare à participer au processus électoral. Le 22 août 1987, le groupe des 57 organisations socio-politiques et partis de gauche se transforme en Front National de Concertation (F.N.C.). Avec l'appui des masses populaires des grandes villes, l'église populaire, les principaux syndicats et les organisations paysannes, le F.N.C. représente alors la principale force électorale du pays. Le P.D.C.H., le PAIN, le MIDH, le PUCH, etc., participaient également aux joutes électorales du 29 novembre. Malgré l'appui matériel et financier des Etats-Unis, de la France, du Canada et du Venezuela au processus électoral, les problèmes logistiques et les difficultés de toutes sortes augmentent pour le CEP qui ne peut pas compter sur l'appui du C.N.G., c'est-à-dire de l'aide de l'armée, ni de la police pour transporter les matériels de vote, surveiller et protéger les locaux et les bureaux électoraux.

---

[49] **Ibid.** p. 108.
[50] PIERRE-CHARLES Gérard, **op. cit.**, p. 37.

En outre, les déclarations des membres du F.N.C. contribuent à aggraver la situation de tension entre le C.N.G. et le CEP, puisqu'ils veulent après leur victoire, régler leurs comptes au C.N.G. (c'est-à-dire l'armée et les forces duvaliéristes), sans se préoccuper du fait que ces élections allaient s'organiser, en dépit de la crédibilité du CEP, sous l'égide du même C.N.G. qui contrôlait l'appareil d'Etat[51]. En désignant comme candidat le professeur Gérard Gourgue, l'ancien membre du C.N.G., démissionné à la suite des conflits avec les militaires, le F.N.C. compliqua davantage la situation déjà tendue entre le C.N.G. et le CEP. Enfin avec le rejet par le CEP, le 2 novembre, de la candidature de 12 individus liés à l'ancien régime, (article 291 de la Constitution), la campagne de terreur, qui allait culminer avec le massacre de la "ruelle Vaillant", commence.

En effet, le 3 novembre, un incendie criminel détruit le magasin d'Emmanuel Ambroise, un membre du CEP, le jour suivant c'est le tour de l'imprimerie le Natal qui prépare les bulletins de vote; dans la nuit du 23 au 24 novembre, le marché Salomon, situé près d'un poste de police, est brûlé. On enregistre chaque jour des corps criblés de balles dans les rues de Port-au-Prince; les bureaux régionaux du CEP sont pillés, les matériels de vote détruits et les locaux des partis politiques impliqués dans le processus électoral, mitraillés. Les auteurs de tels actes les revendiquent, faisant des déclarations publiques à la radio et à la télévision sans être inquiétés, et les leaders duvaliéristes promettent de mettre le pays et à feu et à sang, sans que les autorités militaires n'interviennent.

Dans la nuit du 28 novembre, les leaders duvaliéristes, certains leaders politiques de droite, liés à l'armée et/ou aux forces duvaliéristes défilent à la télévision d'Etat, déclarant que les christomarxistes de la théologie de la libération et les communistes allaient gagner les élections et que de ce fait, ils avaient décidé de ne

[51] MOÏSE Claude et OLLIVIER Émile, **op. cit.**, p. 114.

pas y participer. Ils demandent à l'armée d'intervenir pour sauver le pays de la vague rouge qui le menace.

Les fortes explosions enregistrées à la veille des élections donnent l'impression que Port-au-Prince est une ville assiégée. Malgré le problème de réception du matériel de vote, le CEP décide de conduire à terme le processus électoral. Face à la détermination du CEP et à l'intrépidité des votants, le C.N.G. prend la décision d'arrêter le processus de vote en réalisant le massacre de la ruelle Vaillant qui cause la mort des dizaines de votants, parmi lesquels le journaliste dominicain Carlos Grullón qui essayait de filmer l'événement. Ainsi s'achèvent, dans un bain de sang, les élections frustrées du 29 novembre 1987.

Les acteurs socio-politiques après l'échec du processus électoral

Quelques heures après l'hécatombe de la ruelle Vaillant, qui causa au moins 34 morts[52] et des dizaines de blessés dans un seul bureau de vote et qui obligea le CEP à interrompre le processus de vote, le C.N.G. décréta sa dissolution et promit d'organiser des élections dans le plus bref délai. Pour atteindre son objectif, le gouvernement militaire du général Henri Namphy établit un nouveau Conseil Electoral Provisoire, promulgue une loi électorale et convoque le peuple aux comices du 17 janvier 1988.

Entre-temps, la communauté internationale ayant déjà condamné les comportements du C.N.G., les Etats-Unis suspendent leur aide économique à Haïti. De son côté, le mouvement démocratique, effrayé par l'horreur des actes de terreur des militaires, après avoir condamné avec véhémence de tels actes, commence par s'organiser pour essayer de bloquer les initiatives anticonstitutionnelles du C.N.G. dont l'objectif était de nommer, moyennant une mascarade électorale, un Président prisonnier des militaires.

---

[52] DUMAS Pierre-Raymond, **La transition d'Haïti vers la démocratie, op. cit.,** p. 128.

En effet, les quatre candidats les plus représentatifs des forces politiques du pays, à ce moment, Gérard Gourgue, du Front National de Concertation (F.N.C.), Sylvio C. Claude, du Parti Démocrate Chrétien Haïtien (P.D.C.H.), Marc Bazin, du Mouvement pour l'Instauration de la Démocratie en Haïti (MIDH), et Louis Déjoie II, du Parti Agricole et Industriel National (PAIN), se rassemblent pour former le Comité d'Entente Démocratique (CED) et exprimer leur refus de participer à aucune élection organisée par le C.N.G. et réclamer sa démission[53]. Le CED, avec l'appui de quelque 50 organisations de la société civile, convoque deux journées de grève pour le 16 janvier et le 6 février, ce, pour montrer à l'opinion publique nationale et internationale l'isolement total du gouvernement militaire et le caractère antidémocratique des élections du 17 janvier 1988. La réponse de la population fut massive dans tout le pays, ce qui n'empêche pas le C.N.G. d'organiser ces dites élections, avec un taux de participation plus qu'insignifiant, desquelles est "élu" Leslie F. Manigat.

La Présidence de Manigat

Leslie F. Manigat, en participant aux élections du 17 janvier et en acceptant d'être choisi par les militaires comme Président, les sauva. Cet acte héroïque, tenait du suicide politique (les cadavres du C.N.G. s'interposèrent définitivement entre le prestigieux professeur de la Sorbonne et la population), fit du président Manigat une marionnette[54] agenouillée devant les militaires. Durant presque les cinq mois de sa présidence, 7 février - 20 juin 1988, il put seulement répéter à chaque seconde que son mandat présidentiel était de cinq ans: "Pas un jour de plus, pas un jour de moins". De plus, sa courte période de présidence constitua l'un des pires moments de

---

[53] PIERRE-CHARLES Gérard, **op. cit.**, p.40.

[54] Il reconnut lui-même que le général Henri Namphy ricanait durant la cérémonie de son investiture. Voir MANIGAT Leslie F., **op. cit.**, p. 64.

déchaînement de la soldatesque, en termes d'assassinats et de vols nocturnes. Jouant sur les contradictions internes de l'Institution militaire et les rivalités au niveau des officiers supérieurs, il essaie, le 17 juin, de relever le général Henri Namphy à la tête de l'armée, qui était à ce moment Commandant en chef. Celui-ci répondit: "Qui vous a fait roi, monsieur le professeur?". Ainsi se termine, avec le coup d'Etat du 20 juin, la présidence du professeur Leslie F. Manigat dont le "risque calculé" se révéla la pire aventure d'un politicien trop ambitieux et maladroit.

Le coup d'Etat comme sport favori des militaires

Dans la nuit du 19 au 20 juin, les mouvements de troupes et de chars blindés réveillent les habitants de Port-au-Prince. Comme par réflexe conditionné, ceux qui observent l'évolution de la situation du pays allument leur appareil de télévision pour voir le général Namphy, recevant l'hymne présidentiel, brandir une mitraillette comme symbole de l'omnipotence de l'armée. Le Général-Président constitue un gouvernement militaire, sans même la présence d'un civil dans le cabinet, abolit la Constitution et s'entoure des "tontons macoutes" et des ex-militaires qui organisèrent et dirigèrent la terreur duvaliériste.

La campagne de terreur qui commence dans la nuit du 19 juin et qui fait beaucoup de dégâts au niveau du mouvement populaire et des défenseurs des droits humains, atteint son paroxysme, le 11 septembre 1988, quand un commando militaro-macoute pénètre dans l'église Saint-Jean Bosco, durant une messe célébrée par le père Jean-Bertrand Aristide, pour punir les fidèles contestataires et partisans de la théologie de la libération. Le bilan est très lourd: 11 morts et des dizaines de blessés[55]. Cet acte de barbarie rappelant la pathologie duvaliériste, effraie la population d'autant plus que les assassins se

---

[55] MOÏSE Claude et OLLIVIER Emile, **op. cit.**, p. 124.

présentent à la télévision d'Etat, à visage découvert, pour dire aux téléspectateurs que ce n'était qu'un simple avertissement et que le pire allait se produire par la suite. Dans cette situation de terreur généralisée et de répression à la Papa Doc survint le coup d'Etat de "deuxième phase" dans la nuit du 17 au 18 septembre 1988.

Prosper Avril: le général politicien

Dans son discours de prise de possession de Général-Président ou de putschiste anti-putschiste, le général Prosper Avril se fait entourer du groupe de sergents et de petits soldats qui organisèrent le coup d'Etat. Il explique qu'il n'a rien à voir avec ce coup qui est le produit de l'indignation de la base de l'armée face aux actes de terreur du général Namphy, qui salissent l'image de l'Institution militaire. Le sergent Joseph Hébreux, représentant de la base de l'armée, intervient à son tour pour expliquer les motifs du coup d'Etat et exposer les revendications des petits soldats, lesquelles, à l'exception de l'amélioration de leurs conditions de vie, sont des revendications et des manœuvres politiciennes. En effet, les soldats, par la voix du sergent Hébreux, exigent un nouveau Président, la recherche et la mise en accusation des auteurs de tous les crimes et massacres perpétrés durant la transition, la restauration de la Constitution de 1987, l'exclusion de tous ceux qui ont collaboré avec les gouvernements des Duvalier, de Manigat et de Namphy. Ainsi font-ils du colonel Prosper Avril, un général-président, comme dans un film, sans oublier de désigner le sergent Hébreux comme leur représentant auprès du caudillo. Ainsi, le binôme Avril-Hébreux allait diriger le pays jusqu'au 10 mars 1990.

Dans l'euphorie du renversement de Henri Namphy, le général maudit, les soldats se présentent en vrais héros dont les mains furent dirigées par on ne sait quel "Dieu" pour sauver le pays de la résurgence de la barbarie macoute et instaurer la démocratie sur cette terre maudite qu'est Haïti. Les analystes avisés savaient eux que pour arriver à ce poste, le colonel Avril devait être général et commandant en chef de l'armée, et que, pour mériter la confiance du peuple et des secteurs démocratiques, il devait se présenter comme le grand défenseur de la démocratie, qui punit les assassins et les malfaiteurs. C'était avoir la mémoire courte puisque Prosper Avril avait été durant beaucoup de temps le militaire de confiance des Duvalier ayant fait toute sa carrière dans la garde prétorienne du Palais national. Cependant, il se révèle un excellent stratège, en réussissant, par sa manœuvre, à embarquer les soldats et le mouvement démocratique dans son ensemble, dans son projet personnel et à s'attirer les sympathies du peuple. Il réussit ainsi à se débarrasser de ses supérieurs hiérarchiques, des militaires et macoutes dangereux liés à Namphy et obliger la plupart d'entre eux à se cacher ou à laisser le pays, étant donné qu'ils sont poursuivis par les soldats, certains d'entre eux fusillés et leurs maisons mises à sac et/ou brûlées.

Dans sa ligne stratégique, il se réunit aussi avec les leaders politiques de toutes les tendances en vue d'une concertation pour conduire le processus de transition qui devrait déboucher sur l'organisation d'élections générales, avec transparence et sécurité totale. Il discute aussi avec les entrepreneurs un projet de construction de logements pour les soldats en vue d'anéantir au sein de l'armée toute velléité de coup d'Etat. Il allait organiser le forum sur la restauration de la Constitution avec la participation de divers secteurs politiques. Il arrive à se débarrasser des artisans du coup d'Etat qui n'ont plus sa confiance et, avec l'appui des Etats-Unis et des troupes du Palais national, à sortir sain et sauf de la tentative du coup d'Etat des colonels Himmler Rébu, Philippe Biamby et Léonce Qualo, se maintenir au pouvoir malgré les émeutes des bataillons des Casernes Dessalines et du Corps des Léopards, ayant un effectif d'environ 2,000 soldats lourdement armés[56].

---

[56] Dans la nuit du premier au deux avril 1989, le Général-Président fut séquestré avec certains membres de sa famille, par un commando du corps des léopards. Il fut libéré dans la matinée du 2 avril et les colonels putschistes laissèrent le pays pour être ensuite incarcérés aux Etats-Unis.

La chute du général Prosper Avril

Malgré la constitution d'un Conseil Electoral Provisoire (février 1989), les déclarations du général Avril n'inspirent pas confiance aux secteurs démocratiques; et en plus, même s'il s'en défend, ses comportements montrent qu'il est décidé à faire tout pour conserver le pouvoir. Cependant, après les événements du mois d'avril 1989, la vraie personnalité du Général commence à apparaître, au moins pour ceux qui ne le connaissaient pas avant. Il souffre d'une espèce de paranoïa, comme François Duvalier, après le 29 juin 1958, qui le porte à faire de sa sécurité personnelle une obsession[57] et adopte la même attitude que le général Henri Namphy revenant au pouvoir après que Leslie F. Manigat eût essayé de le mettre à la retraite. Sa campagne de répression politique, en passant par certains actes de violence de la part des soldats, commence le premier novembre 1989 : les membres de l'armée arrêtent Jean Auguste Mésyeux, de la Centrale Autonome des Travailleurs Haïtiens (CATH), Evans Paul, de la Konfederasyon Inite Demokratik (KID) et Marino Etienne, de l'Organisation Populaire 17 Septembre (O.P.-17). Le lendemain, les prisonniers, accusés de complot pour renverser le gouvernement, sont présentés à la télévision d'Etat, après avoir été torturés à un point tel qu'ils ne peuvent se tenir debout. Cette scène macabre émeut les téléspectateurs et provoque une vague de protestations de la part des organisations de la société civile pour exiger la libération des victimes.

Après son séjour à Taïwan, du 5 au 15 janvier, le Général-Président retourne au pays; depuis l'aéroport de Port-au-Prince, il fait une déclaration de guerre aux secteurs démocratiques. Passant de la parole aux actes, du 20 au 26 janvier, il décrète l'état de siège et

---

La fragmentation de l'armée et l'affrontement entre les factions militaires au mois d'avril 1989, débouchèrent sur la victoire du Général-Président appuyé par les troupes du Palais national et provoquèrent la dissolution des deux bataillons impliqués dans la crise.

[57] MOÏSE Claude et OLLIVIER Emile, **op. cit.**, p. 133.

déclenche une vague de répression allant des actes d'arrestations arbitraires, de torture, à des expéditions punitives contre les membres des organisations populaires, paysannes et des partis politiques, dont certains sont exilés. En réaction à la campagne de terreur initiée par le Général, les forces socio-politiques du mouvement démocratique se rassemblent, et profitant de leur influence politique, de leur pouvoir de convocation, et du réflexe antidictatorial et d'antirépression des masses populaires, lancent un appel à la mobilisation générale pour renverser Prosper Avril. Après plusieurs journées de mobilisation populaire et de répression féroce de l'armée, Alvin P. Adams, le fameux ambassadeur des Etats-Unis, intervient pour dire au Général-Président qu'il n'a plus l'appui des Etats-Unis. Ainsi, le 10 mars 1990, Prosper Avril démissionne pour s'installer, avec sa famille, quelques jours après, aux Etats-Unis.

Avec le rôle de protagoniste principal joué par l'armée dans cette transition chaotique, les secteurs démocratiques se méfient totalement de l'Institution militaire. Avec l'appui de l'Ambassadeur américain, ils se mettent d'accord avec le général Hérard Abraham pour désigner Ertha Pascal Trouillot, juge de la Cour de Cassation, comme Présidente provisoire, avec la mission spécifique de travailler, dans le plus bref délai, à la réalisation d'élections libres.

4. Les élections du 16 décembre 1990

Les secteurs du mouvement démocratique, se constituant en Assemblée de Concertation (AC), large front socio-politique de toutes les tendances, entendent exiger et atteindre non seulement la renonciation du général Prosper Avril, mais aussi arriver à imposer leurs préférences pour la constitution d'un nouveau gouvernement provisoire. Dans l'Accord signé le 4 mars 1990 par les principaux protagonistes, à côté du Pouvoir Exécutif dirigé par la juge Ertha Pascal Trouillot, on prévoit aussi un Conseil d'Etat, une espèce de micro-parlement, constitué par les représentants désignés des neuf départements géographiques du pays et des organisations de la société civile, dont le mandat est de contrôler et de surveiller le Pouvoir Exécutif. Vu la claire volonté manifestée par les Présidents provisoires antérieurs de se maintenir indéfiniment au pouvoir, les protagonistes prennent la précaution d'établir clairement dans l'accord que, en plus du droit de tutelle, le Conseil d'Etat jouit aussi du droit de veto. Ceci allait donner lieu aux conflits interminables entre les deux organes de ce gouvernement de transition[58].

Le nouveau pouvoir entre l'enclume et le marteau

Le 14 mars 1990, le commandant en chef de l'armée, le général Hérard Abraham, remet le pouvoir, qu'il assumait provisoirement à Ertha Pascal Trouillot. Celle-ci, oubliant les exigences des membres du Conseil d'Etat (très pressionnés par le mouvement populaire qu'ils représentent), refuse d'entreprendre de grandes opérations de justice et d'assainissement au sein de l'administration publique. Elle s'attache à créer les conditions nécessaires à la réalisation des opérations électorales et à liquider les affaires courantes de l'Etat[59].

Cette obsession de Madame la Présidente fut totalement partagée par la communauté internationale fatiguée et indignée pour n'avoir pas pu agir à sa guise dans le cas haïtien, si complexe, puisqu'elle ne dispose pas d'une pièce de rechange comme Corazón Aquino, aux Philippines, ou Violeta Chamorro, au Nicaragua. Les forces duvaliéristes et l'armée, affaiblies tout au long du processus de changement politique, ne sont pas totalement anéanties ou contrôlées, étant donné qu'à n'importe quel moment, elles pourraient se réorganiser, se fortifier pour bloquer le processus. Consciente de cette menace, la communauté internationale décide d'appuyer sans réserve

[58] **Ibid**. p. 137.
[59] **Ibid**. p. 139.

la Présidente, invitée à Washington par le président George Bush et au Venezuela par le président Carlos Andrés Pérez. A Port-au-Prince, elle reçoit la visite des missions militaires françaises et américaines, celle des délégations de l'O.E.A., de l'ONU et de la CARICOM, en vue d'évaluer, comme le réclament les autorités haïtiennes, les besoins et de définir les possibles conditions de leur participation dans la difficile tâche de garantir la sécurité, l'honnêteté et l'efficacité dans l'organisation des prochaines joutes électorales.

Pour dissuader l'armée et les forces duvaliéristes de ne plus utiliser, comme d'habitude, leurs armes et convaincre les secteurs démocratiques que, cette fois, le vote libre allait être le seul moyen de conquérir le pouvoir, des personnalités politiques éminentes du monde international, visitent le pays. L'ancien président américain James Carter visite quatre fois Haïti, et le vice-président Dan Quale, au Palais national, lance de sévères avertissements aux membres de l'armée: "Don't murder free election", déclare-t-il à la hiérarchie de l'Institution militaire[60]. La détermination de la communauté internationale pour assurer le succès de ces élections se manifeste aussi en termes d'appuis matériels et financiers au nouveau Conseil Electoral Provisoire (CEP). En raison de l'enregistrement de certains cas d'assassinats durant les premiers mois de la Présidence de Ertha Pascal Trouillot, l'ONU, répondant à une demande de celle-ci, décide, après le vote de l'Assemblée Générale du 8 octobre 1990, d'envoyer une Mission d'observateurs civils et des militaires sans armes pour la sécurité et la crédibilité des comices du 16 décembre; l'OEA, la France, le Canada et d'autres pays, quelques jours après, feront de même.

[60] PIERRE-CHARLES Gérard, **op. cit.**, p. 56.

Les acteurs internes se positionnent

Les secteurs populaires, dominés par l'aile gauche radicale, manifestent, en dépit de la haute crédibilité dont jouissent les membres du CEP, certaines réticences à l'endroit du processus électoral. Selon eux, il ne peut y avoir d'élections libres dans l'insécurité, et la solution de ce problème passe par l'arrestation, le jugement et la condamnation des criminels. Les actes de banditisme et les cas d'assassinats politiques paraissent renforcer cette position; le 21 juin 1990, le conseiller d'Etat Serge Villard et le syndicaliste Jean-Marie Montès sont assassinés, en plein jour, par un commando, à l'hôtel où ils participent à une réunion de travail. La position des secteurs populaires semble définitive: "Non aux élections"; "la justice avant tout". Le 7 juillet, la situation devient plus complexe avec le retour en Haïti de Roger Lafontant, l'ancien Ministre de l'Intérieur de Jean-Claude Duvalier, duvaliériste pur et dur, tout-puissant, représentant le symbole le plus effrayant du macoutisme.

L'ensemble des secteurs démocratiques proteste contre la présence de ce terrible assassin et exige son arrestation pour les crimes commis durant la dictature. Malgré les accusations, les ordres d'arrestation et deux jours de grève et de manifestation de rue, l'omnipotent Roger Lafontant continue à circuler, entouré de militaires qui le protègent. Le pire de tout cela, les 13 et 14 octobre 1990, il se réunit au Vertaillis Night Club avec toutes les forces duvaliéristes pour créer l'Union pour la Réconciliation Nationale (U.R.N.), parti politique dont les membres le désignent comme candidat à la Présidence aux prochaines élections du 16 décembre 1990. On observe, dans ce Congrès, la présence massive de militaires et de macoutes notoires.

Face à cette provocation des forces duvaliéristes, les partis politiques et les organisations de droite et du centre gauche organisent des alliances ou consolident celles qui existent, pour essayer de mobiliser les masses populaires et réussir à conjurer le danger macoute aux élections. Ainsi, il existe, en octobre 1990, l'Alliance Nationale pour la Démocratie et le Progrès (A.N.D.P.), formé par le MIDH, le PANPRA, et le MNP-28, le Front National pour le Changement et la Démocratie (F.N.C.D.), constitué par le CONACOM, le P.N.D.P.H., la KID, l'OP-17 et d'autres petites organisations populaires, et le mouvement pour la Reconstruction Nationale (M.R.N.), formé par le PUCH et certaines personnalités de la gauche indépendante.

Les masses populaires font pencher la balance

Au mois d'octobre 1990, tout semble indiquer que le jeu politique ou, pour mieux dire, la lutte électorale se déroulera de façon traditionnelle, c'est-à-dire entre les membres de l'oligarchie traditionnelle, liés à l'ancien régime, descendants d'illustres figures liées à la bourgeoisie ou aux propriétaires terriens, et/ou appartenant à la classe politique traditionnelle. Cela est d'autant plus probable que les organisations populaires de la gauche radicale continuent à considérer le processus électoral comme une sorte d'attrape-nigauds, qui résulte de la machination cynique de l'impérialisme américain avec l'appui de l'oligarchie nationale (bourgeois et petits bourgeois intellectuels et technocrates qui ont intérêt dans le maintien du système économique, social et politique de domination et d'exploitation des masses populaires) pour porter au pouvoir leur candidat et mettre en œuvre le projet néolibéral avec une certaine légitimité électorale; et en ce sens, tous ceux qui veulent participer au processus électoral sont considérés comme des traîtres et des vendeurs de patrie. Ce discours répandu à travers la radio, les journaux et des tracts a d'autant plus d'influence que Jean-Bertrand Aristide -prêtre salésien d'origine paysanne, adepte de la théologie de la libération, un antisystème, grand communicateur, très jeune (37 ans), "prophète au grand pouvoir mystique ayant échappé miraculeusement à deux nombreux attentats"- le maintient aussi. En effet, durant sa visite à Paris, au mois de juin, il critique violemment le Nonce Apostolique et les évêques François Gayot, du Cap-Haïtien, et François Wolf Ligondé, de Port-au-Prince, qu'il accuse de lâches pour leur silence devant tous les crimes commis sous leurs yeux. Il dénonce les Etats-Unis et la France qui appuient le processus électoral et tous les candidats à la Présidence dévorés par l'ambition du pouvoir.

Mais, comme tout bon politicien, il laisse une porte ouverte: "Je suis immunisé contre la "présidentite", mais j'accepterais d'être candidat si le peuple me le demandait"[61]. Au mois de septembre 1990, il insiste davantage, déclarant que les élections ne sont pas possibles avec Ertha Pascal Trouillot qu'il traite de sorcière. Il ajoute que "c'est l'impérialisme américain qui maintient l'insécurité pour empêcher des élections démocratiques et favoriser ainsi la désignation de son candidat"[62].

Durant l'été 1990, il devient de plus en plus évident pour tout le monde qu'il se profile à l'horizon politique une situation de polarisation faisant de Marc L. Bazin, candidat de l'A.N.D.P.[63], et Roger Lafontant[64], les deux principaux protagonistes des prochaines joutes électorales. Face à cette situation, de nombreuses personnalités du mouvement démocratique et populaire, considérant qu'aucune de ces deux figures ne symbolise les idéaux du 7 février 1986, décident de convoquer une *Convergence Démocratique et Nationale* en vue de forger l'alternative démocratique et populaire susceptible de faire échec à Bazin et à Lafontant. Les principaux initiateurs de ce mouvement reçoivent des représentants de nombreux secteurs de la société civile et des délégués des organisations paysannes et populaires, le mandat pour constituer un

---

[61] MOÏSE Claude et OLLIVIER Emile, **op. cit.**, p. 142.
[62] LIONET Christian, **L'année Aristide**, L'Harmattan, Paris, 1992, pp. 132, 133, 182.
[63] L'Alliance Nationale pour la Démocratie et le Progrès, fortement appuyée par les Etats-Unis, la France et un certain secteur de la bourgeoisie et de la diaspora haïtiennes.
[64] Leader incontestable des forces néoduvaliéristes, bénéficiant du soutien sans réserve du secteur hégémonique de l'Institution militaire.

"front largement large"[65], sur la base des négociations à entreprendre avec les principaux responsables des partis politiques décidés à former un faisceau en vue de contourner le dilemme Bazin/Lafontant.

Les négociations avec les leaders politiques débouchent, après maintes péripéties, sur une ronde finale devant départager le professeur Victor Benoît, du Front National pour le Changement et la Démocratie (F.N.C.D.) et l'industriel Thomas Désulmé, leader du Parti National du Travail (P.N.T.). Les responsables mandatés de la Convergence ayant réussi à convaincre le dirigeant du P.N.T. et le porter à renoncer à sa candidature à la Présidence, celui-ci exige à son tour, dans l'éventualité d'une victoire du professeur Victor Benoît, qu'il soit Premier Ministre. Entre-temps, des activistes attitrés et d'habiles manœuvriers rodant autour du lieu où se déroulent les discussions, dont le commerçant Antoine Isméry et René Garcia Préval, réussissent le tour d'audace consistant à mobiliser certains dirigeants des organisations populaires proches de Saint-Jean Bosco pour envoyer des notes de presse en vue de promouvoir la candidature de Jean-Bertrand Aristide. Marc Romulus, ex-dirigeant du Parti Unifié des Communistes Haïtiens (PUCH), dont l'ardeur combative n'avait nullement été affectée par les quatre années d'internement au Fort-Dimanche et jouissant d'une très grande notoriété au sein du mouvement démocratique et populaire, parvient à convaincre les responsables de la *Convergence* et du F.N.C.D. de ne pas écarter d'un revers de main la carte-Aristide. Evans Paul et Turneb Delpé, deux dirigeants du F.N.C.D., accompagnés de deux représentants de la *Convergence*, se chargent de poser le problème de la candidature d'Aristide avec le professeur Victor Benoît en vue d'obtenir son approbation.

---

[65] Cette formule est de Chavannes Jean-Baptiste, le leader du Mouvement Paysan National du Congrès de Papaye (M.P.N.K.P.)

Ainsi, le 19 octobre, le dernier jour de la période de réception des candidatures, au bureau départemental de l'Ouest du CEP, Jean-Bertrand Aristide se présente, en chair et en os, en vue de s'inscrire comme candidat de la Coalition F.N.C.D.-Lavalas aux élections du 16 décembre 1990. La nouvelle se propage très rapidement dans tout le pays; l'enthousiasme populaire pour obtenir sa carte électorale est tel que le CEP doit prolonger le délai initial.

Véritable folie collective, les prêtres de la théologie de la libération, les communautés ecclésiales de base, les organisations estudiantines, populaires et paysannes, des organisations socioprofessionnelles, des ONGs, les masses populaires et rurales, les syndicats, des artistes, les "révolutionnaires" de tout poil, des marxistes, des trotskistes, des maoïstes, des anarcho-populistes ainsi que des humanistes, se mobilisent pour organiser la campagne électorale de "Titid le prophète".

La victoire qui ne surprend personne

Malgré les nombreux actes de violence dont sont victimes ses partisans durant la campagne électorale et qui lui interdisent l'accès à certains départements pour mobiliser les masses populaires, Aristide, leader providentiel, put, au moyen de messages émis à travers les stations de radio de la capitale et des cassettes envoyées dans les villes de province, communiquer avec le peuple. Ses discours incendiaires, prononcés depuis l'autel de l'église de Saint-Jean Bosco, contre le haut clergé, la bourgeoisie, l'impérialisme américain, les propriétaires terriens et, surtout, les "macoutes" et l'armée, font de lui, dans l'imaginaire collectif, le seul capable de protéger le peuple contre la violence criminelle des "macoutes" et de l'armée. Politicien habile, il sait profiter de cette situation pour donner une connotation mystique à sa lutte électorale: "Titid le messie symbolise les forces du bien et les autres, celles du mal". Dès lors, aucune force, ni le

Vatican, ni Washington, ni la République Dominicaine, ni la France, ni l'argent[66], ne peut empêcher son triomphe aux urnes.

Dans la nuit du 16 au 17 décembre, Radio France Internationale propage la nouvelle: "Titid le prophète" vient de gagner les élections par une majorité écrasante par rapport à ses compétiteurs. Le 17 décembre, on célèbre dans tout le pays, la victoire des forces du bien sur celles du mal.

Les résultats des élections du 16 décembre publiés par le CEP nous permettent d'observer le fossé séparant Aristide des cinq candidats les plus importants des onze concurrents:

Candidats	Partis	Pourcentage de vote
Jean-Bertrand Aristide	F.N.C.D.-Lavalas	67.48
Marc L. Bazin	A.N.D.P.	14.21
Louis Déjoie	PAIN	4.88
Hubert de Ronceray	M.D.N.	3.34
Sylvio C. Claude	P.D.C.H.	3.00
René Théodore	M.R.N.	1.83
Autres	AUTRES	5.26

[66] Certains leaders qui essayèrent de gagner la sympathie des masses populaires au moyen de l'argent, se sont rendus compte que ce dernier fut utilisé, dans certains cas, pour l'acquisition du matériel devant faire arriver le plus loin possible les messages du "prophète".

Résultats des élections du 16 décembre 1990 (Haïti)

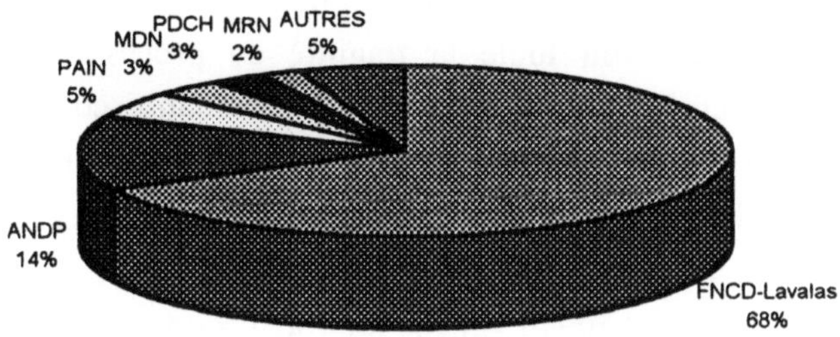

Cinq ans après la chute de la dictature, le processus de changement politique en Haïti a pu, sous la vigilance de la communauté internationale, culminer avec des élections libres. Un Président est élu pour cinq ans, les Parlementaires, les Maires des 133 communes et les Conseillers d'administration des 556 sections communales du pays.

Ce processus de transition, caractérisé par sa nature profondément sanglante, a été, en grande partie, l'expression:

1) des inégalités sociales existant entre les riches et les pauvres;

2) de la longue durée de la dictature duvaliériste, caractérisée par sa nature profondément répressive et rétrograde;

3) de l'absence de véritables institutions capables de gérer les conflits socio-politiques;

4) de la propension des acteurs socio-politiques qui, d'une manière ou d'une autre, ont intériorisé les pratiques politiques basées sur la force brute et la destruction de l'adversaire, en vigueur depuis l'Indépendance. Aussi recourent-ils à la violence au lieu de rechercher le dialogue et la négociation comme seuls moyens de construire le consensus.

En ce sens, malgré les succès apparents, personne ne peut être sûr de la volonté réelle des acteurs de respecter les règles du jeu démocratique sans la présence d'un arbitre international. D'ailleurs, les déclarations de deux puissants protagonistes, après la victoire d'Aristide, laissent voir toute la fragilité du processus. En effet, l'ambassadeur américain, le fameux Alvin P. Adams, commentant le triomphe d'Aristide, affirme: "Après la fête, les tambours sont lourds"; et l'inévitable Roger Lafontant de jurer que: "Attila ne rentrera pas à Rome". Dans cette atmosphère chargée de menaces, l'investiture du Président élu, prévue pour le 7 février, en dépit du fort appui populaire dont il jouit, paraît très problématique.

CHAPITRE 4
UNE POLARISATION DANGEREUSE

La perte d'hégémonie de l'oligarchie et l'irruption des masses populaires sur la scène politique en tant qu'acteur collectif de grande importance, ont été quelques-unes des caractéristiques principales du processus de transition en Haïti. Et vu la nature particulièrement conflictuelle de ladite transition, les élections du 16 décembre, réalisées avec l'appui et sous la vigilance de la communauté internationale, ont constitué une phase importante, mais non-irréversible, du processus de changement politique. Les déclarations de l'Ambassadeur des Etats-Unis et de Roger Lafontant, l'ancien ministre de l'Intérieur de Jean-Claude Duvalier, créent beaucoup de scepticisme, pour ne pas dire pessimisme, autour de l'investiture du nouveau Président élu.

Le coup de force de Lafontant, dans la nuit du 6 au 7 janvier 1991[1] et les rumeurs de coup d'Etat, dans la nuit du 26 au 27 du même mois, provoquent de violentes mobilisations populaires et contribuent à diminuer la possibilité d'établissement d'un climat de confiance entre le pouvoir politique émergent et l'oligarchie. La mauvaise lecture des rapports de force par le Président, obnubilé par le puissant

---

[1] Dans la nuit du 6 au 7 janvier 1991, aux environs d'une heure du matin, apparut Roger Lafontant sur l'écran de la télévision d'Etat pour annoncer à la nation que, avec l'appui de l'armée et la démission du président provisoire Ertha Pascal Trouillot, il s'était emparé du pouvoir, proclamant l'annulation des résultats des élections du 16 décembre et l'état de siège. Avant même qu'il termine la lecture de son discours, les masses populaires avaient déjà érigé des barricades dans toutes les rues de la capitale et encerclé le Palais national. Aux environs de neuf heures du matin, face à cette démonstration de force, le haut-commandement de l'armée donna l'ordre de prendre d'assaut le Palais. L'opération s'acheva, sans mort ni blessé dans aucun des deux camps qui "s'affrontèrent", par la capture et l'emprisonnement des putschistes. Mais le bilan en termes de dégâts matériels et de pertes en vies humaines fut très lourd: destruction de nombreux édifices, un grand nombre de présumés macoutes furent brûlés vifs, l'ancienne cathédrale fut incendiée (après que l'archevêque de Port-au-Prince, Monseigneur François Wolf Ligondé, qui avait promis au peuple de Dieu, dans son homélie du premier janvier, que la Vierge Marie empêcherait l'arrivée du socialo-bolchévisme au pouvoir, ait eu le temps de se mettre à couvert), la résidence du Nonce Apostolique fut pillée et celui-ci, à son tour, maltraité.

appui populaire, l'empêche de chercher et d'obtenir une alliance avec d'autres forces pour conduire le processus; incapable de cesser d'être un activiste et de se transformer en un véritable homme d'Etat, d'amorcer le dialogue et les négociations politiques avec les secteurs les plus importants de l'oligarchie, le caractère conspirateur et les penchants de celle-ci pour des solutions violentes aux conflits socio-politiques, créent une polarisation dangereuse qui culmine avec le coup d'Etat du 30 septembre 1991.

1. L'investiture du président Aristide

Le 7 février 1991, cinq ans après la chute de la dictature des Duvalier, Jean-Bertrand Aristide, un prêtre de la théologie de la libération, élu comme Président dans les premières élections au suffrage universel réellement libres et démocratiques de toute l'histoire du pays, assume la fonction du Chef d'État. Vu son passé récent d'activiste de la gauche radicale, son discours politique violent en réponse aux actes de terreur des forces duvaliéristes et de l'armée, son anti-impérialisme, ses conflits avec le Vatican et le haut clergé, ses critiques acerbes contre la bourgeoisie et la classe politique, on s'attendait à ce qu'il profite de la cérémonie de son investiture pour prononcer un discours de rupture où il se présenterait comme le Président de tous les Haïtiens, c'est-à-dire de ses partisans et de ses adversaires et ennemis.

Mais, devant la foule innombrable massée autour du Palais, en présence du Corps Diplomatique, des invités étrangers et du haut-commandement de l'armée, le Chef d'Etat annonce, après avoir parlé du mariage nécessaire entre le peuple et l'armée, sa décision de révoquer tous les membres de l'Etat-major, à l'exception du général Hérard Abraham. Cet acte s'accompagne d'un autre non moins significatif: la remise d'une interdiction de départ à Madame Ertha

Pascal Trouillot durant la cérémonie de passation du pouvoir. Dès lors la tendance autoritaire est manifeste et s'accompagne d'une méfiance arrogante[2], créant une situation de conflit latent entre l'Institution militaire et le Président. De plus, le style du discours -une espèce de dialogue entre le leader providentiel et la foule réunie en la circonstance- joint à des décisions improvisées, en général de caractère non-institutionnel ou même anti-institutionnel, donne de lui une perception tout autre que celle d'un Président élu dans le cadre de la démocratie représentative.

Les premiers actes du Président inquiètent même certains partisans du régime et compliquent la situation de méfiance réciproque existant déjà entre lui et l'oligarchie. Le pire survenait après, quand la violence verbale et métaphorique allait se transformer en méthode de gouvernement et en stratégies d'approches du pouvoir[3]. Avec le choix d'un "Premier Ministre-jumeau"[4], en l'occurrence Monsieur René Garcia Préval, le Président messianique devenait en même temps Chef d'Etat et de gouvernement, ce qui l'empêchera de prendre un certain recul et ainsi d'éviter l'affrontement direct avec les secteurs d'opposition et l'oligarchie.

2. Le gouvernement Aristide/Préval

Le 20 février 1991, au Palais national, après la ratification de son choix et l'approbation de sa déclaration de politique générale par le Parlement, le premier ministre René Garcia Préval et les membres de son cabinet reçoivent du Président leur investiture. Ce qui attire davantage l'attention des observateurs dans la composition de ce gouvernement, est son manque d'ouverture à certains secteurs non-hostiles du mouvement démocratique et surtout disposés à collaborer.

---

[2] MOÏSE Claude et OLLIVIER Émile, **op. cit.**, p. 165.
[3] **Ibid.** p. 164.
[4] Selon la propre expression de l'ancien président Jean-Bertrand Aristide.

Le F.N.C.D., front politique et porte-étendard de la candidature de Jean-Bertrand Aristide, en dépit du fait qu'il constituait une majorité relative aux deux Chambres, n'eut même pas un représentant dans le gouvernement. Cette attitude, qui pourrait être interprétée comme une erreur due à un manque de maturité politique, se révèle être un choix délibéré, motivé par la victoire écrasante du Chef de l'Etat aux élections du 16 décembre 1990. En effet, le président Aristide déclare, en maintes circonstances, qu'il faut mesurer la participation des autres secteurs à l'aune du verdict populaire, c'est-à-dire selon le pourcentage de votes obtenu dans les élections[5].

Ce gouvernement, constitué en grande partie par des individus provenant du cercle restreint des amis intimes de l'ancien prêtre de la communauté salésienne de l'église de Saint-Jean Bosco, est marqué, malgré la capacité de certains Ministres, par le manque d'expérience de ses membres en matière de gestion gouvernementale. Ainsi, les sept mois du gouvernement d'Aristide/Préval, sont aussi sept mois d'apprentissage dans des conditions difficiles, car les masses populaires, en élisant un prophète, espéraient de vrais miracles de sa part, en termes de création d'emplois et d'amélioration de leurs conditions de vie. Et l'insignifiante capacité de réponse du gouvernement face à l'immensité des demandes de la population, donne lieu à une situation d'ingouvernabilité; on assiste à de violentes manifestations des membres de certaines organisations populaires devant les bureaux des ministères, et les fonctionnaires se plaignaient de l'arrogance, de la violence verbale et des menaces des "militants" des groupes de base.

L'action gouvernementale

En dépit d'une volonté réelle de changement et de l'élaboration, par quelques intellectuels qui avaient rallié le Mouvement Lavalas,

[5] JEAN-FRANÇOIS Hérold, **Le coup de Cédras**, MÉDIATEK, Port-au-Prince, 1995, p. 32.

de *La Chance Qui Passe et La Chance à Prendre*, deux documents ayant inspiré le contenu économique et social de la campagne électorale d'Aristide, et de la trilogie *Justice, Transparence et Participation*, qui mobilisa les masses populaires, le régime Lavalas n'a pas une vision claire de transformation socio-politique, ni un projet économique élaboré avec des objectifs à atteindre à court, à moyen et long termes. Ainsi, observe-t-on une forte tendance à l'improvisation, au culte de la spontanéité[6] et un populisme dégénéré[7] au niveau de l'action gouvernementale dont l'axe principal est la lutte contre l'insécurité, la corruption et en faveur de la déduvaliérisation de l'administration publique.

La lutte contre l'insécurité

Le banditisme social et/ou politique est une constante de la longue période de transition. En effet, les agressions réalisées le jour comme la nuit, de manière systématique et en toute impunité, par des groupes organisés, atteignent un degré tel que la vie nocturne, entre 1986 et 1991, disparaît à Port-au-Prince. Ce phénomène, dû sans doute à la croissance accélérée de la population de la capitale, s'explique aussi par le comportement des anciens membres de la milice des Duvalier et des consommateurs et trafiquants de drogue.

---

[6] Dans un texte autocritique intitulé **Pour convertir nos revers en victoire**, publié en juin 1992, **l'Organisation Politique Lavalas,** devenue en 1997 **Organisation du Peuple en Lutte,** reconnut cette tendance négative du régime Lavalas. Voir **op. cit.**, pp. 21-26.

[7] Si le populisme latino-américain fut le produit de l'épuisement de l'hégémonie politique de l'oligarchie et de l'arriération du capitalisme dépendant, le populisme dégénéré, démagogique et inutile d'Aristide/Préval est le résultat de la perte momentanée du contrôle politique de la part de l'oligarchie et du sous-développement chronique du pays qui engendre une misère affreuse et une situation de désespoir collectif telle que les masses ne voient leur salut qu'en la personne d'un messie, d'un sauveur, d'un leader providentiel. Cette profession de foi populiste qui montre qu'Haïti, à la fin du XXe siècle, nage à contre-courant de l'histoire, se résume dans la formule simpliste du Président et de son Premier Ministre: "Nous préférons échouer avec le peuple plutôt que de réussir sans le peuple", comme si le peuple avait donné mandat à ses dirigeants pour échouer. Il manque ainsi au populisme d'Aristide/Préval les aspects les plus positifs du populisme latino-américain, tels que la réforme agraire, un projet d'industrialisation de substitution des importations et de diversification des produits exportables, encouragé et protégé par l'Etat et l'alliance multi ou pluriclassiste entre la bourgeoisie naissante, les classes moyennes

L'aspect politique de ce phénomène, appelé "zenglendo" par Sony Bastien, un journaliste très populaire de la presse parlée, réside dans le fait que l'Institution militaire et les forces duvaliéristes l'utilisent comme instrument de répression et de vengeance camouflée contre la population, la résistance populaire et le mouvement démocratique.

Prenant en compte cet aspect de l'insécurité, le Premier Ministre, qui était à la fois Ministre de l'Intérieur et de la Défense, et peut-être beaucoup plus Ministre de l'Intérieur que Premier Ministre, fait alors de la lutte contre l'insécurité l'une de ses principales priorités. Il obtient dans les trois premiers mois de son gouvernement, avec l'appui d'un secteur de la police et de l'armée, des résultats significatifs dans ce domaine.

La lutte contre la corruption et réformes dans l'administration publique

L'honnêteté des membres du régime Lavalas leur donne la force et l'autorité morale nécessaire pour entreprendre la lutte contre la corruption au niveau de l'administration publique. Le président Aristide cultive cette qualité au point d'octroyer son salaire, à la fin de chaque mois, à un groupe défavorisé ou à une institution de bienfaisance. Ainsi, sans doute par crainte de perdre leurs postes, les fonctionnaires de l'administration publique ont un comportement exemplaire, à l'image du gouvernement, ce qui favorise une impressionnante augmentation des recettes de l'Etat. En effet, les recettes fiscales enregistrent une augmentation de 28%[8] par rapport à l'année antérieure et la contraction des dépenses publiques occasionne une réduction substantielle du déficit fiscal qui passe à -0.1% du produit interne brut (PIB)[9].

---

et les secteurs populaires comme coprotagonistes de l'action étatique populiste.

[8] BARTHÉLÉMY Gérard, **Haïti: les ambiguïtés d'un chemin démocratique annoncé**, in Problème d'Amérique latine, No. 4, mars 1992, p. 34.

[9] **Haïti, un an après le coup d'Etat**, ouvrage collectif de l'équipe gouvernementale en exil,

Le gouvernement Lavalas n'a ni plan, ni vision modernisatrice qui lui auraient permis d'entreprendre les réformes nécessaires et si indispensables pour doter le pays d'une bureaucratie efficiente. En effet, durant les trois décades de règne des Duvalier et les cinq ans des régimes militaires autoritaires, le clientélisme, la médiocrité et la corruption étaient les normes de recrutement des membres et de fonctionnement de l'administration publique. En ce sens, les nouvelles autorités avaient l'obligation morale d'assainir; la population et un grand nombre de fonctionnaires le désiraient. Mais les réformes seront réalisées, en grande partie, sous la bannière de la démacoutisation et la déduvaliérisation, c'est-à-dire cette initiative du gouvernement affectera principalement les "non-lavalassiens", et, généralement, sans prendre en compte les qualifications et compétences des employés renvoyés. Ainsi, malgré le regain de confiance des bailleurs de fonds internationaux[10] envers le gouvernement, les réformes administratives, vu les abus dont sont victimes certains fonctionnaires compétents et honnêtes, provoquent la colère de ce secteur des classes moyennes, qui appuiera les putschistes au moyen de manifestations de rue après le coup du 30 septembre 1991.

La dure épreuve de l'exercice du pouvoir

L'équipe gouvernementale dominée par le courant anarcho-populiste démontre une volonté réelle de réaliser de profonds changements sociaux, politiques et économiques, et surtout d'améliorer les conditions de vie des couches défavorisées, durant les sept mois qu'elle passe au pouvoir. Mais elle n'est pas préparée pour conduire un tel processus et sa vision manichéiste l'empêche de

---

CIDIHCA, Montréal, 1992, p. 103.

[10] Le FMI et la communauté internationale, reconnaissant l'effort du gouvernement Lavalas pour mettre un terme à la corruption dans l'administration publique et assainir les finances de l'Etat, décidèrent de lui accorder, à la réunion de Paris (août 1991), une aide de 511 millions de dollars.

chercher, en dehors du groupe restreint de personnes de confiance du Président et du Premier Ministre, les compétences techniques et politiques qui lui manquent. Ainsi, l'équipe gouvernementale Lavalas passe la majeure partie des sept premiers mois à résoudre les urgences de la quotidienneté; le Président et le Premier Ministre interviennent personnellement, en maintes occasions et dans diverses régions du pays, pour résoudre les conflits dans l'administration ou entre la hiérarchie et la base de l'Institution militaire.

Tandis que le gouvernement n'arrive pas à préparer les projets lui permettant de recevoir l'aide financière de la communauté internationale, le Président, comme s'il ne s'en rendait pas compte, continue à dénoncer la mauvaise volonté des gouvernements étrangers. Il s'était habitué à le faire quand il était un simple prêtre activiste, oubliant que cette façon d'agir ne contribuait qu'à rendre plus complexe la situation. Face à ce comportement, certains diplomates doivent défendre les gouvernements de leurs pays respectifs, en dénonçant l'incapacité de l'administration haïtienne de présenter des projets permettant aux pays donateurs de fournir les fonds nécessaires à leur réalisation[11].

Face à cette dure épreuve de l'exercice du pouvoir, l'équipe Lavalas doit se rendre compte d'une réalité déconcertante et confuse: l'opposition ou l'activisme politique et l'art ou la profession de gouverner sont distincts parce qu'ils exigent des ressources différentes et des capacités distinctes. Ne pouvant pas réaliser des œuvres sociales utiles et des travaux d'infrastructure aidant à créer des emplois, à réduire les pressions populaires et à affronter les immenses expectatives de la population envers son prophète-Président, les

---

Voir PIERRE-CHARLES Gérard, **Haïti: pese a todo la utopía, op. cit.**, p. 113.

[11] L'ambassadeur des Etats-Unis, Alvin P. Adams, dans une rencontre avec les banquiers, répondant à une question concernant le blocage des fonds destinés à Haïti, déclara que cette situation était due à l'absence d'une politique économique du gouvernement et non à une mauvaise volonté de son pays. L'ambassadeur canadien, Pierre Giguère, peu de temps après, utilisa le même argument pour expliquer à un journaliste le retard de l'aide de son pays au gouvernement haïtien. Voir JEAN-FRANÇOIS Hérold, **op. cit.**, pp. 41-42.

autorités continuent à sataniser certains secteurs et institutions dont la collaboration pouvait être indispensable pour la mise en œuvre d'un projet social, politique et économique quelconque.

Dans son discours d'investiture, le président Aristide avait promis à la haute bourgeoisie, en termes métaphoriques et avec des menaces à peine voilées, que "les pierres qui sont dans l'eau connaîtront maintenant la souffrance de celles qui sont au soleil"[12]. Mais le 2 avril 1991, le Président reçoit les membres du secteur privé pour solliciter leur collaboration, et au mois de mai, il fait, de manière très peu protocolaire, une demande de prêt national qui n'obtient pas de réponse favorable de la part de ceux qui détiennent les capitaux locaux[13]. Face à l'indifférence de ceux-ci, le président Aristide qui avait qualifié le Fonds Monétaire International (F.M.I.) de Front de Malfaiteurs Hypocrites (Fwon Malfektè Ipokrit) et de Front de Misère Internationale[14], doit se soumettre aux exigences de cette Institution pour pouvoir obtenir les promesses de prêts de 551 millions de dollars lors de la rencontre des bailleurs de fonds à Paris.

Les relations avec le Pouvoir Judiciaire

En Haïti, le principe fondamental de la séparation des pouvoirs, qui constitue l'essence de tout régime démocratique, n'a jamais été respecté. En effet, ceux qui détiennent le Pouvoir Exécutif ont toujours considéré les Pouvoirs Judiciaire et Législatif comme de simples appendices de celui-là. Et si dans le cas du Pouvoir Législatif, les relations avec le Pouvoir Exécutif peuvent passer d'un extrême à l'autre, c'est-à-dire d'une situation de soumission totale du Législatif à l'Exécutif, à un contexte où ces relations deviennent très tendues

---

[12] MOUTERDE Pierre et WARGNY Christophe, **Après la fête, les tambours sont lourds. Cinq ans de duplicité américaine en Haïti (1991-1996)**, Editions Austral, Paris, 1996, pp. 71-72.

[13] JEAN-FRANÇOIS Hérold, **op. cit.**, pp. 103-104.

[14] MOÏSE Claude et OLLIVIER Émile, **Repenser Haïti. Grandeur et misères d'un mouvement démocratique, op. cit.**, pp. 171-172.

jusqu'à atteindre le seuil de conflit ouvert et d'opposition systématique et implacable, le Pouvoir Judiciaire a toujours été la marionnette des détenteurs du Pouvoir Exécutif. Les autorités du régime Lavalas, en dépit du fait de maintenir un discours radical, de rupture avec le système traditionnel et de rejet de l'ancien régime, dans leurs relations avec le Pouvoir Judiciaire, intériorisèrent les réflexes traditionnels du présidentialisme autocratique et autoritaire, augmenté de l'arrogance que leur procure la victoire écrasante du leader providentiel dans les dernières élections. Les conditions de soumission du Pouvoir Judiciaire par l'Exécutif durant les sept mois du régime Lavalas peuvent s'observer à travers les faits suivants:

a) L'affaire Ertha Pascal Trouillot

L'ancienne présidente provisoire, la juge Ertha Pascal Trouillot, qui a reçu en pleine cérémonie de passation du pouvoir, une interdiction de laisser le pays de la part du procureur général de Port-au-Prince (Commissaire du gouvernement), est l'une des premières victimes de l'arbitraire du régime Lavalas. En effet, soupçonnée de complicité durant le coup d'Etat de Roger Lafontant et de concussion, Madame Trouillot est d'abord placée en résidence surveillée puis incarcérée le 4 avril 1991. Les autorités judiciaires, agissant sous l'ordre du président Aristide, ont arrêté l'ancienne Présidente sans recourir à la procédure légale élémentaire, sans même un dossier établissant la véracité des actes dont se serait rendue coupable Madame Trouillot.

Les autorités américaines interviennent publiquement pour exiger sa libération. Dans une déclaration publique, l'ambassade des Etats-Unis exige la cessation des persécutions contre celle qui "avait été tenue en otage contre sa volonté, en prenant de grands risques pour conduire le pays à des élections libres et crédibles"[15]; cela oblige

---

[15] MOUTERDE Pierre et WARGNY Christophe, **op. cit.**, pp. 73-74.

les autorités haïtiennes à la libérer le jour suivant et à enlever, le 10 de ce même mois, l'assignation à résidence surveillée ainsi que les autres accusations retenues contre elle.

b) Le cas du juge Emmanuel Vital et du commissaire Anthony Alouidor

L'intervention désinvolte des responsables du gouvernement dans l'administration de la justice apparaît de manière flagrante dans les conflits qui opposent le Président aux juges Emmanuel Vital et Anthony Alouidor. En effet, pour n'avoir pas traité un dossier comme le voulait le Président, celui-ci ordonne, sans considérer les procédures établies par le Code d'Instruction Criminel[16], l'arrestation des juges, les 16 et 17 mai 1991.

c) Le procès de Roger Lafontant et de ses acolytes

Le procès de Roger Lafontant, figure de proue de l'aile dure du duvaliérisme, permet d'observer l'arrogance et le mépris des autorités de l'Exécutif à l'endroit des responsables du Pouvoir Judiciaire. En effet, le président Aristide annonce à la presse la date du procès. Se rendant compte de l'impossibilité, vu le temps nécessaire pour bien préparer les dossiers des accusés, le Président multiplie les déclarations d'accusation de corruption pour obliger les juges à respecter la date du 29 juillet[17], sans doute en raison de la charge symbolique que comporte cette date qui est celle de la célébration de la création officielle de la milice de François Duvalier, le corps des célèbres "tontons macoutes".

Ce procès qui prend l'allure d'une affaire personnelle du Président, donne l'impression que le Chef de l'Etat était en train d'utiliser les tribunaux pour un règlement de comptes avec les

---

[16] MOÏSE Claude et OLLIVIER Emile, **op. cit.**, p. 167.
[17] JEAN-FRANÇOIS Hérold, **op. cit.**, p. 40.

duvaliéristes[18]. Les pressions populaires sont telles qu'aucun avocat n'ose défendre les accusés. Le Ministère public désigne des avocats stagiaires pour assurer leur défense. Le Palais de Justice est entouré d'une foule impressionnante réclamant la peine maximum pour les accusés. A la fin du procès, le juge reconnaît la culpabilité de Roger Lafontant et le condamne, selon les recommandations du Code Pénal, à 15 ans de réclusion; mais ayant reçu en pleine séance un appel du Palais national, il revient quelques minutes après et décide de changer le premier verdict en condamnation à perpétuité.

Le jugement de Roger Lafontant et de ses acolytes, loin d'avoir été un procès exemplaire, celui de tout un système, c'est-à-dire du duvaliérisme avec ses cortèges de cadavres et de corruption, fut une parodie de justice qui montra que les nouvelles autorités, malgré un discours de rupture, avaient intériorisé toutes les pratiques arbitraires de l'ancien régime qu'elles haïssaient.

3. Le conflit Exécutif/Législatif

Le conflit Exécutif/Législatif qui occupe une place importante dans l'histoire des luttes politiques du pays, paraît inévitable dès le départ. En effet, la Constitution de 1987 définit les relations entre les trois pouvoirs de l'Etat au niveau de la nouvelle République et établit, dans ses articles 93, 97, 98, 111-8, 129-4, 137, 141 et 156, l'hégémonie du Parlement par rapport au Pouvoir Exécutif. Cette Constitution, en instituant un Pouvoir Exécutif bipolaire, avec le Président comme Chef de l'État et un Premier Ministre, responsable devant le Parlement, comme Chef du gouvernement, et où le Président ne dispose d'aucun droit de veto ni de la possibilité de dissoudre le Pouvoir Législatif, a été élaborée pour mettre un terme au présidentialisme autoritaire traditionnel qui a prévalu durant toute

[18] MOÏSE Claude et OLLIVER Emile, **op. cit.**, p. 167.

l'histoire du pays. De plus la Constitution, dans ses articles 284-3, 284-4, interdit le référendum comme voie d'amendement et établit qu'aucun amendement ne peut affecter le caractère démocratique et républicain de l'Etat.

Cette obsession pour réduire, à sa plus simple expression, l'omnipotence du Président de la République, symbole de l'autoritarisme, des dérives despotiques et des dictatures les plus sanguinaires, constitue le vaccin que les auteurs de la Constitution de 1987 voulaient injecter à la société haïtienne, pour empêcher la reproduction d'une dictature féroce, similaire à celle des Duvalier. En votant massivement la Constitution au Référendum du 29 mars 1987, le peuple haïtien croyait pouvoir éloigner de son rêve démocratique, le fantasme des Duvalier et s'immuniser contre le virus dictatorial; c'était ignorer que "la tradition de toutes les générations mortes pèse d'un poids très lourd sur le cerveau des vivants"[19].

Le principe d'un Exécutif bicéphale semble inconcevable pour un Président haïtien imprégné de la perception de l'image traditionnelle du Chef de l'Etat. Leslie F. Manigat, nommé président par les militaires lors des soit-disant élections du 17 janvier 1988, désigne comme Premier Ministre un vieillard de 75 ans, qui pleure pendant la cérémonie d'investiture, en remerciant le Président, dans son discours de circonstance, pour cette faveur. Jean-Bertrand Aristide, à son tour, désigne René Garcia Préval comme premier ministre, uniquement parce qu'il est, comme il a l'habitude de le répéter, son "frère-jumeau" et sans considérer le fait que le F.N.C.D. a alors une majorité relative dans les deux Chambres et qu'il ne dispose d'aucun appui au Parlement. De cette façon, il n'avait pas à partager le pouvoir. Le style de gestion du nouveau Président, marqué par l'ambiance messianique de son élection[20], porte le conflit entre l'Exécutif et le Législatif à son point culminant au mois d'août 1991.

---

[19] MARX Karl, **Le 18 brumaire de Louis Bonaparte**, in MARX Karl et ENGELS Friedrich, **œuvres choisies**, Tome I, Editions du Progrès, Moscou, 1974, p. 414.

[20] MOÏSE Claude, **Une Constitution dans la tourmente. Le nouveau régime politique**

Les premiers actes d'hostilité

La situation de tension qui caractérise les relations entre le Parlement et le gouvernement Lavalas trouve son origine dans le mépris que le Président et ses partisans manifestent au lendemain de leur triomphe électoral massif, à l'endroit du F.N.C.D., front politique qui fut le porte-étendard de la candidature de Jean-Bertrand Aristide dans ces élections. Selon la version des dirigeants Lavalas, l'attitude du Président est due à l'initiative des responsables du F.N.C.D. qui posent, dans une rencontre avec le vainqueur des urnes, la question du partage du pouvoir. En réponse à cet acte "d'insolence", le futur Chef de l'Etat aurait conseillé aux membres du F.N.C.D. de participer au deuxième tour des élections et d'essayer de constituer une majorité absolue au Parlement afin d'obtenir tout le pouvoir sans avoir à le partager avec lui.

Au second tour, seulement 20% de l'électorat participe aux élections, et le F.N.C.D. ne peut recueillir qu'une majorité relative dans les deux Chambres. Le Président et ses partisans, avec leur forte légitimité électorale, décident de constituer le gouvernement sans se donner la peine de consulter le F.N.C.D. auquel appartiennent les Présidents des deux Chambres. La popularité du Président était telle que les dirigeants du F.N.C.D. n'utilisent pas leur influence au Parlement pour faire échouer sa décision qui n'est qu'une provocation; au mois de mars, les hostilités se déclarent ouvertement quand le Président nomme, de façon anticonstitutionnelle, certains juges à la Cour de Cassation.

Se basant sur l'article 97 de la Constitution de 1987 stipulant "Les juges de la Cour de Cassation sont nommés par le Président de la République, sur une liste de trois personnes par siège, envoyée par le Sénat", les Sénateurs protestent et, le 14 mars, votent une résolution

---

haïtien et la crise nationale (1987-1993), Les Éditions Images, Montréal, 1994, p. 53.

annulant ces nominations qu'ils envoient au Premier Ministre[21]. Celui-ci répond au Sénat par une note de presse dans laquelle il essaie de justifier la position du gouvernement se basant sur l'article 295 de la Constitution et la loi du 7 mars votée par le Parlement, autorisant l'Exécutif à entreprendre des réformes dans l'administration publique en accord avec les dispositions transitoires de la Constitution[22].

Mais, le Premier Ministre ne se rappelle pas que, selon l'article 128 de la Constitution, seul le Pouvoir Législatif est habilité à interpréter les lois et cette interprétation ne peut se faire que sous la forme d'une loi.

Malgré cette polémique entre les deux Pouvoirs, le rejet formel des décisions de l'Exécutif par le Législatif par rapport aux nominations à la Cour de Cassation et le vote par les deux Chambres de la loi interprétative du 9 avril, qui confirme les prérogatives du Sénat en matière de désignation des juges à la Cour de Cassation, l'Exécutif refuse de faire marche arrière en ce qui a trait aux nominations déjà réalisées, promettant seulement de respecter la volonté du Pouvoir Législatif dans les prochaines décisions.

Dans ce conflit qui oppose l'Exécutif au Sénat, celui-ci essaie, au nom du principe de la séparation des pouvoirs, de défendre ses prérogatives constitutionnelles face à la volonté manifeste de l'Exécutif de ne pas respecter les limites que lui impose la Constitution. Et, en s'opposant à l'arrogance de ceux qui se croyaient seuls détenteurs de la souveraineté populaire, et qui voulaient réduire le Pouvoir Législatif à un simple appendice de l'Exécutif, le Sénat, comme le déclarera plus tard son Président, entend marquer, définitivement, la rupture avec les pratiques de l'ancien régime[23].

---

[21] **Ibid**. p. 73.
[22] **Le Nouvelliste** du 15 mars 1991.
[23] Voir l'article de Eudrice Raymond, président du Sénat durant le conflit, in Haïti Observateur, 27 novembre - 4 décembre 1991.

Le conflit du gouvernement avec la Chambre des Députés

Après la nomination des juges à la Cour de Cassation, les hostilités entre l'Exécutif et le Sénat ne cessent pas; celui-ci refuse de ratifier la désignation de Jean-Robert Sabalat, ancien président du Conseil Electoral Provisoire, comme ambassadeur d'Haïti en France. L'Exécutif, au lieu d'essayer de négocier avec les Sénateurs, se venge en nommant Sabalat ministre des Relations Extérieures; ce qui permet de voir que les relations conflictuelles entre les deux Pouvoirs allaient s'envenimer.

Au mois d'août 1991, le conflit du gouvernement avec le Parlement passe du Sénat à la Chambre des Députés. En effet, profitant de la fin de la période accordée au gouvernement pour réaliser des réformes dans l'administration publique, la Chambre des Députés convoque le Premier Ministre pour qu'il fasse le bilan de ses sept mois de gestion gouvernementale. Selon l'article 129-4 de la Constitution, si l'acte d'interpellation se termine par un vote de censure, le Premier Ministre doit présenter sa démission au Président de la République. Vu la nature conflictuelle des relations entre le Parlement et l'Exécutif (qui n'avait rien fait pour les améliorer) et l'impossibilité, selon la Constitution de 1987, pour un gouvernement de fonctionner sans l'appui d'une majorité parlementaire aux deux Chambres, il était clair pour tous que le Premier Ministre allait recevoir un vote de censure.

Face à cette situation, le président Aristide intervient avec tout le poids de son influence sur les masses populaires, écrivant une lettre ouverte au Premier Ministre pour lui manifester son appui total: "une fois de plus, j'ai voté pour vous". Cette déclaration inexplicable du Président, le Premier Ministre et les membres de son cabinet étant responsables, constitutionnellement, devant le Parlement, provoque la colère des membres de certaines organisations populaires qui, le 13 août, assiègent le Parlement pour empêcher que le Chef du gouvernement ne reçoive le vote de censure. Les députés connus pour leur hostilité au gouvernement sont alors maltraités et les bureaux du F.N.C.D., de la KID et de la CATH sont brûlés ce jour-là. Face à la violence de la foule très excitée et la menace d'un "coup de peuple"[24] contre le Parlement, la séance à la Chambre s'achève sans que les députés ne donnent un vote de confiance ou de censure comme l'exige la Constitution.

Les députés, humiliés par l'arrogance de l'Exécutif qui n'hésite pas à mobiliser le peuple contre le Parlement, jurent de se venger en destituant le Premier Ministre. Ils convoquent celui-ci pour le 28 août 1991; le Chef du gouvernement ne se présente pas et écrit au Président de la Chambre des Députés pour lui demander des informations sur l'objet de sa convocation. Une fois de plus, convoqué pour le 29 août, le Premier Ministre, sous prétexte d'émeute dans une province du pays, se dérobe une nouvelle fois. Le président Aristide, pour se moquer des députés, dans une rencontre avec les paysans du département de l'Artibonite au Palais national, déclare aux invités que "le Premier Ministre, s'il le voulait, pourrait ne pas accepter de se présenter à la Chambre et continuer à dialoguer par lettre avec les Parlementaires"[25].

Dans une séance tumultueuse, les députés accusent le Premier Ministre de ne pas remplir ses obligations constitutionnelles et demandent la médiation du Président de la République pour mettre fin aux actes de marronnage du Chef de gouvernement. Ainsi, le 3 septembre 1991, le premier ministre René Garcia Préval, accompagné du président Aristide, se présente enfin à la Chambre des Députés pour répondre à la convocation des Parlementaires. Mais avant l'ouverture même de la séance, le président Aristide remet une gerbe de fleurs aux députés et les avertit, comme un grand-père s'adressant à ses petit-fils, que "les oreilles ne doivent pas être plus longues que la

---

[24] MOÏSE Claude et OLLIVIER Émile, **op. cit.**, p. 170.
[25] JEAN-FRANÇOIS Hérold, **op. cit.**, p. 254.

tête"[26]; en d'autres termes, l'entêtement se paie toujours cher. Face à ces menaces à peine voilées d'un leader messianique et se rappelant les violents incidents du 13 août et la possibilité d'un "coup de peuple", la séance se termina sans aucun vote. Le lendemain, les Présidents des blocs parlementaires réunis au Palais national avec le Président de la République, parvinrent à un accord pour reprendre le processus d'interpellation en janvier, dans le but d'éviter une crise institutionnelle[27]. Ce dernier événement clôt le chapitre des difficiles relations entre le Parlement et l'Exécutif Lavalas, car le coup d'Etat allait avoir lieu le 30 septembre 1991.

4. Le coup d'Etat du 30 septembre 1991

Le coup d'Etat du 30 septembre 1991 fut le résultat d'une vaste conspiration contre la volonté et le droit du peuple haïtien à désigner, en toute liberté, ses dirigeants dans des processus électoraux crédibles et démocratiques. Ce complot implique des secteurs sociaux, politiques, économiques et militaires internes aussi bien que de puissantes forces de pouvoir externes dont le comportement a été encouragé par les maladresses politiques, les déviations autoritaires, la vision messianique et les pratiques anarcho-populistes du régime Lavalas.

Les maladresses politiques du régime Lavalas

Les maladresses du régime Lavalas commencent à se manifester dès le discours d'investiture du président Aristide où le nouveau Président, après avoir proposé un "mariage" entre le peuple et l'armée, annonce immédiatement la révocation de tous les membres de l'Etat-

---

[26] **Ibidem.**

[27] Voir le document intitulé "LA SOLUTION DE SAGESSE", signé par les présidents des blocs parlementaires in JEAN-FRANÇOIS Hérold, **op. cit.**, pp. 256-258.

major, à l'exception du général Hérard Abraham. Outre son caractère très peu protocolaire, cet acte fut une erreur politique grave. En éliminant de l'Institution militaire les contradictions entre les vieilles et les nouvelles générations, qui lui auraient permis de réduire considérablement ses velléités putschistes, le Président favorisait ainsi les possibilités de manipulation des soldats par la hiérarchie de l'armée contre lui. En révoquant les vieux généraux, il assurait automatiquement l'ascension des jeunes officiers des promotions de 1971 et 1973, ambitieux, assoiffés de pouvoir et d'argent, liés au trafic de la drogue et manipulables par la CIA[28]. Ils seront les artisans du coup d'Etat le plus sanglant de toute l'histoire du pays.

Dans le même discours, le Président menace la bourgeoisie. Loin d'être intimidé, ce secteur économiquement et politiquement puissant justifie ainsi ses réflexes face à ce pouvoir fortement appuyé par les masses populaires et le considère comme un véritable danger pour ses intérêts en tant que classe dominante. C'est comme si le Chef de l'Etat voulait consolider davantage les liens traditionnels entre l'armée et la bourgeoisie.

Le 24 mars 1991, à l'occasion du jour international de la jeunesse, le Président accuse les commerçants de stocker les produits de première nécessité pour favoriser la hausse des prix et annonce la prochaine baisse des prix du sucre et du ciment. Face à l'officialisation de cette mesure, les produits de base disparaissent du marché durant le mois d'avril, ce qui provoque des manifestations populaires dans diverses grandes villes de province. Les manifestants accusent les "bourgeois" d'être responsables de la situation et, au Cap-Haïtien, deuxième ville du pays, on pille divers magasins[29]. Pour n'avoir pas condamné énergiquement ces actes, le gouvernement augmente la méfiance de la bourgeoisie qui allait se transformer, cinq mois plus tard, en une main qui guiderait l'action de l'armée.

---

[28] Le New York Times, dans son édition du 6 novembre 1993, affirma que les chefs militaires putschistes, principalement le général Raoul Cédras, étaient au service de la CIA de 1985 à 1991.
[29] JEAN-FRANÇOIS Hérold, **op. cit.**, p. 105.

Le comportement du Président vis-à-vis du F.N.C.D. est également un véritable suicide politique; la Constitution de 1987 consacre l'hégémonie du Parlement par rapport à l'Exécutif; dans une telle situation, on ne peut pas gouverner sans une majorité parlementaire au niveau des deux Chambres. Le F.N.C.D. (Front National pour le Changement et la Démocratie) qui était un allié naturel, ne reçoit du Président que mépris et incompréhension. Le PANPRA (Parti National Progressiste Révolutionnaire Haïtien), appartenant à la A.N.D.P. (Alliance Nationale pour la Démocratie et le Progrès), avec le MIDH (Mouvement pour l'Instauration de la Démocratie en Haïti) et le M.N.P.-28 (Mouvement National Patriotique du 28 Novembre), décide de se retirer de cette alliance pour pouvoir constituer, avec le F.N.C.D., une majorité absolue au niveau des deux Chambres et appuyer le gouvernement[30].

Il s'agit de négocier pour arriver à un accord sur le partage du pouvoir, c'est-à-dire constituer un gouvernement de coalition, et cette proposition est reçue avec méfiance par le Président qui voit en elle une manœuvre et un piège de la part des politiciens traditionnels et opportunistes. Le conflit entre l'Exécutif et le Législatif, les actes de violence contre certains parlementaires et l'incendie des locaux des partis politiques et organisations syndicales de l'opposition par des manifestants, le 13 août 1991, contribuent à créer le climat favorable pour l'aventure anticonstitutionnelle et criminelle des militaires.

Les déviations autoritaires des détenteurs du Pouvoir Exécutif

Les déviations autoritaires du nouveau Président commencent à se manifester le jour même de son investiture. En effet, l'excès de zèle dont fit montre le procureur général, Monsieur Bayard Vincent, avec l'aval du Président, en s'obstinant à remettre une lettre d'interdiction de départ du pays à la présidente provisoire Ertha Pascal Trouillot,

---

[30] MOÏSE Claude et OLLIVIER Émile, **op. cit.**, p. 168.

met très tôt en évidence le caractère revanchard du pouvoir Lavalas. Au lieu de s'éloigner du comportement du procureur, le Président de la République, comme récompense, le nomme Ministre de la Justice dans le gouvernement de René Garcia Préval. Ainsi commence à s'affirmer la volonté systématique de l'Exécutif d'utiliser l'administration de la justice à des fins de vengeance politique. Les manœuvres arbitraires des détenteurs du Pouvoir Exécutif, telles que la détention illégale de l'ancienne Présidente provisoire et des juges, fourniront des arguments aux putschistes pour justifier leur projet de restauration de l'ancien régime.

L'initiative anticonstitutionnelle du Chef de l'Etat de nommer des juges à la Cour de Cassation et son opposition au vote de censure de la Chambre des Députés contre le premier ministre René Garcia Préval, constituent des actes d'usurpation des attributions du Pouvoir Législatif. Le jour du coup d'Etat, les idéologues du régime de facto utiliseront ces manquements graves du pouvoir Lavalas pour essayer de légitimer l'action anticonstitutionnelle des militaires devant la communauté internationale et la présenter comme un acte héroïque de l'armée pour protéger les Institutions de l'Etat contre les abus du Président déchu.

Vision messianique et pratiques anarcho-populistes du régime Lavalas

L'ambiance d'euphorie populaire dans laquelle Aristide obtient son écrasante victoire électorale et les actes d'idolâtrie dont il est l'objet de la part de ses flatteurs, le portent à croire davantage dans sa mission divine et à s'enfermer dans une vision messianique. Ce qui l'empêche de comprendre que son arrivée au pouvoir est le résultat de facteurs conjoncturels internes et externes, c'est-à-dire d'un équilibre fragile à renouveler et à consolider sans cesse, au moyen de négociations politiques avec ses partisans et surtout avec ses adversaires. Et en se considérant comme "un envoyé de Dieu" pour sauver les masses exploitées, Aristide arrive à les sacraliser; évidemment, aucune médiation n'est possible entre le leader providentiel et les masses populaires. Cette vision du peuple comme "étant un ailleurs mythique, pur et sacré"[31] le conduit à rendre triviale l'idée d'élaboration d'un projet de société et la définition d'un programme, ainsi que les modalités de son application pour pouvoir transformer, progressivement, les conditions de vie de ces masses[32]. A la tribune des Nations Unies, le 20 septembre 1991, le Président conclut son discours en ces termes: "Au nom du Peuple et de ses Fils et de son Esprit Saint"[33]; son messianisme aurait pu difficilement se manifester plus clairement. Dès lors, les autres Institutions et Pouvoirs de l'Etat ne sont pour lui que pures fictions.

En réussissant à imposer René Garcia Préval, son "alter ego", comme premier ministre, le Président peut donner libre cours à son autoritarisme, et exercer à la fois les fonctions de Chef d'Etat et de gouvernement. Vu les penchants anarchiques du Premier Ministre, on assiste alors à un mélange bizarre de messianisme et d'anarcho-populisme qui imprègne toutes les sphères d'activités du Pouvoir Exécutif; tout cela aggravé par le vertige des plus de 67% de votes recueillis aux élections du 16 décembre 1990. Les pratiques anarcho-populistes du régime Lavalas se manifesteront aussi dans ses relations avec les autres Institutions et Pouvoirs de l'Etat; relations empreintes d'arbitraire, de volonté manifeste de l'Exécutif d'ignorer les Pouvoirs

---

[31] **Ibid.** p. 159.

[32] "On m'a souvent reproché l'absence ou le flou de mon programme. Le temps manquait? Mauvaise excuse. **La chance qui passe,** puis **La chance à prendre** sont deux textes de base, longs, intéressants, mais souvent indigestes et inaccessibles pour 90% des Haïtiens. Le peuple avait en fait son programme. Pas besoin d'un devin pour le mettre en forme, après des années de lutte contre le néoduvaliérisme. Un programme simple: dignité, transparence, participation. Ces trois notions s'appliquant aussi bien au domaine politique et économique que moral.
Au risque de déplaire à certains technocrates, j'ai toujours banni le jargon des sciences sociales. On ne s'était pas mis à l'écoute du peuple pour lui renvoyer un discours incompréhensible. Populisme? Démagogie? Sûrement pas. Rarement un candidat a si peu promis. Des valeurs morales? Oui. Des valeurs marchandes? Très peu..." Voir ARISTIDE Jean-Bertrand et WARGNY Christophe, **Tout homme est un homme**, Le Seuil, Paris, 1992, pp. 151-152.

[33] MOÏSE Claude et OLLIVIER Emile, **op. cit.**, p. 158.

Législatif et Judiciaire, d'envahir leurs sphères d'attributions et de les plier à ses caprices, au moyen de déclarations intempestives, de manifestations de rue, de menaces, de pressions populaires, etc. De telles pratiques, jointes à l'hostilité de certains secteurs au régime Lavalas, seront exploitées par l'armée pour exécuter son projet de coup d'Etat.

Les secteurs hostiles au régime Lavalas

Les secteurs hostiles au régime Lavalas sont donc nombreux et peuvent être divisés en forces internes et externes.

Les forces de pouvoir internes

Certains secteurs de la bourgeoisie, des classes moyennes, la quasi-totalité de la classe politique et le haut clergé de l'Eglise catholique, manifestent une grande hostilité au régime Lavalas. Cette attitude hostile va de l'indifférence à l'agressivité verbale, aux manœuvres déloyales pour rendre la tâche difficile au gouvernement et jusqu'au financement du coup d'Etat[34]. En effet, les discours incendiaires de l'ancien prêtre de Saint-Jean Bosco contre la bourgeoisie, ont porté ce secteur de la société haïtienne à considérer la victoire du prêtre de la théologie de la libération comme une vraie menace pour ses intérêts. Dans son discours d'investiture et dans d'autres déclarations, le président Aristide a accusé la bourgeoisie d'être responsable de la misère du peuple et la menace, conjointement avec d'autres secteurs récalcitrants, et en de nombreuses occasions, de la violence populaire[35].

---

[34] Deux articles de la presse américaine, l'un du San Francisco Cronicle et l'autre du New York Times, accusèrent certaines familles de la grande bourgeoisie haïtienne d'avoir financé le coup d'Etat du 30 septembre 1991. Voir JALLOT Nicolas et LESAGE Laurent, **op. cit.**, pp. 132-133.
[35] MOÏSE Claude, **op. cit.**, p. 176.

La fixation des prix des produits de base, le pillage de certains magasins par des manifestants au mois d'avril et le projet d'augmentation du salaire minimum[36] font voir à la bourgeoisie que le Président peut passer de la parole aux actes. Cette situation et ses liens naturels avec l'armée la convertissent en alliée principale des militaires putschistes.

De graves conflits ont opposé Aristide à la hiérarchie de l'Eglise catholique haïtienne, qui essaye, en maintes occasions de l'envoyer à Rome pour mettre fin à l'influence de son discours, considéré comme subversif par le haut clergé, sur les masses populaires. En plusieurs occasions, le prêtre salésien a dénoncé ce qu'il appelle "le silence complice de certains évêques devant les crimes de l'armée et des macoutes", ce qui porte l'archevêque de Port-au-Prince, dans son homélie du premier janvier 1991, cinq jours avant le coup d'Etat avorté de Roger Lafontant et à un mois de l'investiture du nouveau Président, à prier la Vierge Marie pour qu'elle empêche l'arrivée du socialo-bolchévisme au pouvoir. Les relations du Chef de l'Etat avec le haut clergé seront très conflictuelles durant les sept mois du pouvoir Lavalas. Seul l'évêque de Jérémie (Sud'Ouest), Monseigneur Willy Romélus, condamnera le coup d'Etat; ce qui montre que si les putschistes n'avaient pas l'appui du haut clergé, ils avaient au moins sa neutralité.

La fixation unilatérale et arbitraire, une véritable provocation du pouvoir Lavalas, du prix homogène de l'écolage, obligatoire pour toutes les écoles privées, sans prendre en compte la qualité de l'enseignement et l'infrastructure qu'offre chaque institution, avait provoqué le mécontentement des membres de l'association des écoles privées, qui se demandaient s'ils vivaient sous un régime démocratique avec une économie de marché ou sous celui d'une économie dirigée. L'arrogance des autorités du régime Lavalas, leur

[36] Le gouvernement Lavalas avait décidé, dans un projet de loi qui allait être voté par le Parlement au mois de septembre, d'augmenter le salaire minimum de 16 à 26 gourdes, soit une augmentation de 61%.

exclusivisme et leur mépris pour la classe politique ont contribué à porter la majorité de celle-ci à appuyer le coup d'Etat du 30 septembre 1991.

Les forces externes

À côté des conflits avec certains secteurs internes, le régime Lavalas doit affronter aussi l'hostilité de certaines forces de pouvoir externes. En effet, le Prêtre-Président a un vieux litige avec le Vatican. Expulsé de la congrégation des salésiens, après l'incendie de la chapelle de Saint-Jean Bosco par les forces duvaliéristes, pour avoir mobilisé les organisations populaires contre un ordre de transfert à Rome, l'ancien Prêtre était considéré comme un rebelle par le Vatican. Celui-ci n'a jamais répondu au document intitulé "La Vérité en vérité" que le Prêtre tombé en disgrâce envoya à Rome, pour exposer les événements et essayer de convaincre le Vatican de réviser sa décision précipitée contre lui.

L'incendie de l'ancienne Cathédrale de Port-au-Prince, le pillage du siège de la Conférence épiscopale et de la Nonciature, et les mauvais traitements dont fut victime le Nonce de la part des manifestants furieux après le coup d'Etat avorté de Roger Lafontant, ont contribué à la détérioration des relations déjà conflictuelles entre le Prêtre-Président et le Vatican[37]. En accusant le Pape de racisme dans son discours à la tribune des Nations Unies, le 25 septembre 1991, le président Aristide consacre l'impossibilité d'une normalisation des relations du gouvernement Lavalas avec le Saint-Siège; le Vatican sera le seul Etat à reconnaître le régime de facto du coup d'Etat du 30 septembre 1991.

---

[37] Dans une entrevue accordée au journal Le Monde, le 27 décembre 1993, Monseigneur Tauran, secrétaire des relations du Saint-Siège avec les Etats, déclara: "Le Saint-Siège n'a jamais contesté l'élection de Monsieur Aristide, mais n'a pas oublié les adversités que subit l'Eglise en janvier 1991 de la part de ses sympathisants. En un peu plus d'une heure, à Port-au-Prince, la première cathédrale, le siège de la conférence épiscopale et la nonciature furent pillés et le Nonce s'échappa de la mort". Voir MOUTERDE Pierre et WARGNY Christophe, **op. cit.**, pp. 70-71.

Les hostilités entre le gouvernement dominicain et le gouvernement haïtien commencent avant la constitution même de celui-ci. En effet, le 13 janvier 1991, presqu'un mois avant son investiture, Jean-Bertrand Aristide, dans une entrevue au Canal 11, une chaîne de télévision dominicaine, qualifie les mauvaises conditions dans lesquelles travaillent les ouvriers agricoles haïtiens dans les plantations de la Républicaine Dominicaine, de situation d'esclavage. Cette déclaration provoque une vague de protestations de la part des autorités dominicaines et la presse de ce pays qualifie l'affirmation d'Aristide "d'irresponsable"[38]. Le reportage de la chaîne de télévision américaine A.B.C. sur le traitement des travailleurs et l'exploitation des mineurs dans les plantations, constitue un véritable scandale pour la société américaine; cela porte le Congrès et les organisations américaines de défense des droits humains à exiger de leur gouvernement l'application de sanctions commerciales contre la République Dominicaine pour obliger ce pays à mettre un terme à ces pratiques inhumaines.

Face à cette situation, le président Joaquín Balaguer décide, par le décret 233-91, de rapatrier les mineurs et les vieillards haïtiens (ou dominicains, étant donné que la plupart d'entre eux sont nés en République Dominicaine). Les rapatriements massifs au mois de juin 1991 mettent le gouvernement Lavalas dans une mauvaise posture; en plus des problèmes économiques et d'infrastructure pour héberger ces milliers d'Haïtiens, cette décision du gouvernement dominicain, jointe aux conflits du gouvernement Lavalas avec des secteurs internes, crée une véritable situation de déstabilisation du régime haïtien. En dénonçant à la tribune des Nations Unies la violation des droits des Haïtiens vivant en République Dominicaine, le président Aristide aggrave le conflit entre les deux gouvernements[39].

[38] Voir JEAN-FRANÇOIS Hérold, **op. cit.**, pp. 406-409.

[39] Après avoir dénoncé la violation des droits des Haïtiens par les autorités dominicaines face à l'Humanité tout entière, le président Aristide conclut: " "Plus jamais, Plus jamais, nos frères et sœurs ne seront vendus pour transformer leur sang en sucre amer... L'inacceptable ne sera pas

Les hostilités entre les Etats-Unis et Aristide existent de manière latente depuis que le Prêtre, dans ses discours explosifs sur l'autel de l'église de Saint-Jean Bosco, ajoutait le capitalisme sur la liste des péchés mortels et satanisait le président George Bush qu'il décrivait comme l'équivalent de Lucifer. Aux élections du 16 décembre 1990, les Etats-Unis appuient ouvertement Marc L. Bazin, le candidat de l'A.N.D.P. Face à la mobilisation et la détermination des masses populaires et à l'inéluctable victoire électorale d'Aristide, le jour même des élections, une délégation américaine composée de James Carter, Andrew Young et Robert Mc Namara échoue dans sa tentative de porter le candidat du F.N.C.D. à renoncer à participer aux comices ou à accepter une défaite[40].

Cette délégation essaie aussi de s'approcher de certains membres du Conseil Electoral Provisoire pour tenter de sauver Marc L. Bazin de sa défaite électorale plus qu'évidente et échoue de nouveau. Ainsi, immédiatement après l'annonce du triomphe électoral de Jean-Bertrand Aristide, les échanges de proverbes créoles entre lui et l'ambassadeur Alvin P. Adams, ont commencé. En effet, par rapport à la victoire d'Aristide, l'Ambassadeur déclare: "Après la fête, les tambours deviennent lourds"; le Président élu lui répond: "Quand on est nombreux, la charge devient légère"[41].

Dans le cas de l'arrestation de l'ancienne présidente provisoire, Madame Ertha Pascal Trouillot, le conflit entre les deux hommes se manifeste publiquement. Quand le 29 août les douze principales organisations patronales du pays déclarent antiéconomique et antinational le projet de loi relatif à l'augmentation de 61% du salaire minimum, l'USAID investit quelques 10 millions de dollars dans la dénonciation de cette atteinte à l'économie de marché[42]. Mais entre autres, les divergences relatives à certaines décisions des autorités

---

accepté". Voir JEAN-FRANÇOIS Hérold, **op. cit.**, p. 414.

[40] CHARLES Etzer, **op. cit.**, pp 405-406.

[41] JALLOT Nicolas et LESAGE Laurent, **op. cit.**, p. 112.

[42] MOUTERDE Pierre et WARGNY Christophe, **op. cit.**, pp. 74-75.

haïtiennes se manifestent dans des rencontres privées. En ce sens, le 23 septembre 1991, l'ambassadeur américain, Alvin P. Adams, une semaine avant le coup d'Etat, rencontre le premier ministre René Garcia Préval et lui fait part de la nécessité de la "formation d'un gouvernement d'union, avec la participation de Marc L. Bazin et René Théodore, de renvoyer de l'armée les officiers réintégrés par le gouvernement". Face à la réticence du Premier Ministre, l'Ambassadeur l'avertit qu'il va envoyer au gouvernement de son pays un rapport sur les violations des droits humains en Haïti, pour ajouter après: "L'armée est mécontente..."[43] Ce fut la dernière rencontre entre les deux hommes avant le coup d'Etat.

Les militaires récidivent

Le vendredi 27 septembre, le Président revient de New York, après avoir prononcé son discours à la 46ème Assemblée Générale des Nations Unies. A l'aéroport de Port-au-Prince, ses partisans l'informent du complot visant à l'assassiner. Effrayé, il fait dire aux membres du Corps Diplomatique qui l'attendaient au Palais national, qu'ils peuvent partir parce qu'il allait arriver très tard. Le cortège présidentiel se dirigea vers Cité Soleil, l'immense bidonville situé au Nord de la capitale; là, le Président rassemble une foule impressionnante et prend la direction du Palais où il prononce son fameux discours. En effet, s'adressant à la foule, après avoir critiqué les membres des familles riches qu'il accuse d'être responsables de la misère du peuple, le Président invite celui-ci, avec la Constitution en mains, à utiliser "son instrument pour leur donner ce qu'ils méritent"[44]. Ce discours terrible, faisant l'exaltation ouverte de la menace d'user le supplice du collier contre les opposants et la

---

[43] **Ibid**. pp. 79-80.

[44] Le mot "instrument" fait allusion au pneu enflammé que les manifestants utilisaient après la chute de la dictature pour brûler vifs les "macoutes".

bourgeoisie, désapprouvé par de nombreux partisans du régime Lavalas, constitua une erreur capitale du Président. Au lieu de dissuader les militaires, il produisit l'effet contraire.

L'armée très liée aux forces duvaliéristes, au trafic des stupéfiants et aux forces de pouvoir internes et externes, affectée par la lutte du régime Lavalas contre la corruption et le trafic de la drogue, trouve le prétexte idéal pour mettre à exécution son projet de coup d'Etat. La prétendue mutinerie qui éclate dans la nuit du 29 septembre dans une garnison militaire de la capitale, occasionne plusieurs massacres durant toute la nuit, pour éviter la mobilisation populaire spontanée qui fit échouer le coup d'Etat de Roger Lafontant, avant de s'étendre à toute l'Institution militaire le lendemain. En dépit de ces massacres et la destruction de diverses stations de radio de la capitale par les militaires, les autorités du gouvernement Lavalas, de manière très ingénue, acceptent la version du général Raoul Cédras qui leur fait croire à une simple mutinerie. Mais quand les troupes du major Michel François pénètrent au Palais national pour s'emparer du Président et de certains de ses partisans et les conduire au bureau du général Cédras au Grand Quartier Général, ils se rendent compte qu'ils sont les dindons de la farce.

Dans la même nuit du 30 septembre 1991, l'avion privé du président vénézuélien Carlos Andrés Pérez transporte le Président déchu et quelques-uns de ses collaborateurs à Caracas. Entre-temps, les militaires continuent le massacre des populations des bidonvilles de la capitale et des villes de province. Ce coup est la plus sanglante des hécatombes du processus de changement politique convulsif après la chute de la dictature.

Durant les sept mois du gouvernement Lavalas, les autorités ne se rendirent pas compte de la complexité des problèmes qu'elles devaient affronter, ni de la fragilité de la situation qu'elles avaient à gérer. Leurs maladresses politiques, leurs déviations autoritaires, leur vision messianique et leurs pratiques anarcho-populistes montrent qu'elles n'étaient pas des démocrates convaincus, qu'elles n'avaient ni la volonté, ni la capacité de conduire le processus d'institutionnalisation démocratique. Elles ne se rendirent jamais compte que les 67% de votes qu'elles avaient recueillis aux élections ne leur procuraient que la légitimité nécessaire pour négocier avec les autres secteurs de la société haïtienne, les forces de pouvoir internes et externes. Obnubilées par le vote massif des masses populaires, attirées par les méthodes archaïques et arbitraires de l'ancien régime qu'elles prétendaient combattre, elles ne se seraient pas rendu compte que la politique moderne n'est autre chose que négociations permanentes entre partisans et adversaires pour construire le consensus, rechercher le compromis et essayer d'atteindre le point d'équilibre dans l'enchevêtrement des intérêts divergents entre secteurs opposés.

Les détenteurs du pouvoir Lavalas n'étaient pas préparés pour une tâche si complexe, aussi délicate que dangereuse; ils ne se sont pas dotés des compétences techniques et politiques indispensables pour pouvoir la réaliser. Au lieu d'essayer de résoudre les situations conflictuelles, ils semblaient travailler à la création d'une polarisation dangereuse. Mais, la Constitution de 1987 ne prévoit pas de coup d'Etat; elle renferme des clauses qui permettent de résoudre démocratiquement des problèmes de ce type. En ce sens, le coup d'Etat du 30 septembre 1991, loin d'être une solution au problème, une correction démocratique comme le disaient les putschistes, constituait la négation de la démocratie, un crime de "lèse-démocratie" qui donna lieu à une crise profonde dont la "solution" constitua, de 1991 à 1994, un véritable casse-tête pour l'Organisation des Etats Américains et les Nations Unies.

DEUXIEME PARTIE
GESTION INTERNE ET EXTERNE DE LA CRISE ET SON DEVELOPPEMENT

Le coup d'Etat du 30 septembre 1991 diffère complètement des coups et tentatives de coup d'Etat antérieurs qu'a connus le pays durant le processus de changement politique très convulsif occasionné par la chute de la dictature des Duvalier. En effet, en renversant le président Jean-Bertrand Aristide, les militaires rejettent les résultats du processus politique formel constitué par les premières élections libres et démocratiques réalisées avec l'appui et sous la vigilance de la communauté internationale et ils mettent fin à l'expérience fragile et naissante d'institutionnalisation démocratique. Cet acte provoque une profonde crise qui déborde le cadre traditionnel des frontières de l'Etat-nation et se transforme en un problème régional et en un défi majeur pour les institutions et les grandes puissances engagées dans l'établissement et la défense du "Nouvel Ordre Mondial". Ainsi, l'Institution militaire fait face à deux obstacles majeurs: la désapprobation du coup par la communauté internationale et la résistance populaire interne. Pour essayer de les contourner, les militaires se cachent derrière le Parlement qu'ils utilisent en vue de donner une apparence de légalité à la façade civile du régime militaire *de facto* et cherchent à instaurer une paix de cimetière au moyen d'une répression systématique et implacable affectant les secteurs opposés au coup d'Etat durant toute la période de 1991 à 1994. L'intransigeance de l'armée faisant échouer toutes les tentatives de solution négociée et la détermination de l'O.E.A. et de l'ONU, renforcée par l'arrivée de Bill Clinton à la Maison blanche, à rétablir l'ordre constitutionnel, culminent par une intervention militaire américaine, le 19 septembre 1994, qui met fin, provisoirement, à la longue crise politique ayant secoué le pays durant ces trois années.

CHAPITRE 5
L'ENLISEMENT

L'armée, au moyen d'une campagne de répression causant deux mille morts en 1992 et environ cinq mille en 1994[1], du contrôle et de la manipulation du Parlement et du Pouvoir Judiciaire, et de l'appui tacite du gouvernement de Joaquín Balaguer, est parvenue à résister aux effets néfastes des sanctions économiques de l'O.E.A. et de l'ONU, à rendre impossible l'application des accords signés et à maintenir ainsi le régime de terreur durant trois ans. Le Président destitué, fortement appuyé par la communauté internationale, par un activisme politique soutenu par les Missions diplomatiques haïtiennes dans divers pays et des institutions internationales, a pu neutraliser la propagande des militaires qui cherchaient à justifier le coup et contribuer à l'isolement total du régime de facto, en le présentant comme l'expression la plus achevée des violations des droits humains et de l'Etat narco-trafiquant. Ainsi se produit une situation d'enlisement avec des implications socio-politiques et économiques qui vont affecter la normalisation de la situation même après la "résolution" de la crise.

1. Tactiques et stratégies des militaires

Dans la nuit du 30 septembre 1991, le Président destitué et certains de ses collaborateurs les plus proches, laissent le pays pour s'établir à Caracas. Une junte militaire constituée par le général Raoul Cédras et les colonels Alix Silva et Henri-Robert Marc-Charles, s'empare du pouvoir initialement[2]. Face à la désapprobation unanime

---

[1] MOUTERDE Pierre et WARGNY Christophe, **op. cit.**, pp. 113-114.

[2] Le lendemain du coup, le 1er octobre 1991, le général Raoul Cédras se présente à la télévision

de la communauté internationale, l'armée doit faire marche arrière, chercher l'appui du Parlement, utiliser les techniques modernes de la désinformation pour justifier son acte et essayer d'étouffer, au moyen de la violence, les voix contraires.

Le Parlement séquestré par l'Institution militaire

Les alliés des militaires au sein du Parlement constituent un "Comité de crise", dirigé par Déjean Bélizaire, le président du Sénat, qui se réunit, le lendemain du coup[3], au "Grand Quartier Général" de l'Armée, avec l'Etat-major en vue de définir, avec l'appui d'importants "assesseurs" haïtiens et étrangers, la stratégie qui leur permettrait de "sauver le coup" face à la désapprobation et l'hostilité de la communauté internationale. Ainsi, les putschistes, militaires et civils, décident d'afficher une fausse et trompeuse volonté de respecter la légalité constitutionnelle et de "résoudre la crise" dans le cadre institutionnel prévu par la Constitution. A cette fin ils choisissent, selon les circonstances, les articles de la Charte qu'ils estiment nécessaires, en les interprétant à leur manière et en imposant, par la force des baïonnettes, leurs points de vue aux Parlementaires qui ne les partagent pas.

La stratégie une fois définie, les Parlementaires et militaires constituant l'avant-garde du coup d'Etat, se chargent de son application. En effet, le "Comité de crise", après avoir constaté "l'absence" du président Aristide et l'impossibilité pour le premier ministre René Garcia Préval de se présenter au Parlement pour répondre aux convocations des 5 et 6 octobre, décide d'appliquer l'article 149 de la Constitution et ainsi nomme Joseph Nérette, un juge de la Cour de Cassation, Président provisoire. Face à la réticence de certains Parlementaires, un commando militaire dirigé par le major

pour annoncer publiquement que l'armée "gouvernera le pays jusqu'aux prochaines élections". Voir JEAN-FRANÇOIS Hérold, **op. cit.**, p. 229.

[3] MOÏSE Claude, **Une Constitution dans la tourmente**, **op. cit.**, p. 86.

Joseph Michel François, assiège le Parlement. Déclenchant un feu nourri, il pénètre dans l'enceinte de l'édifice et oblige les Parlementaires présents à se coucher à plat ventre sous la menace des armes. Le chef du commando, après cet acte d'intimidation, accorde cinq minutes aux Parlementaires pour désigner le nouveau Président de la République. C'est à ce moment que le vice-président de la Chambre des Députés, président de l'Assemblée Nationale en la circonstance, M. Frantz Robert Mondé, sort de la poche de son veston[4] le discours déjà préparé faisant du juge Nérette le nouveau président provisoire du pays: une véritable tragi-comédie!

A son tour, Jean-Jacques Honorat, ancien françoisiste révolté contre le jean-claudisme, est nommé premier ministre, en vertu de l'article 137 de la Constitution[5]. C'est le triomphe du néoduvaliérisme, dans son expression militaire et civile, reprenant les vieilles méthodes de "Papa Doc", sa parodie constitutionnelle pour essayer de doter son régime d'une pseudo-légalité, son nationalisme anachronique et sa "blancophobie" plus démagogique que réelle. Ainsi, avec un Pouvoir Exécutif fantoche et un Parlement marionnette, l'armée réussit à se dissimuler et à constituer des interlocuteurs fictifs chargés de négocier avec le Président destitué et la communauté internationale. Elle se consacre principalement à la tâche de ternir l'image du Président renversé et d'organiser la répression contre le mouvement de résistance populaire. Il s'agit d'une réelle division du travail dont l'objectif principal est l'instauration et la consolidation du régime militaire de facto.

---

[4] PIERRE-CHARLES Gérard, **Haïti: pese a todo la utopía, op. cit.**, p. 62.

[5] Il faut souligner que la convocation du Parlement en Assamblée Nationale, la destitution du Président déchu et du premier ministre René Garcia Préval, ainsi que la nomination du Président et du Premier Ministre de facto sont des actes anticonstitutionnels, en plus de la présence des militaires dans l'enceinte du Parlement. Voir MOÏSE Claude, **op. cit.**, pp. 91-93 et JEAN-FRANÇOIS Hérold, **op. cit.**, pp. 305-306.

La justification du coup

L'Institution militaire essaie de justifier le coup d'Etat en le présentant à la communauté internationale comme une réponse aux actes antidémocratiques et anticonstitutionnels du président Aristide, ses pratiques autoritaires et ses déviations dictatoriales. En effet, les chefs de l'Armée présentent, le 20 octobre 1991, un document, élaboré sans aucun doute par leurs assesseurs haïtiens et étrangers, contenant le bilan de toutes les violations perpétrées par le Président déchu durant les sept mois du pouvoir Lavalas. Dans un des paragraphes, on peut lire ce qui suit: "Le vandalisme progressait, les droits humains disparaissaient et, avec eux, la Constitution, la loi des lois. La terreur était la réalité quotidienne. Elle réduisait les institutions à l'impuissance, anéantissant de ce fait tout recours constitutionnel"[6]. Vient ensuite l'énumération des actes arbitraires du Président déchu, tels que l'arrestation arbitraire et la révocation illégale des juges, les nominations anticonstitutionnelles des juges de la Cour de Cassation et son refus de nommer les membres de la Cour Supérieure des Comptes, proposés par le Sénat, l'ingérence dans les affaires judiciaires et la non-condamnation des actes de violence perpétrés par les partisans du pouvoir Lavalas sur les Parlementaires, etc.

De son côté, l'Union, le journal gouvernemental, publie, dans son numéro spécial du 11 novembre 1991, un document intitulé: "Le régime Lavalas et les violations de la Constitution", dans lequel elle reprend les accusations du haut-commandement de l'armée, en les analysant plus profondément mais pour tirer les mêmes conclusions. La télévision et la radio gouvernementales diffusent aussi un document ayant pour titre: "Sept mois de tribulations", dans lequel elles utilisent des images et des actes antérieurs au gouvernement Lavalas pour salir l'image du Président. Ainsi, ils accusent le

---

[6] MOÏSE Claude, **op. cit.**, p. 88.

Président déchu d'être responsable de la mort de Roger Lafontant et de Sylvio Claude qui ont été assassinés durant la réalisation du coup d'Etat. Les putschistes, utilisant des chèques falsifiés, accusent le Président destitué de malversations. Mais l'accusation politiquement destructrice vient du mercenaire canadien Lynn Garrisson, l'ancien agent de la CIA[7], et expert en guerre psychologique. Celui-ci présente un certificat de l'Institut de neurologie de Port-au-Prince affirmant qu'en 1977, on avait prescrit du carbonate de lithium à l'étudiant Jean-Bertrand Aristide, le décrivant comme un psychotique maniaco-dépressif. Le Canadien conclut: "Demandez à n'importe quel psychologue et il vous répondra que si vous avez un psychotique maniaco-dépressif avec tendances homicides et nécrophiles, alors vous êtes en présence d'un assassin permanent[8].

L'objectif des militaires et de leurs experts haïtiens et étrangers est de présenter le coup à la communauté internationale comme une "correction démocratique", selon leur propre expression, et de mettre fin à l'isolement total du régime de facto, en obtenant la reconnaissance de certains pays. Mais si les accusations véridiques n'ont pas eu d'impact sur la communauté internationale, par contre, les plus absurdes ont atteint l'objectif visé. Ainsi, Bernard Aronson, sous-secrétaire d'Etat américain aux Affaires américaines, essaie de montrer que l'ordre d'assassiner Roger Lafontant venait d'Aristide; ceci porte le gouvernement américain à envoyer une équipe du F.B.I. à Port-au-Prince pour enquêter sur le cas. Quand l'administration Clinton commence à faire pression sur les militaires haïtiens, la C.I.A. reprend l'accusation selon laquelle le Président destitué est un psychotique maniaco-dépressif qui s'était soumis à un traitement psychiatrique dans un hôpital canadien, ce qu'a démenti l'hôpital en question.

---

[7] MOUTERDE Pierre et WARGNY Christophe, **op. cit.**, p. 106.
[8] Voir The Independent Magazine du mois d'avril 1993.

Il faut souligner que le caractère véridique ou fallacieux des arguments utilisés par les militaires importe peu et qu'en aucune manière ils ne peuvent justifier le coup d'Etat. En effet, aucun régime démocratique ne peut admettre l'intervention de l'armée pour résoudre ses contradictions ou les inéluctables divergences ou conflits d'intérêts entre les grands Pouvoirs de l'Etat, qui constituent un aspect immanent de la démocratie, et doivent être surmontés uniquement au moyen des mécanismes constitutionnels préétablis et connus par les adversaires ou acteurs du jeu démocratique.

La répression contre le mouvement de résistance populaire

Profitant de l'expérience de l'échec du coup d'Etat de Roger Lafontant, l'armée utilise la violence extrême pour empêcher que les masses populaires ne prennent le contrôle des rues, n'érigent des barricades enflammées et ne fassent échouer le coup comme cela s'est produit dans la nuit du 6 au 7 janvier 1991. Ainsi, dans les premières heures du 30 septembre, des centaines de personnes sont assassinées par les militaires à travers les rues de Port-au-Prince; mais, le pire allait venir après. En effet, dans la nuit du 30 septembre, les quartiers populaires de la capitale, les fameux bidonvilles de Port-au-Prince, sont assiégés par les militaires et les populations ont été victimes de véritables massacres. Le 1er octobre, la morgue de l'hôpital de l'Université d'Etat d'Haïti était remplie, et les rues de la capitale, présentant l'horrible image d'une ville prise d'assaut par une armée ennemie, étaient jonchées de cadavres. Quelques jours après, éclate le scandale des charniers découverts en divers endroits de la capitale, dont Carrefour et Titanyen[9]. Cette situation de terreur attire l'attention de divers organismes internationaux de défense des droits humains qui décident d'intervenir dans le dossier haïtien pour enquêter et faire

[9] GASPARD Fritzner et ÉTIENNE Sauveur Pierre, **Les Droits Humains en Haïti**, in Rencontre, num. 5, Port-au-Prince, janvier-mars 1993. p. 43.

le bilan des crimes commis par les militaires. Ainsi, le 14 février 1992, la Commission Interaméricaine des Droits Humains publie un rapport selon lequel 1.500 personnes furent assassinées durant les deux premiers jours du coup d'Etat[10]. Mais, ce n'était que le début de la répression qui allait s'abattre sur tout le pays.

Pour renverser le président Jean-Bertrand Aristide, fortement appuyé par les masses populaires, l'armée a dû commettre un véritable génocide contre la population civile. Mais, si la violence employée dans l'exécution du coup affecte profondément et effraye, dans les premiers temps, tous les secteurs du mouvement populaire, il n'arrive pas à effacer le phénomène-Aristide dans l'imaginaire collectif du peuple, ni à diminuer son ardeur combative. Ainsi, pour éliminer tout risque de soulèvement populaire ou d'explosion sociale qui pourrait entraver l'établissement, le maintien et la consolidation du régime de facto, l'Institution militaire instaure à travers tout le pays un climat de terreur systématique qui atteint, avec les exactions des groupes paramilitaires, le degré d'horreur des pires moments de la "papadocratie".

En effet, pour assurer le succès de leur entreprise de restauration de l'ancien régime, les militaires utilisent une répression multiforme contre les secteurs de la société civile non-liés aux putschistes. L'objectif de cette campagne est de traumatiser la population et de la porter à intérioriser la peur, comme à l'époque de "Papa Doc". Cette entreprise s'accompagne d'exécutions extra-judiciaires, de fusillades massives, d'incendie de divers quartiers populaires et des villages, d'enlèvements, de cas de disparition, de viol et de torture, d'arrestations arbitraires, de fouilles dans les maisons privées, etc. Le bilan des dégâts du terrorisme d'Etat instauré par les militaires, dépasse, entre le 30 septembre 1991 et le 14 août 1992, 3.010 cas d'exécution extra-judiciaire, 4.142 cas d'arrestation arbitraire, 1.816 cas de fouilles illégales, etc., selon les rapports de divers organismes

---

[10] **Ibidem.**

nationaux et internationaux de défense des droits humains[11]. Cette répression affecte le secteur religieux, les organisations populaires, syndicales, estudiantines, paysannes et autres de la société civile. La sale guerre de l'armée contre la population civile désarmée, aurait atteint environ 5.000 morts en septembre 1994. Elle provoqua des migrations internes de l'ordre de 300 mille personnes. Le chiffre de 55 mille n'est pas excessif pour évaluer le mouvement d'émigration déclenché par le coup d'Etat: 30 mille Haïtiens réfugiés en République Dominicaine, 1.500 à Cuba, et environ 20 mille internés dans la base militaire américaine de Guantánamo[12].

2. Le Président destitué et les secteurs populaires

La lutte contre le régime militaire de facto, est menée au niveau international, par le Président déchu, depuis son exil, et, au niveau national, par les masses populaires et diverses organisations de la société civile.

La lutte de Jean-Bertrand Aristide pour la reconquête du pouvoir

Quand le Président déchu se sentait vaincu et prenait le chemin de l'exil avec le sentiment qu'il avait tout perdu, l'accueil digne d'un Chef d'Etat, avec des honneurs militaires, qu'a reçu Jean-Bertrand Aristide du président vénézuélien Carlos Andrés Pérez et les déclarations de protestation et de condamnation du coup par les gouvernements de nombreux pays, l'ont aidé à découvrir et à comprendre, en plus de l'impressionnant appui des masses populaires haïtiennes, le contexte international ayant favorisé son élection et son

---

[11] **Ibid.** p. 47.
[12] **Ibidem.**

arrivée au pouvoir. Ces actes, d'une importante signification politique, l'encouragent à entreprendre la bataille diplomatique et la longue lutte pour déloger les militaires usurpateurs et reconquérir le pouvoir.

En effet, le 2 octobre 1991, deux jours après le coup, le Président déchu s'adresse à l'Assemblée Générale de l'O.E.A., à Washington, convoquée spécialement à cette fin. Le lendemain, il se trouve au Conseil de Sécurité de l'ONU pour exposer la situation politique de son pays, et le vendredi 4 octobre, il est reçu par le président George Bush. L'appui des institutions internationales et des gouvernements étrangers pour le retour à l'ordre constitutionnel se traduit rapidement et simultanément par des missions de négociations et des sanctions économiques pour obliger les militaires à abandonner le pouvoir.

Jean-Bertrand Aristide est aussi l'invité d'honneur de nombreux Chefs d'État et de gouvernements de la planète, ce qui lui permet de dénoncer les exactions des militaires, d'informer l'opinion publique internationale et d'encourager le développement d'amples réseaux de solidarité avec la lutte du peuple haïtien contre les putschistes. Au début de 1992, le Président renversé décide de s'installer à Washington; une décision politique capitale, étant donné la nature des relations entre Haïti et les Etats-Unis et le poids de ce pays dans la politique haïtienne depuis l'Occupation américaine de 1915. Ainsi, Jean-Bertrand Aristide qui se transforme en un colis encombrant pour le gouvernement américain, peut utiliser son grand charisme pour conquérir l'appui d'importantes organisations de la société civile américaine et mobiliser la diaspora haïtienne de New York, de Washington et de Miami pour faire pression, dans un premier temps, sur l'administration Bush et, par la suite, sur celle de Clinton. Son nouveau lieu de résidence lui permet de s'adresser plus souvent aux masses haïtiennes et d'encourager le mouvement de résistance interne.

La résistance interne

En dépit de la violence impitoyable déployée par l'armée, le mouvement de rejet et de résistance interne contre le régime militaire a pu se manifester, de manière très timide au début et ouvertement par la suite, mais à un prix très élevé en termes de brutalité militaire, de répression et d'assassinats dont ont été victimes les secteurs opposés au coup et les personnes suspectées de sympathie Lavalas ou de ne pas appuyer le pouvoir militaire. Ainsi, dès le mois d'octobre 1991, ont commencé à circuler des bulletins du mouvement populaire dénonçant les exactions des putschistes, des graffiti sont apparus sur les murs et des photos du Président renversé ont été distribuées.

Le 12 novembre 1991, débute le mouvement contestataire des étudiants, qui allait transformer l'Université d'Etat en l'une des principales cibles des actes de violence de l'armée. En effet, des étudiants de diverses facultés de l'Université d'Etat d'Haïti se réunissent à la Faculté des Sciences où ils commencent à chanter, à distribuer des bulletins et des photos d'Aristide et à réclamer le rétablissement de l'ordre constitutionnel; cela provoque la colère du chef de la police, l'omnipotent et redoutable major Joseph Michel François, maître des vies et des biens, qui envoie réprimer le mouvement de protestations. La police pénètre dans l'enceinte de la Faculté, et, avec une brutalité excessive, met fin au mouvement.

Une centaine d'étudiants sont emprisonnés et torturés, dont certains sont portés disparus. L'année 1992 est celle de la mobilisation générale des élèves des lycées de la capitale et des villes de province et des étudiants contre le régime de facto. Cette situation, aggravée par la volonté des militaires de contrôler l'espace universitaire en foulant au pied le principe de l'autonomie de l'Université d'Etat et en révoquant les conseils de gestion élus de certaines facultés pour les remplacer par leurs agents, provoque une crise débouchant sur la fermeture de certaines facultés et un grand nombre d'étudiants expulsés, poursuivis par la police, ont dû prendre le maquis[13].

De leur côté, les organisations populaires et syndicales manifestent leur rejet du coup par des déclarations publiques diffusées à travers certaines stations de radio qui n'ont pas été détruites. La résistance populaire se manifeste aussi au moyen de manifestations spontanées et éphémères en faveur du Président destitué, qui permettent à la presse internationale de se rendre compte de l'ampleur de la popularité que celui-ci conserve au sein de la population, malgré la campagne de répression qui règne dans tout le pays. Les concerts de casseroles et de klaxons, les appels aux grèves, les campagnes de graffiti et de collage des photos d'Aristide, l'appui massif du peuple aux sanctions économiques de l'O.E.A. contre les putschistes, sans oublier certaines tentatives de mouvements armés dans le Nord et le Sud du pays, constituent les diverses formes de manifestation de la résistance populaire. Il faut souligner aussi que le départ massif des Haïtiens, fuyant la répression et la situation de misère aggravée par l'embargo commercial décrété par l'O.E.A. et l'ONU contre le régime militaire de facto, pour la Floride, sur de frêles embarcations, contribue à dénoncer le caractère infernal du régime militaire et à convaincre l'administration Clinton de la nécessité du rétablissement de l'ordre constitutionnel[14].

Au sein du Parlement aussi, avec la formation du bloc-constitutionnaliste regroupant les Parlementaires du F.N.C.D., et avec l'appui de certains indépendants, se manifeste un mouvement de résistance qui, au moyen de la politique de la "chaise vide" (l'absentéisme), de querelles et de blocage de certaines décisions, contribue à montrer que toute l'Institution parlementaire n'appuie pas le coup. Cette situation aide la communauté internationale à

[13] Voir JEAN-FRANÇOIS Hérold, **op. cit.**, pp. 455-457.

[14] Environ 50 mille personnes ont essayé de gagner les côtes de la Floride durant les trois ans du coup d'Etat. Voir JEAN-FRANÇOIS Hérold, **op. cit.**, p. 463.

comprendre que les militaires constituent les principaux obstacles au rétablissement de l'ordre constitutionnel.

3. La classe politique

La décomposition et la disqualification de la classe politique haïtienne se manifestent dans son appui ouvert au putsch militaire, son effort pour consolider le régime de facto et ses acrobaties au Parlement.

L'appui ouvert au coup d'Etat

La candidature soudaine de Jean-Bertrand Aristide, à la fin de la période établie par le Conseil Electoral Provisoire, et son écrasante victoire électorale ont mis en évidence la faiblesse des partis politiques, leur manque de structuration et de représentativité, ainsi que le déclin et l'insignifiance de la classe politique traditionnelle. En effet, l'irruption des masses populaires et paysannes sur la scène politique, après la chute de la dictature, comme de nouveaux acteurs décidés à lutter pour la conquête de leurs droits fondamentaux et inaliénables de citoyens, déterminés à faire du choix de leurs dirigeants, qui était auparavant le privilège de l'oligarchie, une entreprise populaire, libre et démocratique, constitue un coup terrible pour la classe politique.

Habituée au jeu souterrain, aux intrigues politiques dans les ambassades étrangères, au clientélisme et au *caciquisme* organisés autour des propriétaires fonciers et des spéculateurs, aux transactions avec les magnats de la bourgeoisie compradore et recherchant toujours l'inévitable appui de l'Institution militaire, la classe politique profite du coup d'Etat pour manifester sa haine à l'endroit du peuple et sa vengeance contre le petit prêtre pour l'humiliation électorale qu'il lui a fait subir. L'attrait du pouvoir et les simples promesses d'emploi ont conduit un nombre impressionnant de membres de la classe politique à appuyer ouvertement le coup des militaires, à se transformer en conseillers, porte-paroles et marionnettes sans se préoccuper de leur "profession de foi démocratique, socialiste et même communiste"[15]. Rivalisant d'absurdités, d'excès de langages et de rage à l'endroit du Président déchu pour essayer d'attirer l'attention des militaires et de bénéficier de la générosité de ceux-ci dans le partage du "butin", certains politiciens vont accompagner la lumpen-bourgeoisie, le secteur putschiste des classes moyennes et les forces paramilitaires dans leurs manifestations contre les sanctions économiques de l'O.E.A. et la présence de négociateurs étrangers dans le pays.

Certains politiciens, dans leurs excès de zèle, vont jusqu'à qualifier les horreurs des militaires de "massacre dissuasif"[16]. Mais l'attitude antidémocratique de cette classe politique et son opportunisme se manifestent davantage à travers ses acrobaties au Parlement pour aider les militaires à consolider le régime de facto, rendre inopérant l'Accord de Washington, signé par le Président déchu et le Parlement au siège de l'O.E.A.

[15] Le premier ministre de facto, M. Jean-Jacques Honorat, duvaliériste des premières heures, qui, en dépit de sa situation de directeur du Centre Haïtien de Défense des Libertés Publiques (CHADEL), n'hésite pas à se mettre au service du régime des militaires-sanguinaires, affirme, dans une entrevue à la télévision d'Etat, que le coup d'Etat est dû à "l'infantilisme de nos structures démocratiques". Un utopiste qui croyait qu'être de gauche avait encore un sens, surpris par la connotation marxiste du langage de M. Honorat dans cette interview, décide de trouver une explication à ce phénomène. Pour cela, il s'adresse à un ami, membre du Parti Unifié des Communistes Haïtiens (PUCH). Celui-ci lui confie que, dans une rencontre avec les membres du Parti, le numéro 2 du PUCH, Mr. Max Bourjolly avait confessé, à la grande stupéfaction de ses camarades, que c'est lui qui avait glissé cette phrase au Premier Ministre de facto et que, en plus, il lui avait conseillé de diminuer la présence des soldats circulant avec des armes de guerre dans les rues pour éviter que la presse internationale diffuse de telles images qui pourraient être néfastes pour son gouvernement. Curieuse coïncidence, quelques jours après, un grand nombre de cadres du PUCH parvenaient à occuper des postes de direction dans l'administration publique.

[16] JEAN-FRANÇOIS Hérold, **op. cit.**, p. 451.

La classe politique au secours du régime *de facto*

Face à la ferme et unanime condamnation du coup d'Etat par la communauté internationale, les militaires se servent du Parlement pour essayer de légitimer le régime de facto. Ainsi, le Pouvoir Législatif se convertit en interlocuteur privilégié pour le Président renversé, les institutions internationales et les gouvernements étrangers. En effet, à la fin du mois de novembre 1991, sous les pressions de l'O.E.A., une délégation parlementaire se rend à Cartagène, en Colombie, pour rencontrer le Président destitué et entamer avec lui les premières discussions en vue d'arriver à un accord relatif à son retour au pouvoir.

Comme conséquence de cette rencontre, le 23 février 1992, un accord est signé, au siège de l'O.E.A. à Washington, entre le Président déchu, Messieurs Déjean Bélizaire et Alexandre Médard, respectivement Président du Sénat et de la Chambre des Députés et, à titre de témoins, les membres de l'O.E.A.-DEMOC, ceux de la Commission parlementaire ad hoc et de la délégation du président Aristide. L'Accord de Washington prévoie que le Parlement rétablirait le Président déchu dans ses fonctions constitutionnelles de Chef d'Etat, que celui-ci nommerait un Premier Ministre qui serait ratifié par le Parlement et qui formerait un gouvernement de consensus pour travailler à la création des conditions du retour de Jean-Bertrand Aristide au pays et que celui-ci proclamerait une amnistie générale en faveur des putschistes, etc. Mais, cet accord doit être ratifié par le Parlement en Assemblée Nationale.

Ceux qui ne voyaient pas ou qui ne voulaient pas voir que le Parlement était un simple écran de fumée, ont dû reconnaître que le Corps Législatif, au lieu d'être l'acteur principal, ne représente que le rideau derrière lequel se cachent les militaires putschistes, les vrais détenteurs du pouvoir. En effet, dans une rencontre avec des leaders politiques et d'autres partis, le premier ministre désigné par Aristide,

M. René Théodore, secrétaire général du Parti Unifié des Communistes Haïtiens, est maltraité par les militaires et son garde du corps fusillé. Et quand le Parlement décide -quoique les parlementaires agissant sous les ordres des militaires putschistes, aient abandonné la séance- de ratifier l'accord, le 18 mars, les militaires exercent publiquement des pressions sur les Sénateurs et Députés qui y sont favorables, dont certains sont agressés et Déjean Bélizaire, le président de l'Assemblée Nationale et l'un des signataires de cet accord, profite de l'absence d'un Sénateur qui se trouvait tout près, sans attendre qu'il soit appelé, pour lever la séance pour manque de quorum; cela provoque la colère des membres des deux Chambres. Comme corollaire de cet acte, le président de facto, le juge Joseph Nérette, écrit à la Cour de Cassation pour lui demander de se prononcer sur la constitutionnalité et la validité de l'Accord de Washington.

Le 27 mars 1992, la Cour de Cassation, en violation de l'article 178 de la Constitution de 1987 et de sa loi organique, déclare inopérant le "Protocole d'Accord de Washington". Le juge Clausel Débrose, membre de la Cour de Cassation, dans un texte public, montre le caractère illégal et anticonstitutionnel de la décision de la plus haute instance judiciaire du pays[17]. Malgré cet acte héroïque du magistrat qui désapprouve la décision de ses collègues et les protestations de certains parlementaires et partis politiques, l'Accord de Washington n'était plus qu'un simple souvenir.

Acrobaties au sein du Parlement, prouesses du bloc-socialiste et misère de la classe politique

Après le rejet de l'Accord de Washington, face à la perspective du renforcement des sanctions économiques par l'O.E.A., les militaires décident de proposer leur propre solution à la crise. En

---

[17] Voir Le Nouvelliste du 31 mars 1992.

effet, les déclarations du général Raoul Cédras relatives à l'urgente nécessité de "trouver une solution à la crise haïtienne" donne le signal de la rencontre de la Villa d'Accueil entre l'armée, le gouvernement de facto et le Parlement. Des sessions de travail réalisées entre le 24 avril et le 8 mai, est sorti "l'Accord Tripartite" pour la formation d'un Gouvernement de Consensus et de Salut Public pour la Consolidation de la Démocratie, signé par le premier ministre de facto, Jean-Jacques Honorat, les présidents des deux Chambres, Déjean Bélizaire et Alexandre Médard et le général Cédras.

Cet Accord établit qu'à l'instauration du Gouvernement de Consensus et de Salut Public, le poste de Président demeurera vacant, et que ce gouvernement aura pour mission principale de reprendre les négociations avec la communauté internationale en vue de trouver une solution définitive à la crise, acceptable pour tous les intéressés, de mettre un terme à l'isolement diplomatique d'Haïti et d'obtenir la levée de l'embargo. Cet Accord sera ratifié par la loi du 22 mai 1992 avant d'être publié dans le Moniteur, le journal officiel de l'Etat, le 29 du même mois. En laissant vacant le poste de Président et en montrant un excès de légalisme, les militaires ne font que suivre leur stratégie initiale consistant à se cacher derrière le Parlement pour gagner du temps jusqu'aux élections américaines du mois de novembre 1992, tout en manifestant une fausse volonté de négocier pour tromper la communauté internationale et arriver à la fin du mandat du Président déchu.

Marc L. Bazin: le pouvoir à n'importe quel prix

Marc L. Bazin, président du MIDH et ancien candidat de l'A.N.D.P., alliance qui regroupe le MIDH, le PANPRA et le M.N.P.-28, aux élections du 16 décembre 1990, a été la grande victime de la victoire électorale d'Aristide. En effet, appuyé par les Etats-Unis, allié au PANPRA, filiale du Parti Socialiste Français au pouvoir, et favori de l'oligarchie locale, le candidat de l'A.N.D.P. était sûr de sa victoire quand, soudain, est apparue la candidature surprise d'Aristide et l'échec retentissant du projet de Bazin. L'hypothèse selon laquelle le coup d'Etat de Roger Lafontant faisait partie d'une stratégie destinée à porter Bazin au pouvoir, malgré la victoire électorale d'Aristide, se confirmera plus tard[18].

Les Parlementaires du PANPRA, qui constitueront le bloc-socialiste à la Chambre des Députés, une minorité privilégiée qui pouvait choisir de voter avec n'importe lequel des deux grands blocs pour ratifier ou non des lois, des accords ou pour former des gouvernements, au nom de la *Realpolitik*, se sont retirés de l'A.N.D.P. pour essayer de constituer une majorité absolue avec le F.N.C.D. en faveur du gouvernement Aristide/Préval, en échange de postes dans le gouvernement. Face au mépris d'Aristide qui les traite d'opportunistes, les socialistes recherchent le pouvoir d'une autre manière.

Dully Brutus, président de la Chambre des Députés et membre influent du PANPRA, écrira à l'Etat-major de l'armée, après les événements du 13 août 1991, pour lui demander "de prendre ses responsabilités"[19]. Durant les trois ans du coup, les Députés socialistes du PANPRA vont constituer un élément indispensable dans la stratégie des militaires pour prolonger la crise. Avec la

---

[18] Après s'être emparé du Palais national, avec la complicité de l'armée, Roger Lafontant a ordonné à l'officier commandant les soldats qui assuraient la protection du Président élu de l'amener au Palais. L'officier a répondu: "Oui, excellence", mais, n'a rien fait. Entre-temps, les masses populaires avaient déjà contrôlé toutes les rues de Port-au-Prince. L'hypothèse qui circulait dans les milieux politiques de la capitale par rapport à cet acte de folie de Lafontant, était que, si ce dernier avait pu assassiner Aristide, l'armée, pour apaiser la colère du peuple, laisserait celui-ci lyncher le chef putschiste et ainsi, avec l'élimination d'Aristide et Lafontant, la voie serait libre pour l'accession de Bazin au pouvoir. Cette hypothèse un peu bizarre se confirmera au mois de mai 1994, quand l'ancien président George Bush, appuyé par les anciens membres de son administration et les républicains du Congrès et du Sénat américains, face à la détermination qu'a montrée le président Bill Clinton pour résoudre la crise haïtienne en brandissant la menace d'une intervention militaire, protesta, en déclarant que ce serait "une énorme erreur", étant donné qu'aucune vie américaine n'est en danger en Haïti", préconisant la fin de l'appui de son successeur à "l'instable Aristide". Voir JALLOT Nicolas et LESAGE Laurent, **op. cit.**, p.149.

[19] Voir MOUTERDE Pierre et WARGNY Christophe, **op. cit.**, p. 79.

position stratégique du PANPRA au Parlement et celle de Déjean Bélizaire, leader du M.N.P.-28, comme Président du Sénat et bras droit de l'armée, la possibilité de reconstitution de l'A.N.D.P. existe, mais cette possibilité se transforme en évidence quand, dans l'article 2 de l'Accord Tripartite concernant les critères du choix du Premier Ministre à être désigné, figure celui "d'avoir une bonne expérience dans l'administration publique nationale"[20].

En effet, le 2 juin 1992, le président de facto, Joseph Nérette, désigne M. Marc L. Bazin comme premier ministre; ce choix est ratifié par le Sénat le 4 juin et le 10 du même mois par la Chambre des Députés. Après l'approbation de sa déclaration de politique générale par le Sénat et la Chambre des Députés, dans des conditions très controversées[21], Marc L. Bazin est installé comme premier ministre.

Le gouvernement de Marc L. Bazin, composé de Ministres du MIDH, du PANPRA, du M.N.P.-28 et des représentants du clan Cédras-François, est une véritable coalition A.N.D.P./Armée, sous le contrôle de celle-ci, qui connaîtra un échec retentissant, étant donné que les objectifs fixés sont irréalisables. En effet, porté au pouvoir au moyen des tanks de l'armée, dans l'indifférence de larges couches de la société civile et l'hostilité des secteurs organisés du mouvement populaire, Bazin fera la désastreuse et humiliante expérience de Leslie F. Manigat, son ancêtre politique dans le processus de transition.

Le Premier Ministre *de facto* sera traité comme un simple petit caporal par la coupole de l'Institution militaire. Avant même son investiture, son futur gouvernement est rejeté par la communauté

---

[20] Marc L. Bazin avait été un haut fonctionnaire de la Banque Mondiale, qui fut imposé à Jean-Claude Duvalier en 1983 comme ministre de l'Économie et des Finances et qui s'était créé la réputation de "Mister Clean" durant son passage au dit ministère. En parlant de "bonne expérience dans l'administration publique nationale", les putschistes se réfèrent à lui, car ils pensent que ses contacts avec les hauts fonctionnaires de la Banque Mondiale et de l'administration Bush lui permettraient de résoudre la crise dans le sens voulu par eux, c'est-à-dire sans le retour du Président déchu.

[21] Voir JEAN-FRANÇOIS Hérold, **op. cit.**, pp. 355-357.

internationale. Réagissant à sa désignation comme Premier Ministre, le secrétaire général de l'O.E.A., M. Joao Clemente Baena Soares, dans un communiqué publié le 3 juin 1992, déclare: "...Aucun gouvernement issu de cette situation illégale ne sera accepté et, en conséquence, aucun représentant de ce gouvernement ne sera reconnu..."[22]. Ainsi, les engagements du Premier Ministre *de facto*, exprimés dans sa déclaration de politique générale en termes de création de 100 mille emplois dans un an, de reprise des négociations en vue d'obtenir la fin de l'isolement diplomatique et la levée des sanctions économiques, resteront dans leur état de projet chimérique.

Mais, en ce qui a trait à l'augmentation de la répression, de la corruption, du népotisme et de la tentative de contrôle et destruction de l'Université d'Etat, son gouvernement a fait preuve d'une grande efficacité. En outre, les prouesses de son gouvernement, avec la complicité de ses alliés au Parlement, pour arriver à la formation du Conseil Electoral Provisoire d'Exception et l'organisation des élections du 18 janvier 1993, sont positives en ce sens qu'elles facilitent l'exhibition de ce que nous pourrions appeler "misère de la classe politique".

En effet, le mandat de neuf Sénateurs sur vingt-sept prenant fin au mois de janvier 1993, pour donner l'impression d'être un gouvernement légal qui respecte la Constitution, il faut organiser des élections pour renouveler le Sénat de la République. Le gouvernement de facto et la Cour de Cassation ont choisi chacun ses trois représentants, cependant, au Parlement, avec le duel mortel opposant les diverses factions (constitutionnalistes et putschistes), les deux Chambres ne peuvent se mettre d'accord sur la désignation de leurs trois représentants. Cela conduit l'Exécutif à nommer trois membres en plus pour pouvoir atteindre les neuf membres qui, selon la Constitution, doivent constituer un Conseil Electoral Provisoire. Vu la procédure anticonstitutionnelle de l'élection des trois derniers

[22] **Ibid.** p. 352.

membres, l'Institution est baptisée de "Conseil Electoral Provisoire d'Exception".

A partir de la formation du Conseil et la constitution des instances électorales départementales, une certaine situation de tension commence à se manifester au sein du secteur putschiste. Ceux qui contrôlent l'appareil électoral sont tous membres du MIDH, du PANPRA et du M.N.P.-28, c'est-à-dire les partis ayant constitué l'A.N.D.P. qui avait échoué aux élections du 16 décembre 1990 et qui s'est désintégrée immédiatement après. En fait, comme on pourrait le prévoir, les neuf Sénateurs issus de la farce électorale du 18 janvier 1993 sont tous de l'A.N.D.P.; cela provoque la colère des autres compétiteurs qui accusent les ANDPistes de ne pas savoir partager. La qualification est juste, étant donné que ces élections sont illégales et anticonstitutionnelles et qu'il n'y a pas eu d'électeurs, elles ne peuvent pas être taxés d'antidémocratiques. Mais pour comble de plaisanterie, Arnold Antonin, un socialiste du PANPRA, s'est fâché après la proclamation des résultats électoraux, accusant ses camarades du PANPRA de l'avoir négocié à son insu en faveur d'un candidat de l'ancienne A.N.D.P. Et comme, à son avis, cet acte des dirigeants du Parti est antidémocratique, il démissionne comme membre influent de la direction du PANPRA.

Naturellement, les résultats de ces élections illégales, anticonstitutionnelles et boycottées par la population, sont rejetés par la communauté internationale qui continue à réclamer le rétablissement de l'ordre constitutionnel, c'est-à-dire le retour au pouvoir du Président déchu, tout en renforçant les sanctions économiques imposées, dès l'éclatement de la crise, au régime militaire de facto à façade civile. Les Sénateurs du bloc-constitutionnel rejettent aussi lesdites élections et refusent de valider le pouvoir des Sénateurs "mal élus" du 18 janvier. Devant l'impossibilité de s'intégrer au Sénat, certains des neuf Sénateurs "mal élus" se présentent en brandissant leurs mitraillettes et en menaçant les Sénateurs hostiles à leur présence, ce qui donne lieu à deux "Sénats parallèles": les constitutionnalistes d'un côté et de l'autre, les putschistes qui se joignent aux "mal élus", chaque groupe prétendant avoir la légitimité du Grand Corps.

L'échec d'un politicien démesurément ambitieux ou l'arroseur arrosé

En acceptant de recevoir le pouvoir des militaires, Bazin sait qu'il s'est mis à leur service et que sa tâche principale consiste à continuer à appliquer leur stratégie: faire perdurer la crise, retardant ainsi le retour d'Aristide jusqu'à l'expiration de son mandat. Mais, le politicien a son propre petit projet. Etant donné qu'après la guerre du golfe la cote de popularité de George Bush avait atteint 90%, il pense qu'avec sa réélection, le dossier Aristide se retrouvera dans les poubelles de l'histoire. Mais, malheureusement pour lui, Bill Clinton, qui a fait de la défense des droits des réfugiés haïtiens et du retour à l'ordre constitutionnel en Haïti l'un des principaux axes de sa campagne électorale en termes de politique extérieure, sort vainqueur.

Ainsi, répétant la même erreur du professeur Leslie F. Manigat, le risque calculé de Marc L. Bazin devient un désastre politique pour l'homme que la grande presse américaine présentait comme un technocrate intègre, surnommé "Mister Clean". Quand l'administration Clinton commence à faire pression sur les militaires haïtiens, Bazin se rend compte que l'unique alternative était d'abandonner la barque avant son naufrage.

En effet, le 8 mai 1993, dans un discours prononcé à Saint-Michel de l'Attalaye, dans le département de l'Artibonite, à l'occasion de la fête patronale de cette commune, Bazin dénonce la corruption généralisée au sein de son gouvernement et critique publiquement" le trafic des licences d'importation, des franchises"[23], etc. D'autre part, la

[23] **Ibid.** p. 399.

disparition de 500 millions de gourdes dans le trésor public met en très mauvaise posture "Mister Clean" qui, avant de se salir davantage, décide d'essayer de reprendre le contrôle de la situation et, sans consulter ses patrons militaires, renvoie quatre ministres de son gouvernement. Ceux-ci, dans une conférence de presse prononcée le lundi 7 juin, rejettent la décision du Premier Ministre de facto, et le ministre des Finances, M. Wiener Fort, déclare qu'il n'acceptera plus de collaborer avec Bazin, quelle que soit l'issue de la crise". Le Ministre ayant l'appui du chef de la police, le fameux major Joseph Michel François, tout le monde savait que Bazin n'était plus premier ministre.

En essayant de donner l'investiture aux quatre nouveaux membres de son cabinet, au Palais national, des cris assourdissants ont éclaté, et le Premier Ministre de facto, ne pouvant prononcer son discours, renvoie la cérémonie pour le lendemain. En sortant, Marc L. Bazin a pu voir les criards donner l'accolade aux militaires du Palais. Il sent déjà qu'il n'est plus Premier Ministre[24]. Le lendemain il attend vainement le cortège militaire ayant l'habitude de venir le chercher et appelle pour s'informer. Un soldat lui apprend qu'il ne viendra pas et qu'il peut envoyer chercher ses effets personnels[25]. Ainsi, Bazin laisse le pouvoir comme il y était parvenu: par la petite porte! Avec sa démission, les militaires se trouvent pour la première fois face-à-face avec la communauté internationale. Mais la crise qui semble atteindre à ce moment une phase décisive dans son développement durera quinze mois de plus.

---

[24] Voir BAZIN Marc L., **"Démocratie sous pression"**, Henri Deschamps, Port-au-Prince, 1995, p. 246.

[25] Voir JEAN-FRANÇOIS Hérold, **op. cit.**, p. 401.

4. L'Eglise catholique

Depuis la chute de la dictature, ont disparu au sein de l'Eglise catholique nationale l'esprit unitaire, la cohésion, l'articulation parfaite entre la hiérarchie et la base et l'harmonie qui avaient donné à cette Institution cette influence sur les masses populaires et la société en général. Ce n'était plus le catalyseur et l'organisateur principal de la mobilisation des forces populaires ayant mis fin à la dictature des Duvalier.

En effet, en parlant de pardon le 7 février 1986, sans une parole de justice et de réparation[26], la hiérarchie de l'Eglise catholique, sauf Monseigneur Willy Romélus, a maintenu durant tout le processus de changement politique un discours qui allait l'éloigner de sa base et provoquer l'hostilité et la radicalisation des communautés ecclésiales de base. Cette situation a provoqué une scission au sein de l'Institution religieuse avec, d'une part, la hiérarchie dans son offensive néoconservatrice et d'autre part, la base, dominée par les prêtres de la théologie de la libération, impliquée avec les communautés ecclésiales de base dans la lutte pour le changement et la démocratie, avec quelques excès de langage de certains prêtres, dont Jean-Bertrand Aristide.

Cette attitude des deux segments de l'Eglise catholique nationale, qui s'est manifestée pendant tout le processus de transition, se révèle, en plus d'être une bataille idéologique, une lutte pour la domination et le pouvoir. Cet aspect du conflit au sein de l'Eglise apparaît ouvertement et clairement quand, commentant la participation d'Aristide à la campagne électorale du mois de décembre 1990, un Evêque déclare: "Il est inacceptable que les Evêques disent "Excellence" à Aristide qui est un simple prêtre"[27]. Les relations entre le président Aristide et la hiérarchie de l'Eglise catholique, durant les

---

[26] SMARTH William, **La hiérarchie catholique et la démocratie en Haïti (1980-1983)**, in Rencontre, num. 8, Port-au-Prince, août-septembre 1993, p. 12.
[27] **Ibid.** p. 14.

sept mois du pouvoir Lavalas sont très conflictuelles. Haïti n'a pas alors de relations diplomatiques avec le Vatican qui nomme, après le coup d'Etat, Monseigneur Laurenzo Baldisseri comme nonce et qui présente, au mois d'avril 1992, ses lettres de créances au président de facto Joseph Nérette. C'est l'unique gouvernement qui reconnaît le régime militaire de facto[28].

Durant la crise, la hiérarchie de l'Eglise catholique nationale n'a jamais condamné le coup, ni les massacres de l'armée. A part Monseigneur Willy Romélus qui a été maltraité par les militaires en sortant de la Cathédrale de Port-au-Prince, le jeudi 25 février 1993[29], Monseigneur Alix Verrier, du département du Sud, dont l'Evêché a été mis à sac par les militaires, et Monseigneur Emmanuel Constant, du département de l'Artibonite, après le massacre de Raboteau, la hiérarchie de l'Eglise s'est tue complètement par rapport aux actes de répression du régime militaire.

Appuyant ouvertement le régime militaire de facto, la Conférence Episcopale Haïtienne condamne les sanctions économiques imposées par la communauté internationale contre les militaires putschistes, ce qui porte la Conférence Haïtienne des Religieux (C.H.R.) à dénoncer "l'appui de l'Eglise des riches au coup d'Etat"[30] La C.H.R. dénonce aussi la duplicité de langage de la hiérarchie de l'Eglise dans ses déclarations officielles, la pratique concertée de l'amalgame par "l'emploi de pronoms indéfinis (on tue, on assassine; cet on qui tue, qui assassine peut se référer aussi bien aux putschistes, à l'armée qu'aux "hordes lavalassiennes"), et englobant (ambiguïté du "nous"). Elle montre que les cibles toujours

---

[28] Lawrence Pezzullo, conseiller du président Bill Clinton pour Haïti, murmurait en 1993: "Sans l'hostilité du Vatican à l'endroit du président Aristide, nous aurions trouvé une issue". Voir MOUTERDE Pierre et WARGNY Cristophe, **op. cit.**, p 117.

[29] ETIENNE Sauveur Pierre et MAGLOIRE Rachèle, **L'Affaire du Neptune: Un Naufrage Annoncé**, in Rencontre, num. 6, Port-au-Prince, mars-avril 1993, p. 4.

[30] DOMINIQUE Max, **Rôle de la théologie de la libération dans la transition démocratique en Haïti**, in HURBON Laënnec (sous la direction de), **Les transitions démocratiques**, Syros, Paris, 1996, p. 69.

explicites de ce langage sont la communauté internationale et les couches populaires"[31]

Tandis que les militaires pénètrent dans les Eglises pour maltraiter et arrêter des prêtres, des religieuses et des fidèles, les hauts dignitaires de l'Eglise se réunissent publiquement avec Marc L. Bazin en 1993[32]. Quand la hiérarchie de l'Institution religieuse décide de condamner les actes de répression du régime militaire, après l'assassinat du prêtre Jean-Marie Vincent, le 28 août 1994, il est trop tard, car l'intervention militaire américaine allait survenir moins d'un mois plus tard, le 19 septembre.

La stratégie des militaires consistant à se cacher derrière le Parlement qu'ils contrôlent avec l'appui de la classe politique, la complicité du Pouvoir Judiciaire, les signaux contradictoires que reçoivent les putschistes de certains secteurs de l'administration Bush et enfin la porosité de la frontière haïtiano-dominicaine limitant considérablement les effets de l'embargo sur le régime de facto, tout cela finit par conduire à une situation d'enlisement. L'arrivée de Bill Clinton au pouvoir aux Etats-Unis constitue un important facteur dans le développement de la crise haïtienne. Le changement d'administration à Washington réduit l'influence des lobbyistes travaillant au profit du régime militaire. En outre, le changement d'attitude manifesté par l'administration Clinton par rapport au dossier haïtien facilite énormément la tâche des dirigeants de l'O.E.A. et de l'ONU et augmente le poids des décisions de la communauté internationale et sa volonté de résoudre la crise.

---

[31] **Ibidem.**
[32] SMARTH William, **op. cit.**, p. 15.

CHAPITRE 6
LE POIDS DECISIF DE LA COMMUNAUTE INTERNATIONALE

La chute de la dictature des Duvalier se situe dans le contexte des changements survenus sur le plan international, dont la nouvelle orientation de la politique extérieure des Etats-Unis, caractérisée par l'idéologie des droits humains et la promotion de la démocratie représentative. Avec l'effondrement du bloc de l'Est, ces principes, joints à ceux de l'économie de marché, constitutifs du Nouvel Ordre Mondial, deviennent aussi les nouvelles normes qui régissent la conduite des organisations régionales et internationales telles que l'O.E.A. et l'ONU. Comme corollaires de cette nouvelle réalité, surgissent alors les notions de "devoir d'ingérence", "d'assistance à peuple en danger" mettant en évidence les traditionnelles relations de domination Nord/Sud, occultées par le conflit Est/Ouest durant la "Guerre Froide". Ainsi les vieilles notions d'Etat-nation, de souveraineté et d'autodétermination deviennent des fictions et font des pays du Nord les maîtres incontestables du "monde globalisé".

Ce changement de paradigme dans les relations internationales transforme les pays du Sud en arrière-cours des grandes puissances et les institutions internationales, en instruments d'application des mesures destinées à favoriser l'expansion et la consolidation du Nouvel Ordre Mondial. L'ingérence des pays autobaptisés "amis d'Haïti"[1], tolérée par les nationaux, et de l'O.E.A. et l'ONU, sollicitée par ceux-ci, est l'une des caractéristiques du processus de transition qui culmine avec les élections du 16 décembre 1990. Et durant la crise, la communauté internationale devient l'arbitre qui essaie de porter les autorités légitimes et de facto à trouver une solution

[1] Les Etats-Unis Unis, la France, le Canada, le Venezuela et, plus tard, l'Argentine et le Chilie se joignent pour appuyer le processus de transition et s'autobaptisent "les pays amis d'Haïti".

négociée; son poids est décisif dans le rétablissement de l'ordre constitutionnel.

1. L'O.E.A. et L'ONU

L'O.E.A. et l'ONU, en envoyant, sur demande de la présidente provisoire d'alors, Mme Ertha Pascal Trouillot, une importante mission d'observateurs civils et militaires, qui sont les premiers à reconnaître le caractère libre et crédible des comices dont sort élu le président Aristide avec le vote massif de 67.7%, ont un engagement moral par rapport au processus d'institutionnalisation démocratique enclenché en Haïti, le 7 février 1991.

L'Organisation des Etats Américains et la crise haïtienne

Les Etats membres de l'O.E.A. ont signé l'Engagement de Santiago envers la Démocratie et la Rénovation du Système Interaméricain[2], approuvé lors de la troisième séance plénière tenue le 4 juin 1991. Ils y ont déclaré leur "engagement irrévocable envers la défense et la promotion de la démocratie représentative et des droits humains dans la région". Ainsi, le coup d'Etat du 30 septembre 1991 constitue une épreuve pour le prestige et la crédibilité de l'Organisation panaméricaine. Conscient du fait qu'il s'agit d'un véritable défi, après la présentation des faits à l'Assemblée Générale, le 2 octobre par le Président renversé, le secrétaire général de l'O.E.A., M. Joao Clemente Baena Soares, dirige une délégation de Ministres des Relations Extérieures de divers pays du continent. Celle-ci arrive à Port-au-Prince le 4 octobre, pour manifester aux militaires putschistes le rejet et la condamnation unanime du coup par les membres de l'Organisation. Mais, au second voyage de la

---

[2] Voir annexe VII.

délégation, le 7 du même mois, éclate à l'aéroport une fusillade mettant en danger la vie des honorables invités qui ont dû se réfugier dans l'avion qui les attendait sur la piste. Cet acte met fin, de manière catastrophique, à la rencontre. La réaction de l'Organisation face à cet acte d'intimidation et de brutalité de la part de l'Institution militaire ne se fait pas attendre. Le lendemain, l'O.E.A. décrète un embargo commercial contre Haïti, pour faire entendre raison aux militaires.

Les sanctions commerciales imposées au régime militaire de facto ont pour objectif de rendre flexibles les généraux putschistes, de créer chez eux les conditions psychologiques nécessaires au succès des négociations qui devraient conduire au rétablissement des autorités constitutionnelles au pouvoir. Ainsi, malgré l'échec des deux premières rencontres de la délégation de l'O.E.A. à l'aéroport de Port-au-Prince avec les leaders militaires, l'Organisation hémisphérique doit nommer l'ancien ministre colombien des Relations Extérieures, José Ramírez Ocampo, représentant du Secrétaire Général. Il est chargé de conduire les négociations avec les militaires haïtiens.

La stratégie de ceux-ci, consistant à se replier derrière le Parlement pour cacher la vraie nature du coup, fait des deux Chambres les principaux interlocuteurs du diplomate colombien. Sa tâche se complique par la violation de l'embargo par un pétrolier de son pays qui sauve le régime de facto de la situation de panique causée par l'épuisement à court terme des réserves pétrolières gérées par les compagnies étrangères opérant dans le pays. Cet acte, qui montre l'incapacité de l'O.E.A. à faire respecter ses décisions même par ses membres, augmente l'audace des autorités de facto qui considèrent les négociations comme un simple aspect des manœuvres dilatoires destinées à faire passer le temps et, avec la lassitude de la communauté internationale, à éloigner Aristide du pouvoir jusqu'à la fin de son mandat. Les différents voyages du représentant de l'O.E.A. à Port-au-Prince, conduisent à la formation d'une délégation de Parlementaires des deux Chambres, qui part pour Cartagène

(Colombie), à la fin du mois de novembre, pour entamer les premières discussions avec le Président destitué.

La deuxième rencontre entre les deux parties haïtiennes, patronnée par l'O.E.A. et avec l'appui des Etats-Unis, a lieu au siège de l'Organisation panaméricaine et conduit, le 23 février 1992, à l'Accord de Washington que les militaires substituent par l'Accord de Port-au-Prince du 8 mars de la même année. Avec la violation systématique de l'embargo et l'évidente incapacité de l'O.E.A. de résoudre la crise, la diplomatie haïtienne, avec l'appui des "pays amis d'Haïti", a confié la gestion de la crise à l'ONU.

L'Organisation des Nations Unies et la crise haïtienne

Comme résultat des efforts engagés par la France et le Canada, à la fin de 1992, le Conseil de Sécurité des Nations Unies prend une résolution dans laquelle il réaffirme son appui au Président déchu. Comme conséquence de cette mesure, le secrétaire général de l'ONU, Boutros Boutros Ghali, nomme Dante Caputo, l'ancien ministre argentin des Relations Extérieures, comme émissaire spécial pour Haïti, avec le consentement du Secrétaire Général de l'O.E.A. qui lui accorde le même titre. Il effectue son premier voyage dans l'île, le premier février 1993, pour une rencontre avec la hiérarchie de l'Institution militaire.

La manière dont l'émissaire de l'ONU aborde l'affaire de la crise permet d'entrevoir une possible issue, car c'est la première fois que la communauté internationale manifeste sa volonté de porter les vrais détenteurs du pouvoir de facto à la table de négociations. Après plusieurs visites infructueuses de Dante Caputo à Port-au-Prince, qui permettent de constater l'intransigeance de l'armée haïtienne refusant de trouver une solution négociée à la crise, le Conseil de Sécurité vote, le 16 Juin 1993, la Résolution 841 décrétant un embargo mondial sur les armes et le pétrole contre les autorités militaires de facto.

Ces sanctions, dont la levée est subordonnée à la coopération des militaires au processus de négociations destiné au rétablissement de l'ordre constitutionnel en Haïti, entrent en vigueur le 23 du même mois. Effrayés, les leaders de l'Institution militaire doivent céder. Ainsi, le 26 juin, le général Raoul Cédras dirige une délégation à New York, pour négocier avec les autorités légitimes. Après cinq jours d'intenses négociations à Governors' Island, une île située dans le port de New York, les deux parties haïtiennes qui ne se sont jamais rencontrées, arrivent, grâce à la "diplomatie de la navette" de Dante Caputo, à signer un accord, le 3 juillet 1993.

L'application de l'Accord de Governors' Island

Cet Accord en dix points, signé séparément par le Président déchu, le général Cédras et Dante Caputo, le médiateur de l'ONU et L'O.E.A., établit, entre autres, ce qui suit:

- l'organisation, sous les auspices de l'O.E.A. et l'ONU, d'un dialogue entre les partis politiques représentés au Parlement avec la participation des représentants de la Commission présidentielle en vue de normaliser le Corps Législatif et d'obtenir sa coopération dans l'instauration d'un nouveau gouvernement;
- la désignation d'un nouveau Premier Ministre par le président Aristide;
- la suspension des sanctions par les Secrétaires Généraux de l'ONU et de l'O.E.A., après la ratification du Premier Ministre et l'installation de son gouvernement;
- l'approbation par le Parlement de la loi accordant l'amnistie présidentielle aux militaires putschistes;
- le retrait du général Cédras de l'armée, avant le retour du Président déchu en Haïti prévu pour le 30 octobre 1993.

La mise en œuvre de certains points de l'Accord se fait sans difficulté; mais, après l'installation du gouvernement de Robert Malval, acte qui permet la suspension des sanctions commerciales concrètes au mois d'août, l'armée décide d'exécuter son plan destiné à créer une situation chaotique dans le pays pour rendre impossible le retour de Jean-Bertrand Aristide à la date prévue. En effet, les actes de terreur qui ont perturbé l'installation par le Premier Ministre de certains membres de son gouvernement, atteignent un degré tel que certains Ministres ne peuvent se rendre à leurs bureaux. Au mois de septembre 1993, apparaît le groupe paramilitaire néoduvaliériste dénommé "Front pour l'Avancement et le Progrès d'Haïti" (FRAPH) dont les actes de violence et d'assassinats rappellent les pires moments de la dictature de "Papa Doc".

L'armée se sert de ce groupe pour empêcher, le 11 septembre, l'accostage au quai de Port-au-Prince, du Harlan County, le bateau de guerre américain transportant le matériel logistique et certains éléments canadiens et américains de la force des Nations Unies, prévus par l'Accord de Governors' Island, destiné à la professionnalisation des forces armées haïtiennes et à la formation du nouveau Corps de police. Avec le retour du Harlan County à sa base, l'Accord de Governors' Island connaît le sort de celui de Washington. En effet, le 13 septembre, deux jours après la fausse arrivée du Harlan County, l'ONU impose de nouveau les sanctions commerciales contre Haïti. Le 14 septembre 1993, les actes de terreur de l'armée et du FRAPH culminent avec l'assassinat du ministre de la justice, Me Guy F. Malary, ce qui porte certains membres du gouvernement de Robert Malval à opter pour l'une des options suivantes: se réfugier chez le Premier Ministre, dont la maison est transformée, dès son investiture, en siège du gouvernement, entrer en clandestinité ou s'exiler.

Le 15 octobre, le général Cédras ne donne pas sa démission et le président Aristide ne peut pas non plus retourner au pays comme le prévoit l'Accord de Governors' Island. Avec la démission du premier ministre Robert Malval, le 15 décembre 1993, l'Accord de Governors' Island dont l'échec était prévisible,[3] n'est plus qu'un souvenir.

L'ONU: de la diplomatie de la négociation à celle de la coercition

Après l'échec de l'Accord de Governors' Island et le rétablissement des sanctions commerciales par l'ONU, au milieu du mois d'octobre 1993, on observe une situation de stagnation durant les six mois suivants, caractérisée par une diminution des activités diplomatiques par rapport à la période précédente. En effet, sauf quelques visites diplomatiques de routine, les quatre premiers mois de l'année 1994, sont pour l'ONU une période d'observation et d'attente des résultats des effets des sanctions. En même temps, face à l'échec de l'Accord de Governors' Island, l'ONU change de stratégie: elle passe de la diplomatie de la négociation à celle de la coercition.

Ainsi, le 6 mars 1994, le Conseil de Sécurité adopte la Résolution 917 décrétant un embargo économique total contre le

---

[3] Selon l'ancien premier ministre Robert Malval, les deux protagonistes de l'Accord de Governors' Island étaient décidés à le torpiller, chacun à sa manière. Il affirme avoir été coincé entre un Président décidé à ne pas retourner au pays tant que le gros de l'armée resterait en place et un commandant en chef résolu à laisser pourrir la situation avec l'espoir de lasser la communauté internationale. Voir MALVAL Robert, **L'année de toutes les duperies**, Regain, Port-au-Prince, 1996, p. 211. De son côté, Lawrencre Pezzullo, conseiller spécial du président Clinton pour Haïti, déclare devant la Commission des Affaires Etrangères du Sénat américain que "l'Accord de Governors' Island attribua au gouvernement Malval la responsabilité d'installer une série de choses qui étaient très difficiles pour lui". Voir le document intitulé "**Audience sur la politique des Etats-Unis vis-à-vis d'Haïti**", Sénat des Etats-Unis, Commission des Relations Etrangères, mardi 8 mars 1994, Washington, D. C. En outre, après la violation de l'Accord de Washington par les militaires, on peut se demander pourquoi l'Accord de Governors' Island prévoyait la suspension des sanctions avant la démission du général Cédras et le retour du Président renversé. Pour ceux qui connaissent les militaires haïtiens, pour ne pas dire les politiciens haïtiens d'une manière générale, la lecture du document donne la sensation qu'au lieu d'un accord, ce texte constituait "la chronique d'un échec annoncé".

régime militaire de facto. Réagissant à cette décision qui allait entrer en vigueur le 21 du même mois, les militaires obtiennent de la faction putschiste du Parlement la nomination d'Emile Jonassaint, un juge de la Cour de Cassation, le 11 mai 1994, comme Président provisoire. Avec la présence de la flotte multinationale dirigée par les bateaux de guerre américains, stationnée au large des côtes haïtiennes pour surveiller l'application effective des sanctions[4], le pays fait face à un véritable blocus naval.

Au mois de juillet, les cas de violation des droits humains par les militaires ne se comptent plus; les membres de la Mission Civile des Nations Unies (MICIVIH), chargée d'observer la situation des droits humains en Haïti, sont expulsés du pays. Ce qui laisse voir clairement la volonté des militaires de continuer le massacre de la population civile désarmée et de ne plus prendre au sérieux les menaces de la communauté internationale. Réagissant aux mesures de provocation de l'Institution militaire, le Conseil de Sécurité de l'ONU adopte, à la demande du président Aristide, le 31 juillet 1994, la Résolution 940 autorisant "la formation d'une force multinationale qui utiliserait tous les moyens nécessaires pour obtenir le départ des militaires, le prompt retour du Président légitimement élu, l'instauration et le maintien d'un climat sûr et stable qui permettraient l'application de l'Accord de Governors' Island. Avec cette décision de l'ONU, la voie à l'intervention militaire américaine est ouverte, en dépit des réticences de certains pays du groupe latino-américain.

[4] MAGUIRE Robert et al., **Haïti prise en otage: les réponses internationales à la recherche d'une identité nationale de 1986 à 1996**, Thomas J. Institute For International Studies et l'Université des Nations Unies, Occassional Paper, num. 23, 1997, p. 44. Traduit de l'anglais par Nathalie Duval et Évelyne Hernández.

2. La République Dominicaine et les Etats-Unis

Si la crise haïtienne de 1991-1994 dure autant, malgré les efforts réels déployés par l'O.E.A. et l'ONU, c'est, en grande partie, à cause de l'appui ouvert du gouvernement dominicain au régime militaire de facto, du double jeu de l'administration Bush et de l'appui que l'establishment américain donne aux militaires putschistes.

La République Dominicaine et la crise haïtienne

Malgré les obstacles d'ordre culturel et racial et surtout certains événements historiques dont les impacts psychologiques laissent des traces indélébiles des deux côtés de la frontière[5], malgré les relations conflictuelles entre les deux pays qui se partagent l'île, les oligarchies haïtienne et dominicaine s'appuient mutuellement, chaque fois que l'exigent les conjonctures historiques. En effet, en 1963, le gouvernement de François Duvalier a joué un rôle important dans la déstabilisation et le renversement du gouvernement constitutionnel, réformiste et antioligarchique du président Juan Bosch. En 1991, le gouvernement de Joaquín Balaguer vole au secours de l'oligarchie haïtienne, en déportant massivement des Haïtiens et Dominicains d'origine haïtienne. Cet acte d'hostilité n'a d'autre objectif que celui du renversement du régime constitutionnel de Jean-Bertrand Aristide.

Immédiatement après le coup d'Etat, sont officiellement suspendues les déportations[6]. Après cela, le gouvernement de

[5] Durant les 22 années d'occupation de la République Dominicaine (1822-1844), les autorités haïtiennes se sont comportées en de véritables conquérants par rapport aux habitants de la partie orientale de l'île et, contrairement aux autres pays d'Amérique qui se sont libérés du joug des puissances coloniales européennes, la République Dominicaine s'est affranchie de la domination de la République d'Haïti. D'autre part, le massacre de 20 mille immigrants haïtiens par le gouvernement de Trujillo au mois d'octobre 1937, est aussi un événement qui contribue à obstruer les relations entre les deux pays. Voir **Ayiti y República Dominicana au seuil des années 90**, CRESDIP, Dossier Haïti 4, 1991, p. 15.

[6] Voir **Les relations haïtiano-dominicaines et les élections du 16 mai**, in Haïti Perspectives, vol 2, num.2, du 15 au 31 mai 1994.

Balaguer, au moyen de l'officialisation de la contrebande des produits pétroliers et autres, permet aux militaires de surmonter les obstacles créés par l'imposition des sanctions de l'O.E.A. et de l'ONU. En maintes occasions, les autorités dominicaines réclament la levée de l'embargo international contre le régime de facto[7]. Sans cesser de reconnaître M. Guy Alexandre comme ambassadeur du gouvernement constitutionnel d'Aristide/Préval, le gouvernement dominicain autorise le fonctionnement d'un bureau représentant le régime de facto, dont l'activité principale consistait à octroyer des visas[8].

Paradoxalement, le volume des transactions commerciales entre les deux pays augmente considérablement durant la crise; ce qui porte une délégation de la Chambre de Commerce et de l'Industrie à voyager à Saint-Domingue pour rendre publiquement hommage au président Joaquín Balaguer au mois de février 1994[9]. C'est seulement à partir du vote de la Résolution 940 du Conseil de Sécurité de l'ONU que la République Dominicaine accepte la présence restreinte d'un contingent militaire américain et canadien sur ses frontières pour faire observer les sanctions imposées par la communauté internationale contre les autorités militaires haïtiennes[10].

Les Etats-Unis et la crise haïtienne

Devant la condamnation unanime et en des termes énergiques du coup d'Etat du 30 septembre 1991 par la communauté internationale, les Etats-Unis se voient obligés d'adopter une attitude de fermeté à l'égard du régime militaire putschiste. A l'Assemblée Générale extraordinaire de l'O.E.A., du 2 octobre 1991, le Secrétaire d'Etat

[7] Voir CAROIT Jean-Michel, **La République Dominicaine et la crise haïtienne**, in Rencontre, num. 7, Port-au-Prince, mai-juin, 1993, p. 14.
[8] **Ibidem.**
[9] Voir **Les difficiles relations dominicano-haïtiennes**, in Haïti Perspectives, vol. 2, num 1, du 15 au 30 avril 1994.
[10] MAGUIRE Robert et al., **op. cit.**, p. 45.

américain, M. James Baker, va jusqu'à prédire l'avenir du régime de facto: "Ce coup d'Etat ne durera pas"[11], affirme-t-il de manière péremptoire. De son côté, le sous-secrétaire d'Etat américain pour l'Amérique latine, M. Bernard Aronson, déclare: "nous ne nous contenterons pas seulement de la fermeté des mots"[12]. Les Etats-Unis souscrivent à l'embargo commercial décrété le 8 octobre par l'O.E.A. contre le régime putschiste et, dans l'Executive Order du président Bush en date du 29 octobre appliquant les sanctions de l'Organisme régional, ils considèrent le coup d'Etat comme une menace contre leur sécurité, leur politique extérieure et leur économie[13]. Ainsi, en plus de l'embargo de l'O.E.A., l'Executive Order du président Bush décrète les sanctions unilatérales des Etats-Unis contre les militaires putschistes, telles que l'interdiction de tout trafic commercial, sauf l'aide humanitaire, le gel des actifs du gouvernement haïtien aux Etats-Unis et la cessation des paiements en cours de la part des entreprises américaines au régime renégat[14].

En mai 1992, le Président déchu décide d'abandonner Caracas où il a été accueilli en toute solidarité par le président Carlos Andrés Pérez, pour devenir désormais l'hôte de l'administration Bush à Washington. Ainsi, la capitale américaine, avec l'établissement des bureaux du président Aristide et du gouvernement en exil, devient le siège du Pouvoir Exécutif légitime. Son fonctionnement, y compris celui de la diplomatie haïtienne, est facilité par l'autorisation que lui accorde le gouvernement américain d'utiliser les fonds de l'Etat haïtien gelés aux Etats-Unis[15].

---

[11] **Ibid.** p. 35.
[12] **Ibid.** p. 45.
[13] **Ibidem.**
[14] **Ibid.** p. 36.
[15] MOÏSE Claude, **Une Constitution dans la tourmente, op. cit.**, pp. 154-155.

Le double jeu des Etats-Unis

À côté de l'engagement public et des sanctions formelles de l'administration Bush contre les militaires putschistes, des rapports confidentiels, relatifs au peu de sympathie du gouvernement américain à l'endroit d'Aristide, commencent à circuler[16]. En effet, parallèlement aux initiatives ouvertes en faveur du rétablissement de l'ordre constitutionnel, les Etats-Unis appuient secrètement leurs alliés de l'oligarchie haïtienne, ce qui peut expliquer la tranquillité imperturbable des militaires face aux pressions et menaces de la communauté internationale.

Dès le début des négociations entre les deux parties haïtiennes, à Caracas, à Cartagène et à Washington, de hauts fonctionnaires américains, dont le secrétaire d'Etat James Baker, l'ambassadeur américain auprès de l'O.E.A., M. Luigi Einaudi, et le sous-secrétaire d'Etat pour l'Amérique latine, M. Bernard Aronson, font pression sur le Président renversé pour qu'il fasse des concessions qui équivaudraient purement et simplement à une capitulation de sa part. Aristide résiste, dans la mesure du possible, et sa réticence provoque la colère de ces fonctionnaires qui l'accusent de faire montre d'intransigeance. Ce qualificatif sera repris par la grande presse américaine pour décrire Aristide et le présenter à l'opinion publique américaine comme un homme inconscient, insensible au drame du pays, dont le trait caractéristique est le manque d'esprit de conciliation[17]. Durant toute l'administration Bush, la stratégie des officiels américains consiste à orienter les négociations vers d'interminables discussions dont l'objectif principal est de permettre aux militaires putschistes de gagner du temps et plus d'espace d'action[18].

---

[16] MAGUIRE Robert et al., **op. cit.**, p. 38.
[17] PIERRE-CHARLES Gérard, **Haiti: pese a todo la utopía, op. cit.**, pp. 77-78.
[18] **Ibid.** p. 78.

Le dossier des réfugiés haïtiens au cœur de la campagne électorale américaine

Le régime de terreur instauré par les militaires putschistes et la situation de misère aggravée par les sanctions commerciales de la communauté internationale, portent des milliers de gens à essayer de fuir "l'enfer haïtien". Face à ces vagues de départ massif vers les plages de la Floride, le président George Bush ordonne le rapatriement forcé des réfugiés haïtiens. Certaines organisations américaines de défense des droits humains, estimant injuste cette mesure, (vu la nature répressive du régime militaire), décident de porter l'affaire devant un tribunal qui ordonne la suspension des rapatriements. Mais le verdict de cette instance judiciaire est éphémère, car la Cour Suprême, au mois de février 1992, l'annule; cela permet à l'administration Bush de continuer à appliquer sa politique de déportation à l'endroit des réfugiés haïtiens.

Cependant, la mobilisation de la communauté haïtienne dans plusieurs Etats américains, contribue à sensibiliser l'opinion publique américaine. En effet, diverses organisations de la société civile et des membres du Congrès américain dénoncent le caractère paradoxal et cynique de la politique de l'administration Bush, qui consiste à condamner occasionnellement la violence du régime militaire et à rapatrier de force ceux qui essaient de se sauver. L'importance prise par ce dossier dans les médias, le transforme en un enjeu électoral opposant démocrates et républicains. Ainsi, le candidat démocrate à la Maison blanche, William Jefferson Clinton, dénonce l'Executive Order du président Bush ordonnant l'interception des réfugiés par les garde-côtes américains et leur déportation ipso facto à la fin du mois de mai 1992. Il promet en outre une politique contraire à celle de Bush s'il est élu.

Les hésitations de l'administration Clinton

Avant son investiture, le président élu Bill Clinton change d'opinion par rapport à ses promesses envers les boat people haïtiens. En effet, le 14 janvier 1993, il déclare: "Pour les Haïtiens qui veulent laisser Haïti, le voyage par bateau est un choix terrible et dangereux. Pour cette raison, le rapatriement de ceux qui quittent le pays va continuer, pour le moment, après mon entrée en fonction. Ceux qui quittent ainsi Haïti seront arrêtés et rapatriés directement par les patrouilleurs des garde-côtes"[19]. Passant de la parole aux actes, l'administration Clinton déploie une véritable flotte aux larges des côtes d'Haïti pour empêcher le départ des réfugiés.

La politique de Bill Clinton provoque une vague de protestations aux Etats-Unis même. En effet, le leader du Black Caucus, le député Charles Rangel, qualifie cette politique de "raciste, méchante et honteuse"[20]. En réaction à cette situation, Clinton reçoit Jean-Bertrand Aristide à la Maison blanche, le 16 mai 1993; il promet son appui au Président renversé et lui demande d'envoyer un message à son peuple pour l'inviter à ne pas risquer sa vie, en essayant d'atteindre par mer les côtes américaines, message qui a un impact positif dans un premier temps.

De son côté, Bill Clinton essaie de réactiver le dossier des négociations en nommant Lawrence Pezzullo et Charles Redman, respectivement conseiller spécial pour Haïti et chargé d'affaires spécial à l'Ambassade américaine à Port-au-Prince. Lawrence Pezzullo, en tant qu'envoyé spécial, accompagne Dante Caputo, le représentant de l'ONU et l'O.E.A., pour faire pression sur les militaires putschistes et les obliger à négocier. Au mois de février 1993, l'administration Clinton annonce des sanctions contre 83 personnes ou institutions liées au coup d'Etat. Ce sont ces mesures et

[19] Voir MOUTERDE Pierre et WARGNY Christophe, **op. cit.**, pp. 126-127.
[20] **Ibid.** p. 118.

l'embargo mondial décrété par l'ONU le même mois, qui forcent le général Cédras à voyager à New York pour signer l'Accord de Governors' Island.

Washington obligé de prendre de fortes mesures contre les militaires

Après l'échec de l'Accord de Governors' Island, les hésitations du président Clinton refont surface; les initiatives diplomatiques américaines ressemblent étrangement aux manœuvres dilatoires de George Bush. Mais entre-temps, la communauté haïtienne vivant aux Etats-Unis, déclenche une mobilisation permanente pour exiger de Clinton l'accomplissement de ses promesses de changement de politique envers les boat people haïtiens et de travailler au retour du Président déchu. Le mouvement de la communauté haïtienne reçoit l'appui de vastes secteurs de la société civile américaine et les Parlementaires du Black Caucus, conscients de leur force au sein de la majorité démocrate pour la défense du programme de santé, exigent le durcissement de la politique de Bill Clinton à l'endroit des militaires putschistes et aussi un changement dans sa politique vis-à-vis des réfugiés haïtiens. La pression de divers secteurs socio-politiques américains favorables à la cause haïtienne augmente sur l'administration Clinton.

Au mois d'avril 1994, Randall Robinson, le fameux leader noir de TransAfrica[21], qui avait obtenu du gouvernement américain l'application de sanctions économiques contre le régime d'apartheid de l'Afrique du Sud, entame une grève de faim illimitée pour exiger de l'administration Clinton la cessation de sa politique raciste envers les réfugiés haïtiens. De leur côté, au milieu du mois d'avril, six Parlementaires américains, parmi eux, Joseph Kennedy Junior, se font

---

[21] Puissante organisation regroupant des personnalités noires américaines qui appuyaient la lutte des Sud-africains contre le régime d'apartheid.

arrêter, en s'enchaînant aux grilles de la Maison blanche, en appui à la cause haïtienne. C'est dans ce contexte de mobilisation générale au niveau de la société civile américaine et des vedettes noires américaines que le Président déchu décide d'attaquer la politique de Clinton à l'endroit des boat people haïtiens. Aristide dénonce officiellement l'Accord de 1981, entre le gouvernement de Jean-Claude Duvalier et l'administration américaine, qui accorde aux bateaux des garde-côtes américains le droit d'intercepter les boat people haïtiens même dans les eaux haïtiennes pour les empêcher d'atteindre les côtes de la Floride. Parlant ensuite de la politique du premier mandataire américain envers les réfugiés haïtiens et de la flotte déployée autour d'Haïti pour les bloquer, il qualifie ces décisions de "farce cynique et de politique raciste"[22], avant d'ajouter qu'il s'agit d'un véritable "mur de Berlin flottant"[23].

Face à cette protestation, le président Clinton décide d'agir. Il nomme en remplacement de Lawrence Pezzullo, William Gray, un ancien leader noir du Congrès américain, comme son nouveau conseiller spécial pour Haïti; en même temps il annule les visas de 500 officiers de l'armée haïtienne et décide, au mois de mai, de changer sa politique envers les boat people haïtiens, en leur permettant de présenter une demande d'asile devant les autorités d'immigration. Pour montrer sa détermination à obliger les militaires à abandonner le pouvoir, le Président américain, parlant des putschistes durant la même période, déclare: "It's time for them to go"[24].

Après cette phrase, les pressions américaines portent le Conseil de Sécurité de l'ONU à renforcer les sanctions commerciales contre Haïti, à décréter un blocus naval et la suspension du trafic aérien vers ce pays. Avec l'adoption de la Résolution 940 qui autorise les Etats-Unis à constituer une force multinationale pour renverser les

---

[22] MOUTERDE Pierre et WARGNY Christophe, **op. cit.**, pp. 157-158.
[23] JALLOT Nicolas et LESAGE Laurent, **op. cit.**, p. 173.
[24] MAGUIRE Robert et al., **op. cit.**, p. 43.

militaires, l'invasion d'Haïti par des troupes américaines devient inéluctable.

3. L'intervention militaire

Malgré la claire volonté manifestée par l'administration Clinton, durant les mois d'avril et mai 1994, de multiplier les pressions sur les militaires haïtiens et le durcissement des sanctions commerciales par l'ONU, ceux-ci continuent à afficher leur détermination de rester au pouvoir. Face à cette attitude, le Président américain brandit la menace d'une intervention militaire: "Nous n'avons pas encore décidé de recourir à la force, mais, désormais, nous ne pouvons pas l'exclure"[25]. Cette phrase provoque la colère des républicains et montre toute la complicité dont bénéficiaient les putschistes sous l'administration Bush; cela soulève l'indignation de certains diplomates de l'O.E.A. et de l'ONU.

En effet, le président George Bush, en réaction à cette déclaration de son successeur, affirme que ce serait une "énorme erreur", puisqu'aucune vie américaine n'est en danger en Haïti"; il va même jusqu'à réclamer la fin de l'appui de l'administration Clinton à "l'instable Aristide"[26]. Ce qui montre que la "permissivité" des politiciens américains, cohabite facilement avec le cynisme des militaires haïtiens[27]. Mais les déclarations désespérées de George Bush en vue de sauver ses alliés, laissent indifférents les démocrates, car dans son discours d'ouverture de la séance sur Haïti, le 8 mars 1994, le sénateur Christopher J. Dodd a déjà défini la nouvelle orientation de la politique de l'administration Clinton dans la crise haïtienne. "Finalement, déclare le Sénateur démocrate, la politique que nous avons choisie ne concerne pas les 6 millions d'habitants en

---

[25] JALLOT Nicolas et LESAGE Laurent, **op. cit.**, p. 149.
[26] **Ibidem.**
[27] **Ibid.** p. 169.

Haïti, ni les militaires haïtiens. Il s'agit plutôt de principes et de règles établis dans le cadre du Nouvel Ordre Mondial. Il s'agit donc de notre intégrité..."[28].

L'administration Clinton surmonte ses hésitations et la peur d'une nouvelle "Somalie"

Au milieu du mois de mai, 44 mille hommes participent à de grandes manœuvres, en simulant une invasion d'Haïti. Le porte-parole de la Maison blanche déclare qu'il s'agit "d'entraînement de routine", cependant, selon des sources militaires du Commandement atlantique, basé à Norfolk (Virginie), l'exercice baptisé "Agile Provider", "a été planifié en pensant à Haïti"[29]. Tandis que les militaires entraînent les 100 mille Haïtiens qu'ils prétendent disposés à lutter à côté des 7.500 hommes de l'armée[30], le trafic de la drogue atteint son plus haut niveau en Haïti, plus de quatre tonnes de cocaïne par mois[31].

Mais la machine répressive des militaires, qui fonctionne à plein rendement, fait une victime de trop: le 28 août 1994, le prêtre Jean-Marie Vincent est assassiné par des militaires à l'entrée des locaux de la Congrégation des "Montfortains". Cet acte soulève la consternation et l'indignation tant en Haïti qu'à l'étranger, et provoque, malgré les cris désespérés de George Bush, de Henry Kissinger et Jane Kirdpatrick, pour essayer d'éviter l'inéluctable invasion, la mobilisation de diverses organisations de défense des droits humains et de larges secteurs de la société civile américaine en faveur de l'intervention militaire.

Le 15 septembre 1994, les divergences au sein des membres de son administration une fois résolues et la date de l'intervention militaire fixée, le Président américain s'adresse à son peuple: "Les

---

[28] Voir Audience sur la politique des Etats-Unis vis-à-vis d'Haïti, **op. cit.**, p. 5.
[29] JALLOT Nicolas et LESAGE Laurent, **op. cit.**, p. 150.
[30] **Ibid.** p. 171.
[31] **Ibid.** p. 153.

dictateurs d'Haïti, dirigés par le général Cédras, contrôlent le régime le plus violent de notre hémisphère. Durant trois ans, ils ont rejeté toutes les solutions pacifiques que la communauté internationale avait proposées. Ils ont violé un Accord qu'ils avaient eux-mêmes signé pour abandonner le pouvoir. Ils ont maltraité leur peuple et détruit son économie... Cédras et son armée de voyous ont instauré un régime de terreur, exécutant des enfants, violant des femmes et tuant des prêtres... Laissez-moi vous dire une fois de plus que les nations du monde ont essayé toutes les voies possibles pour restaurer la démocratie en Haïti. Les dictateurs ont rejeté chaque solution. La terreur, le désespoir et l'instabilité ne s'achèveront que par leur départ... Le message des Etats-Unis est clair: leur temps est terminé. Qu'ils s'en aillent maintenant ou nous les ferons laisser le pouvoir par la force..."[32]. Ce discours marque l'imminence de l'intervention militaire américaine dont la forme est surprenante.

L'invasion négociée

Quelques jours avant, plus de 20 bateaux de guerre américains s'approchent des côtes haïtiennes; après le discours de Bill Clinton, Port-au-Prince est prête à recevoir la pluie de bombes destinées à restaurer la "démocratie" dans ce petit pays qui représente un défi pour le Nouvel Ordre Mondial en gestation. Mais, immédiatement après son message, le président Clinton décide, avec ses collaborateurs les plus proches, d'envoyer en Haïti une mission de dernière heure. En effet, le samedi 17 septembre 1994, arrive à Port-au-Prince une délégation composée de l'ancien président Jimmy Carter, Sam Nunn, le président de la Commission de Défense du Sénat et l'ancien général Colin Powell, l'architecte de l'opération "Tempête du désert" durant la guerre du Golfe.

---

[32] MOUTERDE Pierre et WARGNY Christophe, **op. cit.**, p. 172.

Les discussions engagées au Grand Quartier Général de l'armée et qui se poursuivent toute la nuit chez le général Cédras ne débouchent sur aucun accord; les membres de la délégation doivent retarder leur départ et essayer, durant toute la matinée du dimanche 18 septembre, de convaincre les généraux putschistes d'éviter la dissolution de l'Institution militaire et les victimes civiles qu'occasionnerait la puissance de feu des troupes américaines. Le général Cédras se montre impassible face aux informations techniques de Colin Powell lui expliquant que le Pentagone a choisi l'option zéro, selon laquelle les soldats américains ne fouleront le sol haïtien qu'après la destruction totale de l'armée locale par les forces aériennes américaines.

Mais, pendant ce temps, le président Bill Clinton a donné l'ordre à son ministre de la Défense, M. William Perry, de faire décoller les C-141 de la base de Fort Braggs, transportant les parachutistes de la 82ème Division de Airbone, ayant pour mission de bombarder Haïti. A ce moment, le général Philippe Biamby chuchote au général Cédras qu'une flotte d'avions se dirige vers Haïti[33]. C'est alors que le général Cédras se rend au Palais national avec la délégation américaine pour rencontrer le président de facto, Me. Émile Jonassaint. Celui-ci, bien qu'il n'ait pas la légitimité nécessaire pour le faire, et qu'il ne soit pas reconnu comme Président par les Etats-Unis, signe, avec Jimmy Carter l'accord autorisant les troupes américaines à occuper le pays avec la totale collaboration de l'armée haïtienne.

Ainsi, le président Clinton donne le contre-ordre de faire retourner les 62 avions à leur base et, le lendemain, commencent les opérations de débarquement des 20 mille soldats américains. L'unique résistance que ceux-ci rencontrent, est l'ennui que leur causent les photographes et cameramen filmant l'incroyable événement, tandis que les autorités militaires et civiles se montrent fières d'avoir pu "s'entendre directement avec les Etats-Unis pour éviter la violence et

---

[33] JALLOT Nicolas et LESAGE Laurent, **op. cit.**, p. 175.

l'effusion de sang..."[34]. Triste et étrange spectacle, digne des meilleures productions "hollywoodiennes" de science fiction. Et comme les pauvres ont aussi droit au plaisir, les badauds ne se font pas prier pour assister au film et applaudir les prouesses des meilleurs acteurs sautant des hélicoptères, sans devoir même affronter un ennemi imaginaire.

4. Le retour à l'ordre constitutionnel

En trois semaines, les troupes américaines contrôlent complètement le pays, font voter la loi d'amnistie en faveur des militaires putschistes par le Parlement et organisent le départ des officiers les plus liés au coup d'Etat[35]. Le lendemain, le Président déchu se rend à la Maison blanche pour prendre congé de Bill Clinton et le remercier; il n'oublie pas non plus de se rendre au Pentagone pour prendre congé de John Shalikashwilli, le chef d'Etat-major américain, et le remercier. Et le 15 octobre 1994, se produit l'événement paradoxal qui montre que, -en dépit des manifestations des vieux réflexes de la Guerre Froide au niveau des secteurs conservateurs de l'establishment américain, dans leur vision de la gestion de la crise- l'instauration du Nouvel Ordre Mondial implique forcément un changement de paradigme dans les relations internationales auquel les Etats-Unis ne peuvent se soustraire. En effet, le Président destitué revient, contrairement à l'affirmation de Nicolas Jallot et Laurent Lesage[36], dans les bagages des soldats du pays qui avait contribué à sa chute.

---

[34] Voir MOUTERDE Pierre et WARGNY Christophe, **op. cit.**, p. 177.

[35] Dans la nuit du 3 octobre, le redoutable chef de la police, le colonel Joseph Michel François, gagne, avec sa famille, de manière précipitée, la République Dominicaine; dix jours après, les américains organisent le départ des généraux Cédras et Philippe Biamby, avec leurs familles, pour Panama.

[36] Ces auteurs affirment qu'Aristide est rentré avec les américains dans ses bagages. Voir JALLOT Nicolas et LESAGE Laurent, **op. cit.**, p. 177.

Transporté par un hélicoptère de l'armée américaine, de l'aéroport au Palais national, le président Aristide, accompagné du secrétaire d'Etat américain, M. Warren Christopher et de plusieurs autres dignitaires américains, pose son premier acte de Chef d'Etat, rétabli dans ses fonctions par les grâces de l'administration Clinton, en s'adressant à son peuple.

A l'intérieur de la cage d'une épaisse vitre blindée, le "fauve rugissant" de Saint-Jean Bosco est enfin capturé par le chasseur américain. Le dressage est tel que "l'animal" paraît plus "civilisé" que son dompteur. Et le "show" commence. Titid, l'ancien prophète revenu à sa nature humaine, demande à la foule concentrée devant le Palais national: violence, vengeance? Non! répond la foule; réconciliation, demande-t-il, alors? Oui, répondent les gens sous le sourire narquois de Warren Christopher, étonné et satisfait de la prouesse de l'administration Clinton dont il est Ministre des Relations Extérieures. Mais, profondément marqué par le syncrétisme résultant de la fusion du catholicisme et du vaudou, le peuple haïtien, dans ses élans mystiques, est capable d'exprimer au moyen de son langage imagé et métaphorique, n'importe quelle scène de tragi-comédie. En ce sens, certains habitants de la ville de Hinche (ville principale du département du Centre), jurent avoir vu pleurer la statue de Charlemagne Péralte, le héros de la résistance populaire contre l'Occupation américaine de 1915-1934.

Avec l'approbation de sa déclaration de politique générale par le Parlement, M. Smarck Michel, devient le premier ministre du nouveau gouvernement chargé de mener à bien les engagements du Président envers les Etats-Unis. Sa tâche est plus difficile, car le rétablissement de l'ordre constitutionnel ne signifie nullement l'instauration de la démocratie: l'intériorisation des valeurs, des normes et des attitudes par une communauté de citoyens, comme résultat d'un long processus de coexistence socio-politique, peut s'acquérir difficilement en si peu de temps, malgré la présence des forces d'occupation. En ce sens, le Premier Ministre ne peut pas réaliser les réformes économiques imposées par la communauté internationale comme condition pour aider Haïti à sortir de sa situation économique catastrophique. Décidé à rester trois ans de plus au pouvoir, malgré les promesses faites à Bill Clinton, Aristide, pour obtenir l'appui des masses populaires, s'oppose systématiquement à la politique économique du Premier Ministre, et le porte à démissionner.

La façon dont se réalise le retour à l'ordre constitutionnel en Haïti, montre que les institutions internationales se transforment en instruments passifs d'application de la politique extérieure des Etats-Unis. En effet, l'autorisation accordée par l'ONU, avec la Résolution 940 du Conseil de Sécurité, aux Etats-Unis de constituer une force multinationale pour renverser les militaires putschistes, est une copie conforme des mandats que la Société des Nations (S.D.N.), l'ancêtre de l'ONU, savait donner aux "nations civilisées", c'est-à-dire les puissances coloniales, pour se charger du destin des "peuples barbares"[37].

Sans consulter le Secrétaire Général de l'ONU, le Président américain envoie une délégation à Port-au-Prince, pour signer avec le Président de facto, non reconnu par l'ONU, ni par les Etats-Unis, un accord relatif à l'occupation pacifique d'Haïti par 20 mille soldats américains, sans la participation des troupes des autres nations, comme le prévoie la Résolution 940. L'omnipotence des Etats-Unis provoque l'indignation de l'Argentin Dante Caputo[38], représentant des Secrétaires Généraux de l'O.E.A. et l'ONU pour la crise haïtienne, qui démissionne le 19 septembre 1994, le jour même du débarquement des troupes américaines.

Négocier avec ceux que Bill Clinton qualifie, dans son message du 15 septembre au peuple américain, de "voyous", d'assassins

---

[37] ETIENNE Sauveur Pierre, **Haïti: l'invasion des ONG, op. cit.**, p. 38.

[38] Le diplomate argentin qui avait considéré l'affaire du Harlen County comme un affront pour les Nations Unies et un échec personnel, étant donné que, malgré sa présence à Port-au-Prince, les autorités américaines avaient donné l'ordre au capitaine du bateau, sans même daigner le

d'enfants et de prêtres et de violeurs de femmes, pour ensuite organiser leur départ du pays, sans qu'ils aient à rendre compte de leurs crimes, montre que le peuple haïtien et l'ONU sont les dindons de la farce. Et les soubresauts de la postcrise laissent voir clairement la fragilité de l'ordre constitutionnel imposé par l'Occupation américaine. Le processus démocratique haïtien dépend évidemment des forces démocratiques haïtiennes et de la volonté réelle de tous les secteurs de la société de travailler pour l'implantation d'un système politique vraiment démocratique qui ne peut pas être, en aucune façon, le résultat d'une intervention militaire étrangère.

---

consulter, ne voulait pas supporter cette seconde gifle.

CHAPITRE 7
LA POSTCRISE

Le retour à l'ordre constitutionnel suite à une démonstration de force sans précédent de la part des Etats-Unis, crée les conditions pour la réactivation du processus d'institutionnalisation démocratique rompu par le coup d'Etat militaire. En effet, avec la dissolution de l'armée, substituée par une force de police, et l'évaporation des groupes paramilitaires et néoduvaliéristes, l'exercice de la souveraineté populaire peut se manifester, une fois de plus, durant les élections de 1995, en renouvelant la Chambre des Députés, les 2/3 du Sénat, les mairies et les Conseils d'Administration des Sections Communales (CASECs). Malgré les défaillances techniques et certaines irrégularités, les élections de 1995, avec la victoire massive de la Coalition Lavalas, appuyée par Jean-Bertrand Aristide, créent le contexte politique favorable à l'établissement des différentes institutions prévues par la Constitution de 1987, indispensables au fonctionnement du nouveau régime politique.

Avec les promesses d'aide financière de la communauté internationale, même les plus sceptiques pensent que les nouvelles autorités vont entreprendre les réformes nécessaires à la modernisation du pays et au fonctionnement d'un régime démocratique basé sur le pluralisme politique, l'alternance au pouvoir, le compromis, la négociation et la recherche du consensus pour conduire le processus de modernisation et terminer avec l'archaïsme sous sa forme économique et politique. Mais c'est oublier le poids de la tradition et le fait qu'on ne peut pas imposer la démocratie par la force. La résurgence des pratiques de l'ancien régime et la longue et profonde crise institutionnelle et de gouvernabilité qu'elle a engendrée, montrent la complexité du processus de construction de la démocratie en Haïti et les obstacles à vaincre pour atteindre ce but.

1. Les élections de 1995

L'objectif avoué de l'intervention militaire baptisée "Appui à la démocratie", est la réactivation du processus politique interrompu violemment par l'Institution militaire. Ainsi, si la mission des forces armées américaines est de créer un "climat sûr et stable" permettant le retour des autorités légitimes à leurs fonctions respectives, il revient aux forces des Nations Unies qui les remplacent, le 31 mars 1995, de maintenir ce climat et de faciliter la réalisation des élections pour le renouvellement des institutions de l'Etat comme l'établit la Constitution.

Le processus électoral

Pour combler le vide institutionnel résultant de la fin du mandat des Députés de la 45ème Législature, de 18 Sénateurs, des Maires et Conseillers des Sections Communales (2,192 postes électifs)[1], le président Aristide constitue un Conseil Electoral Provisoire (CEP) chargé de conduire le processus. Il jouit d'une grande popularité et bénéficie de l'appui d'une puissante organisation politique (l'Organisation Politique Lavalas); ce qui lui donnait la possibilité de laisser se dérouler librement la compétition ouverte. Cependant, selon les témoignages de certains dirigeants politiques d'alors, le Président manifeste une réelle volonté de contrôler le processus électoral, utilisant le faux prétexte qu'au cas où l'opposition gagnerait les élections législatives, elle le jugerait pour avoir demandé l'intervention militaire destinée à le rétablir dans ses fonctions. Ainsi, profitant de la collaboration de la Cour de Cassation, il nomme la majorité des membres du CEP; ainsi la classe politique d'opposition[2],

---

[1] Voir MAGUIRE Robert et al., **op. cit.**, p. 74.

[2] Malgré les failles techniques et certaines irrégularités enregistrées dans le processus électoral, la plupart des observateurs reconnaissent que la défaite de l'opposition est due, dans certains cas, au manque d'implantation de ses partis politiques et, dans d'autres, au vote de punition que lui donne

n'ayant pas pu digérer sa défaite électorale retentissante mais prévisible, pourra qualifier l'Institution électorale de CEP Lavalas et essayera de discréditer ces élections. D'autant plus que les médias d'Etat transformés en de véritables organes de la Coalition Lavalas, excluent la possibilité pour les partis de l'opposition de jouir du temps d'antenne reconnu par la loi électorale à tous les secteurs engagés dans le processus.

Même au sein de la Coalition du mouvement Lavalas, constituée par l'O.P.L., le MOP et le P.L.B., règne un certain malaise dû au contrôle excessif exercé par le Président et ses plus proches collaborateurs. Ces derniers obligent les dirigeants de ces partis à se réunir au Palais national pour désigner leurs candidats respectifs, sans pouvoir intervenir dans la constitution de la liste finale qui sera envoyée directement du Palais national au CEP. Au Limbé, les membres du P.L.B. provoquent l'incendie du bureau électoral communal (dans le département du Nord) pour protester contre le choix d'un membre de l'O.P.L. comme candidat de la Coalition. Cet événement malheureux donne lieu à la manipulation de l'Institution judiciaire contre le candidat de l'opposition dans ce district électoral, M. Dully Brutus, ex-député du PANPRA et ancien président de la Chambre des Députés durant le coup d'Etat. L'interrogatoire dont M. Brutus est l'objet de la part de certains journalistes de la télévision d'Etat, crée un malaise au sein de la grande majorité de la classe politique au point que l'ex-Parlementaire, écœuré, fut obligé de laisser le pays. Il est hors de doute que ces pratiques n'ont rien à voir avec la démocratie et rappellent étrangement celles de l'ancien régime.

Les maladresses du Pouvoir Exécutif et les défaillances techniques provoquent le rejet des résultats des élections du 25 juin 1995 et le boycottage du second tour réalisé le 17 septembre de la même année par les partis politiques de l'opposition, ce qui a donné

---

la population pour son appui intéressé au régime militaire de facto.

un caractère très peu honorable à l'écrasante victoire électorale de la Coalition Lavalas[3].

Les élections présidentielles de décembre 1995

Après les élections municipales et législatives de juin et septembre 1995, les élections présidentielles sont organisées au mois de décembre, étant donné que le mandat du président Aristide allait prendre fin. Mais, ces élections ont eu lieu dans un climat de division et de conflit à l'intérieur du mouvement Lavalas et de fortes pressions des Etats-Unis.

En effet, malgré son engagement envers l'administration Clinton de ne pas essayer de récupérer les trois ans passés en exil, le président Aristide se lance dans une vaste campagne de manipulation des organisations populaires et tente, avec les ressources du trésor public, de mobiliser les masses populaires autour de sa permanence au pouvoir. L'opposition de l'Organisation Politique Lavalas (O.P.L.), devenue par la suite Organisation du Peuple en Lutte, qui détient une majorité relative dans les deux Chambres, évite la participation du Parlement à cette aventure.

Eu égard à l'hostilité qu'il provoque de la part de l'opposition politique et des Etats-Unis, et vu son caractère anticonstitutionnel et antidémocratique, ce projet pourrait conduire le pays à une crise plus dramatique que la précédente et déboucher, cette fois, sur une occupation militaire étrangère non déguisée. Cette situation provoque une scission à l'intérieur du mouvement Lavalas avec, d'un côté, les partisans de la récupération des trois ans par le Président et, de l'autre, ceux qui sont favorables à l'organisation des élections pour assurer la continuité du pouvoir Lavalas sur la base de la légalité

---

[3] Avec 17 sénateurs sur 18, 62 députés sur 83, plus de 100 conseils municipaux sur 133 et une quantité innombrable des 556 conseillers d'administration des sections communales. Voir Libète du 25 octobre 1995, num. 161.

constitutionnelle. C'est dans ces conditions qu'ont lieu ces élections, le 17 décembre 1995.

Après le retour à l'ordre constitutionnel, le népotisme et la corruption généralisée[4] constituent l'essence du gouvernement Lavalas. Cette nouvelle réalité jointe à la division au sein du Mouvement Lavalas et la détérioration des conditions de vie des masses populaires, donne lieu à un taux de participation inférieur à 30% des votants. Mais, la faiblesse structurelle de l'opposition politique et l'érosion du peu de crédibilité qu'elle avait durant les trois ans de la crise ayant provoqué une méfiance totale au sein de la population envers la classe politique, permettent la victoire de René Garcia Préval, le candidat de la Coalition Lavalas, avec 87.9% des votes exprimés[5].

2. Les réformes économiques

Les sanctions commerciales imposées par l'O.E.A. et l'ONU au régime militaire de facto durant les trois ans de la crise, ne sont pas arrivées à atteindre leurs objectifs, mais ont eu des effets dévastateurs sur l'économie du pays. Ainsi, conscient de cette situation, la communauté internationale définit, avec les représentants du président Aristide, les réformes nécessaires à la réactivation, la restructuration et la dynamisation de l'économie haïtienne. En effet, l'accord signé à Paris au mois d'août 1994, moins d'un mois avant l'intervention militaire américaine, entre les institutions financières internationales, les principaux bailleurs de fonds d'Haïti et les

---

[4] La corruption et les autres formes de perversion du pouvoir atteignent un tel degré d'institutionnalisation durant les quinze mois du retour à l'ordre constitutionnel que la formule utilisée par le professeur Leslie F. Manigat pour caractériser le régime de Jean-Claude Duvalier semble la plus appropriée pour définir le pouvoir Lavalas de cette période. En effet, parlant de l'évolution du gouvernement de Jean-Claude Duvalier, il écrit: "Ce sera donc le régime du "greenback", du coït et du colt". Voir MANIGAT Leslie F., **op. cit.**, p. 181.

[5] MAGUIRE Robert et al., **op. cit.**, p. 75.

représentants du président Aristide, prévoit, entre autres, un programme d'ajustement structurel (la stabilisation économique), la libéralisation des marchés, la privatisation et la décentralisation après le retour à l'ordre constitutionnel[6].

En janvier 1995, deux mois après l'instauration du gouvernement du premier ministre Smarck Michel, 19 institutions internationales et 14 gouvernements promettent 1.2 milliards de dollars d'aide financière, dont le déboursement est échelonné sur 18 mois[7]. Pour recevoir une partie de cette aide, le gouvernement de Smarck Michel, avec l'assentiment du président Aristide, décide de libéraliser les marchés, en diminuant les taxes relatives à l'importation de certains produits et en élevant les taxes sur la consommation de certains services tels que l'électricité, l'eau potable et le téléphone. Mais, quand il touche le dossier de la privatisation des neuf entreprises d'Etat, dont celles de l'électricité, des télécommunications et du ciment, l'opposition et l'arrogance du Président l'obligent à démissionner.

Au mois d'août 1995, la communauté internationale s'engage à élever son aide à 1.7 milliards de dollars; le mois suivant, on enregistre des offres complémentaires de la part de certains bailleurs de fonds; ce qui, selon l'opinion du Secrétaire Général de l'ONU, dépasse la capacité d'absorption du pays[8]. Malgré tout, le président Aristide s'oppose à la privatisation des entreprises d'Etat, laissant au président René Garcia Préval, son successeur, la responsabilité de ce dossier.

Le président Préval, au début de son mandat, manifeste sa volonté de conduire le processus de privatisation; le gouvernement du premier ministre Rosny Smarth signe des accords précis avec les institutions financières internationales, en 1996, sur les réformes à

---

[6] Voir le document intitulé **République d'Haïti, "stratégie de reconstruction sociale et économique"**, 22 août 1994.
[7] MAGUIRE Robert et al., **op. cit.**, p. 80.
[8] Voir **Rapport du Secrétaire Général sur les Missions des Nations Unies en Haïti**,

entreprendre, et le Parlement vote les lois nécessaires à la réalisation de ces réformes[9]. Mais l'opposition de l'ex-président Jean-Bertrand Aristide, manipulant certaines organisations populaires, oblige le Président et le Chef du Gouvernement à ne pas honorer leurs engagements envers la communauté internationale.

L'opposition de l'ex-Président s'explique par le rôle que jouent les entreprises d'État comme terrain privilégié de l'exercice des pratiques politiques liées au népotisme et au clientélisme. Ces pratiques néfastes pour la compétitivité et l'efficacité des entreprises d'État (répartition d'emplois et activités de corruption) fournissent un appui populaire important au projet de l'ex-Président de revenir au pouvoir en l'an 2001. Mais, vu l'urgente nécessité pour Haïti de moderniser son économie, d'investir dans la construction d'infrastructures, l'acquisition de machines et équipements, et étant donné que 80% de son budget d'investissement et 60 % de son budget de fonctionnement dépendent de l'aide internationale, nous pouvons nous demander jusqu'à quand les autorités haïtiennes pourront résister aux pressions de la communauté internationale.

3. Les élections frustrées de 1997

Les élections du 6 avril 1997 devraient constituer un pas important dans le processus d'établissement et de mise en marche des structures de décentralisation et de contrôle du pouvoir central par les collectivités locales, prévues par la Constitution de 1987. En effet, en plus du renouvellement du tiers du Sénat (9 Sénateurs) et de deux Députés, ces élections permettraient la constitution des 556 Assemblées des Sections Communales, les 133 Assemblées

---

S/1996/112, 14 février 1996.

[9] La Chambre des Députés a voté le jeudi 5 septembre la loi permettant l'investissement privé dans les entreprises publiques haïtiennes. Voir Haïti en Marche, édition du 11 au 17 septembre 1996, Vol. 3, Num. 31.

Communales et les 9 Assemblées Départementales, le Conseil interdépartemental et le Conseil Electoral Permanent (CEP)[10], en d'autres termes, ces élections devraient consacrer la fin de la "République de Port-au-Prince".

Vu l'importance de ces "élections dans la dynamique du processus d'institutionnalisation démocratique, le pouvoir Lavalas, depuis la formation du Conseil Electoral Provisoire (CEP), aurait dû chercher, au moyen de la négociation et du compromis, la participation des partis politiques de l'opposition à ces élections pour augmenter leur crédibilité, la légitimité des autorités élues et assurer de cette manière le caractère englobant et inclusif du processus. Ces élections, auxquelles ne participent pas les partis politiques de l'opposition, mettent face à face les deux principales organisations du mouvement Lavalas, l'Organisation Politique Lavalas (O.P.L.) et la Famille Lavalas (F.L.).

Les agissements du CEP, les fraudes et les actes de violence enregistrés durant la réalisation de ces comices portent l'O.P.L. à rejeter les résultats de ces élections et à exiger leur annulation. Le rapport négatif du directeur de la Mission d'Observation de l'O.E.A. et de l'ONU[11], M. Colin Granderson, concernant le climat dans lequel s'est déroulé le processus électoral, conduit cette institution à enlever son assistance technique au CEP. Dès lors, éclate une crise multidimensionnelle dont l'issue déterminera le sort du fragile processus d'institutionnalisation démocratique.

La crise électorale de 1997 donne lieu aussi à une crise de régime et de gouvernabilité, car le premier ministre Rosny Smarth et le Parlement désapprouvent ces élections tandis que le président René

---

[10] Chaque conseil départemental établirait les priorités du département en matière de développement économique et social; le conseil interdépartemental, constitué par neuf membres, c'est-à-dire un représentant par département, participerait au conseil des ministres (rencontre hebdomadaire de travail entre le Président de la République, le Premier Ministre et les membres de son cabinet pour discuter sur les modalités de mise en application de la politique gouvernementale et le fonctionnement de l'appareil d'État. En outre, chaque structure départementale choisirait un membre du Conseil Electoral Permanent.

[11] Voir Libète, Num. 240, 14 février 1997.

Garcia Préval reconnaît leur validité. Cette situation provoque la démission du Premier Ministre, le 8 juin 1997, et dès lors, le Président n'arrive pas à se mettre d'accord avec l'O.P.L. qui détient une majorité relative dans les deux Chambres, pour nommer un autre Premier Ministre.

4. Le réveil des vieux démons

L'intervention militaire américaine baptisée "Appui à la démocratie", qui devrait s'appeler "Appui au rétablissement de l'ordre constitutionnel", ne peut pas inoculer les valeurs démocratiques aux Haïtiens ni effacer les pratiques politiques antidémocratiques liées à une tradition vieille d'environ deux siècles et qui imprègne les idées et les comportements de ceux qui prétendent lutter pour la démocratie. En effet, la présence de la force multinationale n'affecte en rien le poids de la tradition du présidentialisme autoritaire dans les relations entre les deux pouvoirs de l'Etat. Après les élections de juin et septembre 1995, on a observé comment le président Aristide, sans respect pour les partis politiques et les Parlementaires de la 46ème Législature, a essayé de désigner les Présidents du Sénat et de la Chambre des Députés. Cette tentative s'est heurtée à l'opposition de l'O.P.L., le Parti le plus important de la Coalition Lavalas.

Considérant l'attitude du Chef de l'Etat comme la négation flagrante du principe élémentaire de la séparation des pouvoirs, fondement de tout régime démocratique, l'O.P.L. défendait l'idée que seuls les Parlementaires de la Coalition peuvent décider entre eux qui devraient être membres du Bureau des deux Chambres, sans ignorer la nécessité de la représentation des principales tendances politiques dans chaque bureau. Mais, quand les Députés et Sénateurs de la Coalition Lavalas se réunissent pour se mettre d'accord et définir une stratégie qui leur permette de choisir leurs candidats au niveau des deux Chambres, se présentent deux membres du cabinet privé du président Aristide, accompagné du directeur du Service d'Intelligence Nationale (SIN), pour essayer d'imposer les deux Parlementaires qui, selon le pouvoir, devraient être respectivement Président du Sénat et de la Chambre des Députés.

Face aux protestations de la plupart des Parlementaires qui exigent la suspension de la rencontre jusqu'à ce que les "intrus" laissent la salle, la délégation présidentielle dut se retirer. C'est le point de départ du conflit entre le président Aristide et l'O.P.L. Ces relations conflictuelles vont prendre de nouvelles dimensions quand le Président essaiera d'embarquer la majorité parlementaire Lavalas dans son projet de rester trois ans de plus au pouvoir et de ratifier, de manière anticonstitutionnelle, la dissolution de l'armée.

Les manifestations du présidentialisme autoritaire, autocrate et arrogant peuvent s'observer aussi dans le ton du discours fascisant prononcé par le président Aristide à la Cathédrale de Port-au-Prince, le 11 novembre 1995, à l'occasion des funérailles de son cousin, le député Jean-Hubert Feuillé[12], de l'OPL. En effet, en présence des représentants du secrétaire général de l'ONU, M. Lakdar Brahimi, et les membres du Corps Diplomatique, le président Aristide déclare textuellement: "Je veux et je peux. Il n'y a pas deux ou trois Chefs d'Etat en Haïti, il n'y en a qu'un seul. Je suis l'unique Chef d'Etat du pays. Et en tant que seul Chef d'Etat d'Haïti, j'ordonne que tous les Haïtiens et la communauté internationale, nous marchions unis pour que le désarmement soit total... C'est un ordre... Je vous donne l'ordre, quelque soit celui qui peut bloquer cette opération de désarmement total, légal, capital, de l'arrêter si c'est un Haïtien. Et s'il n'est pas un Haïtien, nous lui donnerons un carnet de remise à ses parents"[13]. Ce

---

[12] Concernant l'assassinat de Jean-Hubert Feuillé, le député Gabriel Fortuné, qui se trouvait avec lui dans la voiture et qui a été gravement blessé par les assassins, a affirmé, depuis l'hôpital canadien d'où il s'était fait soigner, avoir reconnu les assassins qui étaient membres du corps de sécurité du Palais national.

[13] MOUTERDE Pierre et WARGNY Christophe, **op. cit.**, pp. 206-207.

discours incendiaire provoque des actes de violence contre les anciens membres de l'armée et plusieurs cas d'assassinat[14].

Sous la Présidence de René Garcia Préval, de telles pratiques continuent à se manifester. En effet, la volonté de celui-ci de banaliser la fonction de Premier Ministre et de considérer le Chef de gouvernement comme un simple exécutant de ses décisions, provoque la démission du premier ministre Rosny Smarth. La crise de gouvernabilité qui résulte de cette démission présentée le 8 juin 1997, montre la résurgence des vieilles pratiques de l'ancien régime, qui consistent à considérer le Pouvoir Législatif comme un simple appendice de l'Exécutif. En ce sens, le président Préval a déclaré en maintes occasions que le pays n'a pas de problème de Premier Ministre, c'est-à-dire qu'il veut jouer à la fois le rôle de Chef d'Etat et de gouvernement, avec un grand mépris de la Constitution du pays.

Au lieu de négocier avec les principales tendances politiques représentées au Parlement pour obtenir un consensus et établir un gouvernement appuyé par une majorité parlementaire stable, capable de conduire le processus d'institutionnalisation démocratique et de modernisation du pays, le Président préfère la confrontation avec le Parlement. Il lui arrive de désigner une deuxième foi M. Hervé Denis, qui avait été antérieurement rejeté par le Pouvoir Législatif. Cet acte constitue une provocation et démontre son peu d'intérêt pour sortir de la stagnation qui empêche le pays de mettre en œuvre les grands projets d'infrastructures que la communauté internationale est disposée à financer. Les rumeurs de dissolution imminente du Parlement et les appels du président Préval aux masses populaires pour qu'elles se mobilisent contre l'Institution parlementaire constituent des menaces et des procédés anticonstitutionnels qui ne peuvent prévaloir dans les relations entre les pouvoirs de l'Etat dans aucun régime démocratique.

---

[14] **Ibid**. p. 207.

En ce sens, le retour à l'ordre constitutionnel, imposé par la communauté internationale, diffère de l'instauration de la démocratie et met en évidence l'ampleur des obstacles à surmonter par la société haïtienne -désarticulée et incapable de résoudre ses contradictions internes sans une intervention militaire étrangère- pour construire un régime démocratique. Ainsi, les événements politiques de la postcrise montrent clairement que, dans ces conditions, la gouvernabilité apparaît comme un grave défi, l'instabilité, une norme et le futur du processus d'institutionnalisation démocratique haïtien devient problématique et douteux. Tout cela nous porte à affirmer que la démocratie ne peut être, en aucune façon, le fruit d'une Constitution bien élaborée, et encore moins d'une intervention militaire, comme en témoigne la présence des forces multinationales dans le pays, quatre ans après le retour à l'ordre constitutionnel.

CONCLUSION

Notre effort, dans ce travail, a consisté à mettre en évidence la complexité du cas haïtien, l'ampleur des obstacles à la construction de la démocratie dans ce pays et à montrer que le processus d'institutionnalisation démocratique ne peut être conduit à terme qu'au moyen du compromis, de la négociation et de la recherche incessante de l'indispensable consensus. Vu nos objectifs et hypothèses et le caractère précaire, fragile et risqué de tout processus d'instauration d'un régime démocratique, on peut soutenir, comme le prouvent diverses expériences de transition "réussie", que la viabilité du processus de construction et de consolidation de la démocratie en Haïti, ne peut être assurée qu'en tant que projet collectif, national.

En effet, la dynastie des Duvalier, une dictature hybride, résultat d'un mélange de traits des deux sous-types de régimes traditionnels (les régimes sultanistes et les oligarchies compétitives), selon la terminologie de Juan Linz -favorisée par le contexte international d'alors et au moyen du terrorisme d'Etat porté à son paroxysme- règne de 1957 à 1986. La domestication des institutions de contre-pouvoir, l'anéantissement des organisations de la société civile, les méthodes de répression devenues légendaires utilisées à l'encontre de ses opposants politiques et le contrôle de l'imaginaire collectif -rendu possible par sa prétendue supériorité intellectuelle et mystique[1]- permettent à François Duvalier de se maintenir au pouvoir pendant quatorze ans. Il laissera le pouvoir, à sa mort survenue en 1971, en héritage à son fils Jean-Claude, âgé seulement de 19 ans. Sous le poids des changements enregistrés au niveau de

---

[1] Se faisant passer pour un redoutable prêtre du vaudou, capable de savoir ce que pense chaque personne en particulier, François Duvalier parvient à traumatiser le gros de la population, à paralyser la volonté, à perturber la conscience et à troubler la personnalité des gens: les hommes évitent de parler de politique avec leurs épouses et les enfants avec leurs parents. Voir PIERRE-CHARLES Gérard, Radiographie d'une dictature, Nouvelle Optique, Montréal, 1973, p. 51.

facteurs externes, tels que la nouvelle orientation de la politique extérieure des Etats-Unis (la promotion et la défense des droits humains par l'administration Carter et la promotion de la démocratie représentative par les administrations Reagan-Bush), la volte-face de l'Eglise catholique consécutive au Concile Vatican II, qui influence considérablement les Eglises catholiques nationales, et ses propres contradictions internes, la dictature des Duvalier est emportée, le 7 février 1986, par la troisième vague de démocratisation à l'échelle mondiale coïncidant avec le Nouvel Ordre International.

Le vide institutionnel créé par la longue durée de cette dynastie, l'inexistence d'une société civile organisée et de véritables classes moyennes urbaines, due à la nature excessivement terroriste de cette dictature, imprègnent de façon profonde le processus de changement politique amorcé à la chute du régime de Jean-Claude Duvalier. Un cas insolite dans la troisième vague de démocratisation, le 7 février 1986, une dictature civile, en s'écroulant, remet le pouvoir à l'armée pour assurer la transition; on est alors passé d'une dictature civile, personnaliste, à un régime militaire autoritaire de caractère corporatif.

L'affrontement entre le régime militaire et les masses populaires a lieu de façon directe, sans la médiation de véritables partis politiques, ni de réelles forces socio-politiques modérées conduites par une bourgeoisie libérale moderne et dynamique ou de larges fractions des classes moyennes éclairées, susceptibles d'assurer le leadership du processus; situation aggravée par la scission au sein de l'Eglise catholique nationale avec d'une part, le haut clergé appuyant les secteurs conservateurs et, de l'autre, le bas clergé, dans sa grande majorité, appuyant les organisations de base, fer de lance du mouvement revendicatif des masses populaires. Ces faits expliquent, en grande partie, le caractère convulsif de la transition haïtienne, ses soubresauts et l'échec du processus d'institutionnalisation démocratique. Amorcé avec l'investiture du président Jean-Bertrand Aristide, il s'écroule avec le coup d'Etat du 30 septembre 1991.

Après la chute de la dictature, on observe, de la part de toutes les couches de la société haïtienne, une réelle volonté de s'organiser pour récupérer tous les droits confisqués par les régimes successifs despotiques durant près de deux siècles. La soif de liberté atteint un degré tel que même l'idée de la construction d'un Etat démocratique de droit paraît insignifiante par rapport aux expectatives. Cette conjoncture favorise la prédominance des discours les plus radicaux et la diffusion d'idées de portée anarchiste. Ainsi, le triomphe du courant anarco-populiste, dirigé par Jean-Bertrand Aristide et René Garcia Préval, au sein du Mouvement Lavalas ne surprend personne; cela contribue à compliquer davantage le processus d'institutionnalisation démocratique.

Il convient de souligner aussi, malgré la violence impitoyable de l'armée et des forces néoduvaliéristes, le discours incendiaire de la gauche radicale, les scènes de «lébrunisation»[2] vengeresses, les «dechoukaj»[3] spectaculaires et les manifestations de rue du mouvement populaire et démocratique, qu'aucun secteur politique ne parvient à assumer une véritable position hégémonique durant le processus de changement politique. Après l'échec des élections sanglantes de novembre 1987, seuls l'appui et la vigilance de la communauté internationale permettent la réalisation de nouvelles élections le 16 décembre 1990. Consciente du caractère fragile et dangereux du contexte politique hérité après la chute du régime militaire du général Prosper Avril (mars 1990), la présidente provisoire, Mme Ertha Pascal Trouillot, sollicite la présence

---

[2] Acte consistant à mettre au cou d'un ex-membre de la milice des Duvalier, ou d'un tueur, un pneu enflammé, après avoir arrosé la victime de gazoline, pour le brûler vif.

[3] Scènes de vengeance politique consistant à mettre à sac et à détruire la maison d'un ancien partisan du régime dictatorial ou d'un gouvernement militaire, pendant la transition, après la chute de celui-ci.

d'observateurs civils et militaires de l'OEA et de l'ONU pour assurer le succès des joutes électorales.

Les préoccupations de la présidente Trouillot sont légitimes. La tentative de coup de force de Roger Lafontant, un mois avant l'investiture de Jean-Bertrand Aristide, le coup d'Etat sanglant du 30 septembre 1991 et l'incapacité des acteurs haïtiens, en dépit de l'arbitrage de la communauté internationale, de parvenir à un accord et de l'appliquer en vue de résoudre de manière pacifique la crise de 1991-1994, mettent en évidence le poids des facteurs structurels internes et les propres limites des acteurs haïtiens. En ce sens, la manifestation des vieilles pratiques politiques autoritaires après le retour à l'ordre constitutionnel, montre que le problème de la dictature ou de l'inexistence de démocratie en Haïti ne peut pas être simplifié ou caricaturé en le réduisant à la violence des forces militaires, paramilitaires et néoduvaliéristes. En effet, tout en constituant des éléments importants du système antidémocratique, elles ne peuvent être considérées comme les seuls obstacles au processus d'institutionnalisation.

La dissolution de l'armée et la neutralisation ou l'évaporation des forces paramilitaires et néoduvaliéristes à la suite de l'intervention militaire étrangère et la persistance des pratiques de l'ancien régime, montrent bien que la simple disparition des forces de violence anti-changement de l'oligarchie ne suffit pas à créer les conditions favorisant l'émergence de l'Etat de droit. La démocratie est liée à l'intériorisation de normes, de valeurs et d'attitudes par les membres d'une société, à partir de l'éducation démocratique, du fonctionnement des partis politiques et l'apprentissage de la tolérance dans le cadre des institutions de la société civile. Ce sont ces éléments qui rendent possibles la coexistence sociale (la volonté de vivre ensemble), le fonctionnement d'un régime démocratique et la propension à résoudre les conflits socio-politiques par un système juridique crédible et approprié et les conflits interinstitutionnels au moyen de la négociation, la recherche incessante du compromis, du difficile mais indispensable consensus, au lieu de recourir à la confrontation, aux pressions et à la violence.

Les événements politiques de la postcrise nous aident à comprendre également que la démocratie ne peut pas être imposée par une invasion militaire. Elle doit être construite comme projet national, non exclusif, au moyen d'un effort collectif visant à changer la vision socio-politique manichéiste, les relations socio-politiques de type binaire entre oppresseurs/opprimés, dominants/dominés, exploiteurs/exploités qui ont enfermé l'histoire du pays en un cercle infernal de violence entre bourreaux et victimes, où la victime d'aujourd'hui devient le bourreau de demain et l'actuel assassin, la prochaine victime. Comment briser ce cercle vicieux et parvenir à construire et à mettre en œuvre un véritable projet démocratique en Haïti?

La polarisation socio-politique qui se manifeste durant tout le processus de transition et surtout pendant les élections du 16 décembre 1990 et après l'investiture du président Jean-Bertrand Aristide, est le reflet des faiblesses des structures étatiques et de la situation d'inégalités sociales. Un véritable système d'apartheid (dans le sens d'exclusion socio-économique), établi dans le pays depuis la proclamation de l'indépendance, porte les couches défavorisées de la société haïtienne à rêver toujours d'un "sauveur", d'un "prophète", d'un "messie" capable de réaliser le miracle de les transformer en de véritables citoyens qui jouiraient de tous les droits et privilèges attachés à ce statut. Jean-Bertrand Aristide, prêtre de la théologie de la libération, que son origine sociale humble, son discours incendiaire, son "pouvoir mystique" et son messianisme transforment en "Titid le prophète, le sauveur des masses pauvres" peut devenir Président malgré l'hostilité de l'oligarchie haïtienne, des Etats-Unis, de la République Dominicaine et du Vatican. Ainsi, la construction de la démocratie constitue une tâche difficile, un véritable casse-tête dans les conditions terribles de sous-développement chronique dont souffre le pays et qui sont beaucoup plus favorables à l'émergence d'un leader providentiel, messianique, d'un quelconque aventurier et de fanatiques ou d'intégristes.

Face à l'ampleur des obstacles et à la complexité de la situation, le consensus au sein des élites par rapports aux procédures et aux règles du jeu est indispensable pour le processus d'institutionnalisation démocratique et la création d'un Etat de droit. En ce sens, la construction de la démocratie, malgré les facteurs structurels limitants, dépend de la capacité des acteurs socio-politiques de rationaliser leurs pratiques politiques sur la base de règles et de mécanismes institutionnels qu'ils définissent et établissement conjointement, et qu'ils décident d'appliquer et de respecter pour pouvoir résoudre ou dépasser leurs divergences dans le cadre du jeu de l'alternance démocratique, sans recourir à la violence.

Comme on peut le constater, l'intervention militaire permet le retour à l'ordre constitutionnel, sans pour autant parvenir à instaurer la démocratie en Haïti. Ainsi, la crise de 1991-1994, qui représente le moment critique de la "conjoncture de crise" consécutive à la chute de la dictature, ne s'est pas résorbée, comme l'attestent certains épisodes de la postcrise. En effet, la présence des forces multinationales dans le pays quatre ans après l'intervention militaire du 19 septembre 1994, la crise électorale et de gouvernabilité que traverse Haïti depuis deux ans, le minage systématique des institutions et la résurgence du présidentialisme autoritaire*, montrent le caractère fragile du régime de "démocratie assistée" imposé par la communauté internationale.

* Mise en évidence par la décision du Chef de l'Etat de dissoudre, dans son discours du 11 janvier 1999, le Parlement et de transformer les Elus locaux et les Conseillers municipaux en Agents intérimaires de l'Exécutif, et par la mise en veilleuse de la Constitution et l'installation d'un Gouvernement de facto le 26 mars 1999.

Les vicissitudes de la transition démontrent, comme le pose l'une de nos hypothèses, que le consensus indispensable à la construction de la démocratie ne peut être trouvé que dans le cadre du pluralisme politique, et le processus d'institutionnalisation ne peut être conduit à terme qu'en tant que projet collectif, national. La construction et la consolidation de la démocratie participative impliquent, dans le cas d'Haïti, un processus d'intégration socio-économique, d'apprentissage et de socialisation politique -puisque l'émergence de la démocratie doit reposer sur un cadre économique et social- qui favorise des normes, des valeurs et des attitudes devant faciliter l'intériorisation des pratiques républicaines et de nouvelles formes de coexistence sociale.

Pour atteindre un tel but, la société haïtienne doit rompre avec l'archaïsme économique, social et culturel. Les différents secteurs politiques, sociaux et économiques, dans toutes leurs faiblesses, représentent les acteurs qui, partout dans le pays, doivent, d'une façon ou d'une autre, y contribuer. Enfin la société haïtienne doit atteindre un certain degré d'autonomie, car la démocratie ne peut pas se construire, croître et se développer dans un pays où 80% du budget d'investissement et 60% du budget de fonctionnement, ainsi que le financement des élections, dépendent de l'aide étrangère.

Etant donné le poids des facteurs structurels internes, les limites des acteurs sociaux et le fait que la création des conditions favorables à l'émergence des normes, des valeurs et des attitudes, et leur intériorisation par les membres des différents segments de la société, est un processus très long qui peut avoir lieu ou non, la tension entre facteurs structurels et structurants (les acteurs) pourrait être partiellement résolue par la voie institutionnelle. Cela impliquerait la création des institutions prévues par la Constitution de 1987, qui n'existent pas encore, douze années après la promulgation de la *Carta Magna*, et d'autres qui devraient jouir d'une large autonomie et qui seraient intégrées par des personnalités crédibles de la société civile, qui favoriseraient, pour le moins, le fonctionnement de la démocratie procédurale, l'intériorisation de pratiques politiques modernes et qui conduiraient, avec le temps, à une socialisation politique de type éclairé.

Les avances institutionnelles doivent permettre une plus large et une plus active participation des éléments démocratiques de la société civile. Elles doivent également être alimentées par les apports et le développement de ces derniers en tant qu'acteurs réels et dynamiques. Seuls des efforts simultanés et complémentaires dans les deux dimensions peuvent augurer d'un partenariat entre ce secteur de la société civile prêt à réaliser les transformations structurelles nécessaires et l'Etat, condition indispensable à la construction et à la consolidation d'une véritable démocratie en Haïti.

ANNEXES

ANNEXE I
L'ACCORD DE WASHINGTON
DU 23 FEVRIER 1992

Protocole entre le président Jean-Bertrand Aristide et la Commission parlementaire de négociations en vue de trouver une solution définitive à la crise haïtienne.

Article 1: Les parties signataires de la présente reconnaissent et admettent le principe de la nécessité urgente d'une solution concertée et négociée à la crise politique et institutionnelle que traverse la société haïtienne depuis le départ pour l'exil du président Jean-Bertrand Aristide, le 30 septembre 1991, et que cette solution, pour être viable et durable, doit être recherchée dans le cadre du respect de la Constitution haïtienne, de la souveraineté nationale, et conduire à:

1- la Concorde Nationale.

2- la mise en place et la consolidation des institutions démocratiques.

3- la mise en application de mesures devant garantir les libertés civiles, enrayer la répression et empêcher toute tentative de vengeance ou de règlements de compte.

Article 2: A toutes ces fins les parties signataires s'engagent à:

1- encourager, consolider et respecter le principe de la séparation des pouvoirs, conformément à la Constitution et dans ce cadre, œuvrer à la mise en place de mécanismes d'harmonisation et de collaboration pour faciliter l'établissement des institutions prévues par la Charte fondamentale;

2- garantir les libertés civiles et faciliter le libre fonctionnement des partis politiques et organisations civiques dans le respect de la Constitution et des lois régissant les dites organisations.

Article 3: Les parties reconnaissent la nécessité pour le Parlement haïtien, co-dépositaire de la souveraineté nationale de:

1- réinstaurer Jean-Bertrand Aristide dans l'exercice de sa fonction de Président constitutionnel élu de la République d'Haïti et s'engager à aider le gouvernement de consensus national à matérialiser les conditions du retour de Jean-Bertrand Aristide en Haïti.

2- élaborer et voter les lois pour la mise en place des institutions prévues par la Constitution notamment:

a) la loi sur les collectivités territoriales.
b) la loi sur la séparation de la police d'avec les Forces armées.
c) la loi sur le fonctionnement de l'Office de la Protection du Citoyen.

3- faciliter par les lois et règlements, l'application d'une politique de paix sociale et de relance économique.

Article 4: Les parties reconnaissent la nécessité pour le président Jean-Bertrand Aristide de:

1- respecter les actes posés ou ratifiés par le Parlement haïtien. En cas de désaccord entre l'Exécutif et le Législatif, il sera possible à l'une ou à l'autre partie de se référer à la Commission de conciliation, conformément à l'article 111-5 de la Constitution.

2- accepter que, pendant son absence, le Premier Ministre assume la direction des affaires de l'État conformément à l'article 148 de la Constitution.

Article 5: Les parties reconnaissent la nécessité de:

1- proclamer une amnistie générale, hormis les criminels de droit commun.

2- s'abstenir de toute déclaration équivoque susceptible d'être interprétée comme une incitation à la violence.

3- accepter le nouveau Premier Ministre de consensus choisi par le président Jean-Bertrand Aristide en consultation avec le Président du Sénat et le Président de la Chambre des Députés.

4- demander la levée de l'embargo et des sanctions prévues au Chapitre I paragraphe 4 de la Résolution MRE-2/91 de l'OEA, immédiatement après la ratification du Premier Ministre et l'installation du Gouvernement de Consensus National.

5- reconnaître leur obligation de mettre en œuvre toutes mesures nécessaires en vue de placer les institutions nationales dans le cadre qui leur permet de prendre toutes décisions de leur compétence en toute liberté, sans faire les frais d'intervention violente, de menaces de violence de quelque force que ce soit.

6- recommander au Parlement la ratification urgente de la demande du président Jean-Bertrand Aristide à l'*OEA,* de l'envoi en Haïti de la Mission civile OEA-DEMOC.

7- demander à l'OEA et à la communauté internationale d'apporter une aide urgente et substantielle au gouvernement de consensus national pour revitaliser l'économie haïtienne, promouvoir le bien-être social, professionnaliser les Forces armées, la police et renforcer les institutions démocratiques.

8- refuser et condamner toute intervention de forces armées étrangères dans le règlement des affaires d'Haïti.

Fait de bonne foi en triple original à Washington, D.C., le 23 février 1992.

Ce protocole d'accord entrera immédiatement en vigueur après sa ratification par l'Assemblée Nationale sur convocation de son Président.

Jean-Bertrand Aristide, Président de la République d'Haïti.
Déjean Bélizaire, Président du Sénat et de la Commission Parlementaire de Négociation.
Alexandre Médard, Président de la Chambre des Députés et Vice-Président de la Commission Parlementaire de Négociation.

TEMOINS:

Délégation de la Commission Parlementaire: Thomas Eddy Dupiton, Jean-Robert Martinez, Duly Brutus, Joseph Lambert.
Délégation du président Aristide: Evans Paul, Guy Alexandre, Michael Gaillard, Patrick Elie, Jean Molière, Turneb Delpé.
Délégation de l'OEA-DEMOC: Augusto Ramírez Ocampo, Enrique Peinado Barrios, Mario González Vargas, Edwin Carrington, John Biel, Lawrence Harrison.

ANNEXE II

Accord tripartite en vue de la formation d'un Gouvernement de Consensus et de Salut Public pour la Consolidation de la Démocratie

Les soussignés:
Le Pouvoir Exécutif
Le Pouvoir Législatif et
Les Forces Armées d'Haïti

s'étant réunis les 24, 29, 30 avril, 4, 5, 6 et 8 mai 1992 en vue de trouver une solution à la crise haïtienne, ont sur une base de consensus, adopté les dispositions suivantes:

Article l: Le Pouvoir Exécutif, le Pouvoir Législatif et les Forces Armées d'Haïti, par le présent accord, conviennent de la nécessité de former un Gouvernement de Consensus et de Salut Public pour la Consolidation Démocratie.

Article 2: Ce consensus porte essentiellement sur les points suivants:

1- Identification des critères pour le choix d'un Premier Ministre. Outre les conditions exigées par la Constitution en son Article 157, ce Premier Ministre de consensus doit être:

- modéré et accepté par la majorité des différents secteurs de la vie nationale
- doté entre autre d'une bonne expérience en Administration Publique Nationale

2- Formation d'un Cabinet Ministériel bénéficiant de l'assentiment de la majorité des principaux secteurs de la vie nationale.

Article 3: La mission principale de ce Gouvernement consiste à:

1- reprendre officiellement les dossiers de négociations en vue de:

- trouver une solution acceptable répondant à l'attente de tous les Haïtiens, de la Communauté internationale et des secteurs directement concernés par les événements qui ont abouti au 30 septembre 1991 et au départ du Président élu le 16 décembre 1990.
- mettre fin à l'isolement diplomatique d'Haïti.
- obtenir la levée de l'embargo.

2- travailler au maintien d'un climat d'apaisement social dans le pays.

3- concevoir et appliquer un programme de relance de l'Économie Nationale.

4- contribuer à la modernisation et au renforcement des Institutions démocratiques et administratives par la mise en train d'une législation réglementant les institutions démocratiques prévues par la Constitution en particulier:

Les Collectivités Territoriales
La Création des Forces de Police
Le fonctionnement de l'Office de Protection du Citoyen
Le Conseil Electoral Permanent
La Commission de Conciliation

Article 4: L'actuel Président provisoire devra se retirer du pouvoir au moment importun.

Article 5: L'actuel Chef de Gouvernement et son Cabinet resteront en fonction jusqu'à l'installation du Gouvernement de consensus.

Article 6: Le présent Accord qui engage formellement les instances en présence et qui constitue la manifestation non équivoque de leur volonté de voir sortir le pays de la crise actuelle, prend effet à partir de la date de publication de sa loi de ratification par les deux Chambres.

Fait à Port-au-Prince, à la Villa d'Accueil, le vendredi 8 mai 1992, An 1896me de l'Indépendance.

Pour **le Pouvoir Exécutif** et par la délégation du Président Provisoire de la **République:**

Jean-Jacques Honorat, Premier Ministre

Pour **le Pouvoir Législatif:**

Ingénieur Déjean Bélizaire, Président du Sénat

Docteur Alexandre Médard, Président de la Chambre des Députés

Pour **les Forces Armées d'Haïti:**

Raoul Cédras, Lieutenant-Général Commandant en Chef des Forces Armées d'Haïti

ANNEXE III

Loi du 22 mai 1992 ratifiant L'Accord Tripartite et publiée dans Le Moniteur du 29 mai 1992

Vu les dispositions de l'article 1er de la Constitution relatives à la souveraineté et à l'indépendance d'Haïti;

Vu les articles 19, 58, 59-1, 60, 60-1, 88, 89, 94-1, 95, 101, 105, 106, 1017, 111, 111-1, 111-8, 128, 129-2, 129-3, 137, 144, 145, 149, 155, 156, 157, 183-1 et 206 de la Constitution;

Vu le décret du 8 octobre 1991;

Considérant qu'à l'issue du coup de force militaire qui a entraîné le renversement du pouvoir et le départ pour l'étranger du chef de l'État élu le 16 décembre 1990, le Corps législatif, co-dépositaire de la souveraineté nationale et le gouvernement provisoire de la République d'Haïti se sont engagés à négocier en vue de trouver une solution définitive à la crise;

Considérant que les Présidents des deux (2) Chambres, dans le souci d'épargner au pays le chaos édicté par l'intérêt national, dont un cas de force majeure, ont signé le communiqué du 6 janvier 1992;

Considérant que le 23 février 1992 un Protocole d'Accord a été signé à Washington entre les représentants du Parlement haïtien et le président renversé, Jean-Bertrand Aristide, sous les auspices de l'OEA;

Considérant que le Protocole d'Accord du 23 février 1992 a *été* dénoncé par l'Exécutif provisoire d'Haïti, qui a saisi la Cour de Cassation de la République en vue de se prononcer sur la validité du dit protocole;

Considérant que la Constitution fixe à 90 jours au plus, après l'ouverture de la vacance, le délai pour la tenue des élections que ces élections n'ont pas eu lieu dans le délai et que cette décision n'est réglementée par aucune disposition constitutionnelle;
Considérant que le Sénat et la Chambre des Députés ont octroyé des mandats autorisant une Commission parlementaire à rencontrer les représentants du Pouvoir Exécutif et le haut commandement des FAd'H en vue de trouver une solution à la crise;

Considérant que dans un souci hautement patriotique en vue de trouver un modus operandi, un accord est intervenu entre, d'une part, le Pouvoir Exécutif, le haut Etat-major des FAD'H, d'autre part, avec le Pouvoir Législatif, le vendredi 8 mai 1992, à Port-au-Prince, à la Villa d'Accueil, pour tirer le pays de la crise;

Considérant que cet Accord appelle la formation d'un Gouvernement de Consensus pour la Consolidation de la Démocratie; que la mission principale de ce gouvernement sera de reprendre les dossiers de négociations en vue de trouver une solution acceptable répondant tant à l'attente des Haïtiens qu'à celle de la Communauté internationale et des secteurs directement concernés;

Considérant que la Nation haïtienne attend un dénouement pacifique de la crise par une solution négociée et dans l'intérêt supérieur de la Nation et qu'il importe de prendre les mesures appropriées pour que cet accord puisse produire son plein et entier effet;

Sur le rapport de la Commission parlementaire et après délibération en Assemblée:

Art. 1. Est et demeure ratifié pour sortir son plein et entier effet, avec les précisions ci-dessous produites, l'accord signé le 8 mai 1992 à la Villa d'Accueil entre d'une part, l'Exécutif provisoire de la République, le haut commandement des FAD'H et, d'autre part, le Pouvoir Législatif, en vue de la formation d'un Gouvernement de Consensus pour la Sauvegarde et la Consolidation de la Démocratie:

a) Seuls les critères constitutionnels spécialement ceux prévus à l'article 157 seront pris en compte pour le choix du Premier Ministre de consensus.

b) En référence à l'article 4 de l'Accord de la Villa d'Accueil, le mandat du Président provisoire prend fin dès l'investiture du Gouvernement de Consensus prévu par l'Accord et la vacance présidentielle crée par la démission du Président provisoire ne sera comblée tant qu'une solution définitive et globale ne soit trouvée à la crise nationale.

Art. 2. La présente loi abroge tous décrets ou dispositions de décrets, tous décrets-lois ou dispositions de lois qui lui sont contraires; elle sera publiée et exécutée à la diligence du Ministère de l'Intérieur et de la Défense Nationale, du Ministère des Affaires Etrangères et des Cultes et du Ministère de l'Information.

Palais Législatif, 22 mai 1992.

ANNEXE IV
ACCORD DE GOVERNORS' ISLAND

Signé par le général Raoul Cédras et l'ambassadeur Dante Caputo à 11h30 a.m., samedi 3 juillet 1992 et par le président Jean-Bertrand Aristide à 22h44 p.m. le même jour.

Le président de la République d'Haïti, Jean-Bertrand Aristide et le commandant en chef des Forces Armées d'Haïti, le lieutenant général Raoul Cédras, sont convenus que les dispositions suivantes devraient être prises afin de résoudre la crise haïtienne. Chacun d'entre eux est convenu de prendre, dans le cadre des compétences qui sont les siennes, toutes les mesures nécessaires à la mise en œuvre de ces dispositions. En outre, dans tous les cas, l'un et l'autre expriment leur appui à l'application de ces dispositions et s'engagent à coopérer à cette application.

1- Organisation sous les auspices de l'ONU et de l'OEA d'un dialogue entre les représentants des partis politiques représentés au Parlement avec la participation de représentants de la Commission présidentielle, avec l'objectif de:

a) accorder une trêve politique et promouvoir un Pacte social en vue de créer les conditions nécessaires pour assurer une transition pacifique; b) trouver un accord sur la procédure permettant au Parlement haïtien de retrouver sa normalité; c) trouver un accord permettant au Parlement de ratifier dans les meilleurs délais le Premier Ministre; d) trouver un accord permettant l'adoption des lois nécessaires pour assurer la transition.

2- Désignation d'un Premier Ministre par le Président de la République.

3- Ratification de la nomination du Premier Ministre par le Parlement normalisé et entrée en fonction de celui-ci en Haïti.

4- Suspension, à l'initiative du Secrétaire Général de l'ONU, des sanctions adoptées par la Résolution 141 (1993) du Conseil de Sécurité et suspension, à l'initiative du Secrétaire Général de l'OEA, des autres mesures adoptée par la réunion *ad hoc* des ministres des Affaires Etrangères de l'OEA, immédiatement après la ratification et l'entrée en fonctions en Haïti du Premier Ministre.

5- Mise en œuvre, après les accords avec le gouvernement constitutionnel, de la coopération internationale:

a) assistance technique et financière au développement;

b) assistance pour la réforme administrative et judiciaire;

c) assistance pour la modernisation des Forces Armées d'Haïti et création d'une nouvelle police avec la présence de personnels de l'ONU dans ces domaines.

6- Amnistie par le Président de la République dans le cadre de l'article 147 de la Constitution nationale et mise en application des autres instruments qui auront pu être approuvés par le Parlement sur cette question.

7- Adoption d'une loi créant la nouvelle Force de Police. Nomination dans ce cadre par le Président de la République du Commandant en chef des Forces de Police.

8- Le Commandant en chef des Forces Armées d'Haïti a décidé de faire valoir ses droits à une retraite anticipée et le Président de la République nomme un nouveau Commandant en chef des Forces Armées d'Haïti, qui nommera les membres du haut état-major, selon la Constitution.

9- Retour en Haïti du président de la République, Jean-Bertrand Aristide, le 30 octobre 1993.

10- Vérification de tous les engagements précédents par l'Organisation des Nations Unies et l'Organisation des États Américains.

Le Président de la République et le Commandant en chef conviennent que ces dispositions constituent une solution satisfaisante de la crise haïtienne et le début d'un processus de réconciliation nationale. Ils s'engagent à coopérer pleinement à la réalisation d'une transition pacifique vers une société démocratique, stable et durable, dans laquelle tous les Haïtiens pourront vivre dans un climat de liberté, de justice, de sécurité et de respect des droits de l'homme.

Jean-Bertrand Aristide
Président de la République d'Haïti

Lieutenant général Raoul Cédras
Commandant en chef des Forces armées d'Haïti

Dante Caputo
Envoyé Spécial des Secrétaires Généraux de l'ONU et de l'OEA

ANNEXE V
PACTE DE NEW YORK

1- Dans l'esprit de l'Accord de Governors' Island du 3 juillet 1993, les forces politiques et les blocs parlementaires signataires du présent Accord s'engagent à observer une trêve politique visant à assurer une période de transition stable et pacifique. La durée de cette trêve est de six mois à partir de la signature du présent document. Son objectif est de créer dans l'ensemble du pays, un climat d'apaisement devant faciliter le travail du Gouvernement de Concorde Nationale. Les signataires appellent donc tous les secteurs sociaux à mettre fin à toute forme de violence.

2- Les forces politiques et les blocs parlementaires:

a) s'engagent à s'abstenir de déposer pendant cette période toute motion de censure contre le nouveau Gouvernement de Concorde Nationale, tout autant que le Pouvoir Exécutif respecte strictement la Constitution et les lois de la République; et s'engagent à garantir le quorum par leur présence et à ne pas faire obstacle aux travaux du Parlement;

b) appellent les Forces Armées d'Haïti à respecter l'Accord signé le 3 juillet à Governors' Island;

c) demandent qu'il soit mis fin aux pratiques arbitraires d'où qu'elles viennent, notamment aux arrestations illégales, tortures corporelles, disparitions, assassinats politiques et vengeances personnelles;

d) s'engagent à obtenir la libération immédiate de toute personne arrêtée pour délit d'opinion et à faire réviser selon une procédure accélérée, le statut des prisonniers dans l'ensemble du territoire national;

e) s'engagent à prendre toutes les mesures nécessaires pour promouvoir et assurer le plein respect des droits de l'homme et des libertés fondamentales;

f) s'engagent, en attendant l'établissement de l'Office de la Protection du Citoyen, à promouvoir la création d'une Commission de Réparation pour les victimes du coup d'État;

g) s'engagent à s'abstenir de toute action qui pourrait conduire à la violence ou troubler la transition vers la démocratie;

h) s'engagent à promouvoir la réforme immédiate du système judiciaire.

3- Les forces politiques et les blocs parlementaires, en vue d'assurer le rétablissement rapide de l'ordre constitutionnel:

a) invitent le Président de la République à désigner le plus tôt possible le nouveau Premier Ministre de Concorde Nationale, en conformité avec la Constitution;

b) s'engagent à assurer la ratification du choix du nouveau Premier Ministre conformément à la Constitution dans les plus brefs délais.

4- Les forces politiques et les blocs parlementaires s'engagent à faire voter, selon une procédure d'urgence, les lois suivantes:

a) loi portant sur la création, l'organisation et le fonctionnement des Forces de Police conformément à l'article 263 de la Constitution;

b) loi relative à l'amnistie;

c) loi créant un fonds de réparation pour les victimes du coup d'État;

d) loi relative à l'abolition de toute force paramilitaire, conformément à l'article 263-1 de la Constitution;

e) loi portant sur la création, l'organisation et le fonctionnement de l'Office de la Protection du Citoyen;

f) lois sur les collectivités territoriales;

g) loi sur l'Administration Pénitentiaire;

h) loi portant sur la création, l'organisation et le fonctionnement de la Commission de Conciliation;

i) loi sur la réforme et l'autonomie de l'Université.

5- Le Pouvoir Exécutif, dans le cadre de ses attributions, pourra entamer la procédure de révision des divers décrets et décisions de la période allant du 30 septembre 1991 au 3 juillet 1993 qui ne seraient pas conformes à la Constitution en vigueur, en priorité l'arrêté no. 101 du 7 décembre 1992 établissant le Conseil Electoral Permanent d'exception.

6- La solution de la crise politique et l'apaisement social du pays supposent que soit trouvée une solution au problème de la présence au Parlement d'individus issus des élections contestées du 18 janvier. À cet effet, il a été convenu que les Parlementaires élus au cours de ces élections s'engagent à ne pas faire obstacle au fonctionnement de l'Institution parlementaire et s'abstiennent volontairement de siéger au Parlement jusqu'à ce que soit rendu le verdict de l'institution constitutionnelle habilitée à connaître ce litige.

En tenant compte du fait que, conformément au paragraphe 4 du présent Accord, la loi créant la Commission de Conciliation doit être adoptée dans les meilleurs délais après l'installation du gouvernement de concorde nationale, il a été convenu de soumettre à ladite Commission , une fois établie, ce dossier litigieux.

Les Nations Unies et l'OEA s'engagent à apporter leur contribution technique et juridique à l'élaboration de la loi créant la Commission de Conciliation et à sa mise en œuvre par la mise à disposition de deux experts.

Il a été convenu aussi que cette Commission sera la seule instance du pays appelée à se prononcer d'une façon définitive sur cette question.

Fait au siège des Nations Unies à New-York, Le 16 juillet 1993

POUR LE BLOC CONSTITUTIONNALISTE	**POUR L'ALLIANCE POUR LA COHÉSION PARLEMENTAIRE**
Turneb Delpé co-Président de la delégation	Déjean Bélizaire Président de la délégation
Jean-Robert Martinez co-Président de la délégation	Amos André
Hérard Pauyo	Pierre Simon Georges
Rony Mondestin	Joseph Lambert
René Théodore	Julio Larosilière
En leur qualité de parlementaire: Firmin Jean-Louis	Thomas E. Dupiton
Alexandre Médard	Antoine Joseph
En leur qualité de conseiller technique: Yvon Ghislain	Rita Frédérique Moncoeur
Berry Berthony	Rémy Mathieu

POUR LE FNCD	**POUR LE PANPRA ET LE GROUPE SOCIALISTE**
Victor Benoît co-Président de la délégation	Serge Gilles Président de la délégation
Évans Paul co-Président de la délégation	Anthony Barbier
Hyacinthe Jean-Baptiste	Duly Brutus
Joseph Fignolé Jean-Louis	Jean Lesky Dominique
Rindal Pierre Canel	Sorel Jacinthe
En leur qualité de conseiller technique: Jean-Claude Bajeux	Yves Duval
Patrick Norzéus	Jean-Baptiste Laveaux

POUR LA COMMISSION PRÉSIDENTIELLE

Père Antoine Adrien
Président de la délégation

Wesner Emmanuel

Micha Gaillard

Chavannes Jean-Baptiste

Fred Joseph

Jean J. Molière

Georgette Omero

Dante Caputo
Envoyé Spécial des Secrétaires Généraux de l'ONU et de l'OEA

ANNEXE VI
EL ACUERDO DE PUERTO PRINCIPE RELATIVO A LA INVASION PACTADA

An agreement reached in Port-au-Prince, Haiti

1.- The purpose of this agreement is to foster peace in Haiti, avoid violence and bloodshed, to promote freedom and democracy, and to forge a sustained and mutually beneficial relationship betwen the Governments, people, and institutions of Haiti and the United States.

2.- To implement this agreement, the haitian military and police forces will vork in close cooperation with the U.S. military Mission. This cooperation, conducted with mutual respect, will last during the transitional required for insuring vital institution of the country.

3.- In order to personally contribute to the success of this agreement, certain military oficers of the Haitian Armed Forces are willing to consent to an early honorable retirement in accordance with UN Resolutions 917 and 940 when a general amnesty will be voted into law by the Haitian Parliament, on october 15, 1994, wichever is earlier. The parties of this agreement pledge to work with the haitian Parliament to expedite this action, their successors will be named according to the haitian Constitution and existing military law.

4.- The military activities of the U.S. military Mission will be coordinated with the haitian military high command.

The economic embargo and the economic sanctions will be lifted without delay in accordance with relevant U.N. Resolution and the needs of the haitian people will be met as quickly as possible.

The forthcoming legislative elections will be held in a free and democratic manner.

It is unterstood that the above agreement is conditioned on the approval of the civilian governments of the United States and Haiti. Have signed at the Palais National of Port-au-Prince, Haiti on september 18th 1994, in 1991th of the independance.

In the name of the President of the
United States of America
William Jefferson CLINTON
Jimmy CARTER
Former President
of the United States of America
Chief negociator of the Presidencial
Mission of the United States of America
in Haiti.

In the name of
République d'Haïti
Émile JONASSAINT
Provisory President
of République d'Haïti

ANNEXE VII
ORGANIZACIÓN DE LOS ESTADOS AMERICANOS ASAMBLEA GENERAL

VIGÉSIMO PRIMER PERÍODO ORDINARIO DE SESESIONES

3 de junio de 1991 OEA/Ser. P

Santiago, Chile AG/doc. 2734/91

4 junio 1991

Original: español

COMPROMISO DE SANTIAGO CON LA DEMOCRACIA Y CON LA RENOVACIÓN DEL SISTEMA AMERICANO

(Aprobado en la tercera sesión pleneria, celebrada el 4 de junio de 1991)

Los Ministros de Relaciones Exteriores y Jefes de Delegación de los países miembros de la Organización de los Estados Americanos, en representación de sus gobiernos democráticamente elegidos, reunidos en Santiago de Chile, en ocasión del Vigésimo Primer Período Ordinario de Sesiones de la Asamblea General de la O.E.A.;

Conscientes de que los profundos cambios políticos y económicos internacionales y el fin de la guerra fría, abren nuevas oportunidades y responsabilidades para la acción concertada de todos los países a través de los organismos internacionales, tanto mundiales como regionales, así como en sus relaciones bilaterales;

Teniendo presente que los cambios dirigidos hacia un sistema internacional más abierto y democrático, no están plenamente asegurados y que, por lo tanto, es indispensable para preservar dichas tendencias positivas, fortalecer y promover la cooperación;

Reconociendo que es necesario avanzar de modo decidido hacia un orden internacional justo y democrático basado en el pleno respeto al derecho internacional, la solución pacífica de las controversias, la solidaridad y la revitalización de la diplomacia multilateral y de las organizaciones internacionales;

Teniendo presente que la democracia representativa es la forma de gobierno de la región y que su ejercicio efectivo, consolidación y perfeccionamiento son prioridades compartidas;

Reafirmando que los principios consagrados en la Carta de la OEA, los ideales de paz, democracia, justicia social, desarrollo integral y solidaridad constituyen el fundamento permanente del sistema interamericano;

Reconociendo que la cooperación para afianzar la paz y la seguridad del hemisferio es uno de los propósitos esenciales consagrados en la Carta de la Organización de los Estados Americanos y que la proliferación de armamentos afecta a la seguridad internacional y resta recursos al desarrollo económico y social de los pueblos de los Estados miembros.

Decididos a trabajar para la intensificación de la lucha contra la pobreza crítica y la eliminación de las desigualdades económicas y sociales dentro de cada nación y entre las naciones del hemisferio;

Tomando nota con interés del informe del Grupo de Reflexión sobre la renovación del Sistema Interamericano;

Convencidos que la OEA es el foro político para el diálogo, el entendimiento y la cooperación entre todos los países del hemisferio cuyo potencial, acrecentado por la incorporación de nuevos Estados miembros, debe incrementarse a fin de que sea portavoz eficaz en el ámbito mundial de los acuerdos de sus miembros;

Declaran:

Su compromiso indeclinable con la defensa y promoción de la democracia representativa y de los derechos humanos en la región, dentro del respeto a los principios de libre determinación y no intervención;

Su firme voluntad de impulsar el proceso de renovación de la Organización de Estados Americanos, para hacerla más eficaz y útil para realizar los principios y objetivos que la orientan;

Su determinación en la elaboración y desarrollo de una agenda relevante de la organización para dar adecuada respuesta a los nuevos desafíos y requerimientos en el contexto mundial y regional y su decisión de conceder especial prioridad en dicha agenda para el presente decenio a las siguientes acciones:

a) Intensificar la lucha solidaria

b) Fortalecer la democracia representativa como expresión de la legítima y libre manifestación de la voluntad popular, dentro del respeto invariable a la soberanía y a la independencia de los Estados miembros;

c) Promover la observancia y defensa de los derechos humanos, conforme a los instrumentos interamericanos vigentes y a través de los órganos específicos existentes; y velar para que ninguna forma de discriminación sea un obstáculo para la participación política de grupos étnicos minorados o minoritarios;

d) Promover la progresiva apertura del comercio y la expansión del conocimiento científico-tecnológico, y la reducción de la deuda externa de los países de la región, y, en esta perspectiva, apoyar la denominada "iniciativa para las Américas" y las negociaciones de la "Ronda Uruguay" del GATT;

e) Contribuir a la protección solidaria del medio ambiente para beneficiar a las presentes y futuras generaciones asegurando un desarrollo sustentable en la región;

f) Estimular la adopción y aplicación de medidas adecuadas para prevenir y combatir el consumo, la producción y el tráfico ilícito de estupefacientes y sustancias sicotrópicas, los precursores químicos y el lavado de dinero, así como el tráfico clandestino conexo de armas, municiones y explosivos;

g) Favorecer los procesos de integración en la región y, con este propósito, adoptar un programa de trabajo que, entre otros aspectos, tienda a alcanzar en el área jurídica la armonización legislativa en la región y, en particular, la de los sistemas de derecho civil con los de "common law";

h) Promover e intensificar el intercambio cultural, educativo, científico y tecnológico como instrumentos de la integración, con pleno respeto al patrimonio cultural de cada uno de los países miembros;

i) Incrementar la cooperación técnica y estimular la transferencia de tecnologías para ampliar la capacidad de crecimiento económico de los países de la región.

Su decisión de iniciar un proceso de reflexión conjunta sobre la seguridad hemisférica a la luz de las nuevas circunstancias mundiales y regionales, desde una perspectiva actualizada e integral de la seguridad y del desarme, incluyendo el tema de todas las formas de proliferación de armas e instrumentos de destrucción masiva, a fin de dedicar el mayor número de recursos al desarrollo económico y social de los Estados miembros y formular un llamado a nivel mundial, a otras organizaciones competentes, para que se unan a los esfuerzos de la OEA.

Su determinación de adoptar un conjunto de procedimientos eficaces, oportunos y expeditos para asegurar la promoción y defensa de la democracia representativa, de conformidad con la Carta de la Organización de los Estados Americanos.

En consecuencia, los Ministros de Relaciones Exteriores y Jefes de Delegación de los Estados miembros de la OEA, en nombre de sus pueblos declaran su más firme compromiso político con la promoción y protección de los derechos humanos y la democracia representativa, condición indispensable para la estabilidad, la paz y el desarrollo de la región, así como para el éxito del proceso de cambios y renovación que requiere el sistema interamericano en el umbral del siglo XXI.

DEMOCRACIA REPRESENTATIVA

(Resolución aprobada en la quinta sesión plenaria celebrada el 5 de junio de 1991)

LA ASAMBLEA GENERAL,

CONSIDERANDO:

Que el preámbulo de la Carta de la OEA establece que la democracia representativa es condición indispensable para la estabilidad, la paz y el desarrollo de la región;

Que según lo establece la Carta, uno de los propósitos fundamentales de la Organización de los Estados Americanos es el promover y consolidar la democracia representativa dentro del respeto al principio de no intervención;

Que es preciso observar el debido respeto a las políticas de cada uno de los Estados miembros en materia de reconocimiento de Estados y gobiernos;

Que teniendo en cuenta la existencia generalizada de gobiernos democráticos en el hemisferio, es necesario darle efectiva aplicación al principio consignado en la Carta de que la solidaridad de los Estados Americanos y los altos fines que con ella se persiguen, requieren la organización política de los mismos sobre la base del ejercicio efectivo de la democracia representativa;

Que subsisten en la región serios problemas políticos, sociales y económicos que pueden amenazar la estabilidad de los gobiernos democráticos;

RESUELVE:

1. Instruir al Secretario General que solicite la convocatoria inmediata del Consejo Permanente en caso de que se produzcan

hechos que ocasionen una interrupción abrupta o irregular del proceso político institucional democrático o del legítimo ejercicio del poder por un gobierno democráticamente electo, en cualquiera de los Estados miembros de la Organización para, en el marco de la Carta, examinar la situación, decidir y convocar una reunión *ad hoc* de ministros de relaciones exteriores, o un período extraordinario de sesiones de la Asamblea General, todo ello dentro de un plazo de diez días.

2. La reunión *ad hoc* de Ministros de Relaciones Exteriores o el período extraordinario de sesiones de la Asamblea General tendrán por objeto analizar colectivamente los hechos y adoptar las decisiones que se estime apropiadas, conforme a la Carta y al derecho internacional.

3. Encomendar al Consejo Permanente que elabore un conjunto de propuestas de incentivo a la preservación y fortalecimiento de los sistemas democráticos, sobre la base de la solidaridad y la cooperación internacional, e informe a la Asamblea General en su vigésima segundo período ordinario de sesiones.

BIBLIOGRAPHIE

ALCÁNTARA SÁEZ Manuel, Gobernabilidad, crisis y cambio, Fondo de Cultura Económica, reimpresión, México, 1995.

ANGLADE Georges, *L'espace haïtien*, Les Presses de l'Université du Québec, Montréal, 1975.

ARISTIDE Jean-Bertrand et WARGNY Christophe, *Tout homme est un homme*, Le Seuil, Paris, 1992.

BAZIN Marc L., "*Démocratie sous pression*", Henri Deschamps, Port-au-Prince, 1995.

BECKER Werner, *La libertad que queremos*, Traduction espagnole, Fondo de Cultura Económica, México, 1990.

BOBBIO Norberto et al., *Diccionario de política*, Traduction espagnole, Siglo XXI, 9ª edición, México, 1995.

BOBBIO Norberto, *El futuro de la democracia*, Traduction espagnole, Ariel, Barcelona, 1985.

BRISSON Gérald, *Les relations agraires dans l'Haïti contemporaine*, S.E.S.F., 1968.

CHARLES Étzer, *Le pouvoir politique en Haïti de 1957 à nos jours*, ACCT-KARTHALA, Paris, 1994.

CORVINGTON Georges, *Port-au-Prince au cours des ans*, Tome V, Henri Deschamps, Port-au-Prince, 1984.

CROZIER Michel y FRIEDBERG Erhard, *L'acteur et le système*, Le Seuil, Collection "Points", Paris, 1977.

DAHL Robert A., *La democracia y sus críticos*, Traduction espagnole, Paidós, 2ª edición, Barcelona, ..., 1993.

DAHL Robert A., *La poliarquía*, Traduction espagnole, Rei, 1ª reimpresión, México, 1996.

DAHL Robert A., *A preface to économic democracy*, Chicago University Press, Chicago, 1956.

DELINCE Kern, *Les forces politiques en Haïti*, KARTHALA-PEGASUS BOOKS, Paris, 1993.

DOBRY Michel, *Sociología de las crisis políticas*, Traduction espagnole, Siglo XXI, 1ª edición, México, 1988.

DORSAINVIL J. C., *Histoire d'Haïti. Cours Supérieur*, Henri Deschamps, Port-au-Prince, 1994.

DUMAS Pierre-Raymond, *La transition d'Haïti vers la démocratie*, Tome I, Imprimeur II, Port-au-Prince, 1997.

DUVERGER Maurice, *Les partis politiques*, Armand Colin, Collection "Points", Paris, 1976.

ÉLIE Jean Rénol, *Estructura agraria y asociaciones de trabajo en el campo haitiano*, Tesis de doctorado presentada en la Facultad de Ciencias Políticas y Sociales de la UNAM, 1997.

ÉTIENNE Sauveur Pierre, *Haïti: l'invasion des ONG*, CIDIHCA, Port-au-Prince, 1997.

FRAGA M. et al., *La España de los 70*, Vol. III, Tomo I, *El Estado y la política*, Moneda y Crédito, Madrid, 1974.

GONZÁLEZ CASANOVA Pablo (coord.), *América latina: historia de medio siglo, México, Centroamérica y el Caribe*, Siglo XXI, Tomo II, 7ª edición, México, D.F.,1993.

GUERRE Rockfeller, *Mon mandat sous Jean-Claude Duvalier*, Henri Deschamps, Port-au-Prince, 1987.

HABERMAS Jürgen, *Théorie de l'agir communicationnel*, Traduction française, Fayard, Tomes I et II, Paris, 1987.

HABERMAS Jürgen, *Facticidad y validez*, Traduction espagnole, Editorial Trotta, S.A., Madrid, 1998.

HECTOR Michel, *Syndicalisme et socialisme en Haïti*, Henri Deschamps, Port-au-Prince, 1989.

HUNTINGTON Samuel P., *La tercera ola. La democratización a finales del siglo XX*, Traduction espagnole, Paidós, 1ª edición, Barcelona, ..., 1994.

HURBON Laënnec, (sous la direction de), *Les transitions démocratiques*, Syros, Paris, 1996.

JALLOT Nicolas et LESAGE Laurent, *Haïti: dix ans d'histoire secrète*, Éditions du Félin, Paris, 1995.

JANVIER Louis Joseph, *Haïti et ses visiteurs*, Flammarion, Paris, 1882.

JANVIER Louis Joseph, *Les affaires d'Haïti*, Flammarion, Paris, 1884.

JEAN Jean-Claude et MAESSCHALCK Marc, *Transition politique en Haïti. Radiographie du pouvoir Lavalas*, L'Harmattan, Paris-Montréal, 1999.

JEAN-FRANÇOIS Hérold, *Le coup de Cédras*, MEDIATEK, Port-au-Prince, 1995.

LIONET Christian, *L'année Aristide*, L'Harmattan, Paris, 1992.

LIPSET Seymour Martin, *El hombre político*, Traduction espagnole, Editorial Rei, 1ª reimpresión, México, 1997.

LIPSET Seymour Martin et al., *A comparative analysis for the social requisites of democracy*, Stanford University, 1990.

MAGUIRE Robert et al., *Haïti prise en otage: les réponses internationales à la recherche d'une identité nationale de 1986 à 1996*, Thomas J. Institute For International Studies et l'Université des Nations Unies, Occasional Paper num. 23, 1997. Traduit de l'anglais par Nathalie Duval et Evelyne Hernández.

MALVAL Robert, *L'année de toutes les duperies*, Regain, Port-au-Prince, 1996.

MANIGAT Leslie F., *La crise haïtienne contemporaine*, Éditions des Antilles, S.A., Port-au-Prince, 1995.

MANIGAT Sabine, *Les partis politiques*, Dossier Haïti 3, CRESDIP, Port-au-Prince, 1990.

MARX Karl et ENGELS Friedrich, *Œuvres choisies*, Tome I, Éditions du Progrès, Moscou, 1974.

MOÏSE Claude, *Constitutions et luttes de pouvoir en Haïti*, Tome II, CIDIHCA, Montréal, 1990.

MOÏSE Claude et OLLIVIER Émile, *Repenser Haïti. Grandeur et misères d'un mouvement démocratique*, CIDIHCA, Montréal, 1992.

MOÏSE Claude, *Une Constitution dans la tourmente. Le nouveau régime politique haïtien et la crise nationale (1987-1993)*, Les Éditions Images, Montréal, 1994.

MORAL Paul, *Le paysan haïtien*, Les Éditions Fardin (reproduction), Port-au-Prince, 1978.

MORLINO Leonardo, *Cómo cambian los regímenes políticos*, Traduction espagnole, Centro de Estudios Constitucionales, Madrid, 1985.

MOUTERDE Pierre et WARGNY Christophe, *Après la fête, les tambours sont lourds. Cinq ans de duplicité américaine en Haïti (1991-1996)*, Éditions Austral, Paris, 1996.

NÉRESTANT Micial C., *Religions et politique en Haïti*, KARTHALA, 1994.

O'DONNELL Guillermo y SCHMITTER Philippe C. et al., *Transiciones desde un gobierno autoritario/2. América Latina*, Traduction espagnole, Paidós, 1ª reimpresión, Barcelona, ..., en España, 1994.

O'DONNELL Guillermo y SCHMITTER Philippe C. et al., *Transiciones desde un gobierno autoritario/3. Perspectivas comparadas*, Traduction espagnole, Paidós, 1ª reimpresión, Barcelona, ..., 1994.

O'DONNELL Guillermo y SCHMITTER Philippe C. et al., *Transiciones desde un gobierno autoritario/4. Conclusiones tentativas sobre las democracias inciertas*, Traduction espagnole, Paidós, 1ª reimpresión, Barcelona, ..., 1994.

PASQUINO Gianfranco (comp.), *Manual de ciencia política*, Traduction espagnole, Alianza Editorial, Madrid, 1988.

PIERRE-CHARLES Gérard, *Radiographie d'une dictature*, Traduction française, Nouvelle Optique, Montréal, 1973.

PIERRE-CHARLES Gérard, *L'économie haïtienne et sa voie de développement*, Traduction française, Henri Deschamps, Port-au-Prince, 1994.

PIERRE-CHARLES Gérard, *Haití: pese a todo la utopía*, Instituto de Estudios del Caribe, Universidad de Puerto Rico, 1997.

PIERRE-CHARLES Gérard, *Construcción democrática y refundación nacional en Haití,* Mimeo, julio de 1997.

PRZEWORSKI Adam, *Democracia y mercado*, Traduction espagnole, Cambridge University Press, 1996.

SILLS David L. (comp.), *Enciclopedia internacional de las ciencias sociales*, Traduction espagnole, Aguilar, Madrid, 1979.

SMARTH Luc, *Les organisations populaires en Haïti. Une étude exploratoire de la zone métropolitaine de Port-au-Prince*, CRESDIP-CIDIHCA, Port-au-Prince, 1998.

SMITH Brian H., *The church and politics in Spain: Challenges to modern catholicism*, Princeton University Press, 1982.

VILAS Carlos M. (comp.), *La democratización fundamental. El populismo en América latina, Consejo Nacional para la Cultura y las Artes*, México, D.F., 1995.

DOCUMENTS, REVUES ET JOURNAUX

Comparative Politics 2, abril de 1970.

CRESDIP, *Ayiti y República Dominicana au seuil des années 90*, Dossier Haïti 4, 1991.

Foreign Affairs 64, Summer 1986.

Fraternité, mai 1980.

Haïti, un an après le coup d'État, ouvrage collectif, CIDIHCA, 1992.

Haïti en Marche, Edition du 11 au 17 septembre 1996, Vol. X, Num. 31.

Haïti Observateur, 27 novembre-4 décembre 1991.

Haïti Perspectives, Volume 2, Num. 1, du 15 au 30 avril 1994.

Haïti Perspectives, Volume 2, Num. 2, du 15 au 31 mai 1994.

Handbook of Political Science, Vol III, Reading, Mass: Addison-Wesley, 1975.

Le Monde du 27 décembre 1993.

Le Nouvelliste du 15 mars 1991.

Le Nouvelliste du 31 mars 1992.

Le Petit Samedi Soir, No. 493, 27 août- 2 septembre 1983.

Libète , Num. 161, 25 octobre 1995.

Libète, Num. 240, 14 me 1997.

New York Times du 6 novembre 1993.

Organisation Politique Lavalas (OPL), *Pour convertir nos revers en victoire*, Port-au-Prince, 1992.

Présence de l'Église en Haïti - Messages et documents de l'épiscopat, 1980-1988, Les Éditions S.O.S., Paris, 1988.

Problème d'Amérique latine, Num 4, mars 1992.

Rapport du Secrétaire Général sur les Missions des Nations Unies en Haïti, S/1996/112, 14 février 1996.

Rencontre, Num. 5, Port-au-Prince, janvier-mars 1993.
Rencontre, Num. 6, Port-au-Prince, mars-avril 1993.

Rencontre, Num. 7, Port-au-Prince, mai-juin 1993.

Rencontre, Num. 8, Port-au-Prince, août-septembre 1993.

République d'Haïti, "Stratégie de reconstruction sociale et économique", 22 août 1994.

Revue de la Société Haïtienne d'Histoire et de Géographie, Num. 179-180, mars-juin 1974, Vol. 51, No. 186, décembre 95, Vol. 52, No. 193, septembre 1997 et Vol. 52, No. 194, décembre 1997.

Revue de l'Université de Moncton, N. B., Canada, Édition de juillet 1990.

Sénat des États-Unis, Commission aux Relations Étrangères, "*Audience sur la politique des États-Unis vis-à-vis d'Haïti*", mardi 8 mars 1994, Washington, D.C.

TABLE DES MATIERES

610094 - Juin 2015
Achevé d'imprimer par

1livre.com
du rêve à la réalité !